ケアプラン全面改訂

居宅 ICF対応
ケアプラン
記載事例集

刊行にあたり

質の高いケアマネジメントを提供するには，アセスメント，ケアプランの作成，サービス担当者会議の開催，モニタリング，再アセスメントの各プロセスを丁寧に行うことが重要です。平成15年４月の介護報酬改定では，ケアプランの利用者への交付，モニタリングの実施，サービス担当者会議の開催が義務付けられ，実施しなければ減算される仕組みが導入されました。ケアマネジメントを進める上で，利用者を含むチームアプローチを丁寧に行うことが改めて強調されました。

また，平成15年度の介護支援専門員実務研修では，自立支援の観点からICF（International Classification of Functioning, Disability and Health：国際生活機能分類）の考え方に準拠したケアプラン作成が導入されました。すでにリハビリテーション関連（通所リハビリの個別リハビリの算定要件など）ではICFは導入されていますが，今後は居宅介護支援においても普及すると思われます。

このように，ケアプラン作成に関する介護報酬の改定や研修内容の変更などが重なり，現場の介護支援専門員からは記載方法がわからない，どの記録用紙に何をどのように書いたらよいのかわからないといった声が多く聞かれます。

このような状況を勘案した上で，第１章では居宅サービス計画の第１表～第６表の記載要領（厚生労働省通知）に基づきながら，ICFの理念に準拠した記載内容をわかりやすく示しました。さらに第２章では，さまざまな生活課題を持つ事例の居宅サービス計画書～モニタリングまでの記載内容を具体的に紹介しています。

本書によってケアプラン作成のスキルアップが高まれば幸いです。

平成16年５月

日本福祉大学 社会福祉学部 教授

篠 田 道 子

改訂７版にあたり

平成30年度は介護保険法の改正と診療報酬・介護報酬のダブル改定など，大きな動きがありました。厳しい財政状況でも，介護報酬はプラス0.54％と微増し，中でも居宅介護支援費の基本報酬はプラス１％前後と評価され，質の高いケアマネジメントへの期待が込められています。

これらの改定では，医療と介護の切れ目のない提供体制や多職種連携が評価され，地域包括ケアシステムの構築に大きく舵を切ったと言えるでしょう。しかし，少子高齢化が一層進展すること，介護人材の確保が困難など，医療・介護サービスの近未来は明るいものばかりではありません。厳しい状況を受け止めながらも，これまで以上に，「自立支援」と「尊厳の保持」を共通の価値としたサービスを，効率良く提供することが求められます。

特に自立支援は，本書が大切にしているICF（国際生活機能分類）を共通言語として，多職種連携による生活機能の維持・向上を目指すことがますます重要になります。医療やリハビリテーションとの連携で，これまで以上に重度化予防に資するケアマネジメントが求められますので，医療との連携を苦手と感じている人も，これを機会にしっかりと取り組み，成果を上げてほしいと願っています。

このような背景を踏まえた上で，今回の改訂では次の４点を強調しました。

①平成30年度の診療報酬と介護報酬のダブル改定に対応したケアマネジメント，ケアプランに整えています。

②看取り，認知症，がん，精神疾患，難病，予防支援など，多彩な事例のケアプラン作成からモニタリングまで，プロセスを丁寧に紹介しています。

③ICFの概念が多職種連携のツールとなり，生活機能の維持・向上を目指したケアマネジメントをどのように具現化するのかを「見える化」しています。

④多職種連携でケアマネジメントが着実に実行できるように，PDCAサイクルを明確にしています。

地域包括ケアシステムの目的は，利用者が住み慣れた地域で生活を継続し，生活機能を維持・向上できることです。その実現のために，上記４点を含んだケアマネジメントを展開していただきたいと思います。

平成30年４月

日本福祉大学 社会福祉学部 教授
篠田道子

目次

第1章
居宅サービス計画立案のポイントと記述の仕方

第2章

居宅サービス計画実例集

※（　　）内は，認知症高齢者の日常生活自立度，加算の種類を表しています。

[要介護5]

[要介護4]

[要介護3]

第1章

居宅サービス計画立案のポイントと記述の仕方

第１節
居宅サービス計画書（1）

1. 居宅サービス計画書（1）の意義

居宅サービス計画全体の方向性を示すもので，将来の道標となる内容でなければならない。居宅サービス計画書（2）の上位に位置付けられている。利用者の自立支援をサポートし，生活の質の向上を目指すものであるが，抽象的な内容ではなく具体的に記載する。利用者への交付が義務付けられており，利用者・家族の署名または捺印が必要である。署名・捺印すると，今後は変更できなくなるのではないかと不安な気持ちになる利用者・家族もいるので，計画実施後も変更が可能であることをあらかじめ伝えておく。記載内容は，利用者・家族の介護に対する意向や総合的な援助の方針である。

2.「利用者及び家族の生活に対する意向」

1）記載要領（厚生労働省通知）

利用者およびその家族が，どのような内容の介護サービスをどの程度の頻度で利用し，どのような生活をしたいと考えているかを記載する。

なお，利用者と家族の介護に対する意向が異なる場合には，各々の主訴を区別して記載する。

2）記載内容

利用者と家族は，長い年月に及ぶ家族間の葛藤や利害関係から，両者の意向が一致しないことがある。このような場合は，各々の意向を別々に記載しておく。記載内容を具体的に示す。

①利用者は**どこで生活をしたいのか**を具体的に記載する（自宅，別居している子どもの家，介護保険施設，グループホーム，有料老人ホームなど）。

②利用者は**どのような生活をしたいのか**，そのために**どのようなサービスを受けたいのか**。

例）・リハビリテーションを継続して杖で歩けるようになり，庭掃除がしたい。
・家族の援助を受けないで身の回りのことをしたい。

第１表

居宅サービス計画書（1）

作成年月日　　年　　月　　日

（初回）・紹介・継続　　（認定済）・申請中

利用者名　S．H　様　　生年月日　○年○月○日　　住所　T市○○町△△番地

居宅サービス計画作成者氏名　M．K

居宅介護支援事業者・事業所及び所在地

居宅サービス計画作成（変更）日　○年２月25日　　初回居宅サービス計画作成日　○年２月25日

認定日　○年２月20日　　認定の有効期間　○年２月20日　～　○年８月19日

要介護状態区分	要支援　・　要介護１　・　要介護２　・　（要介護３）　・　要介護４　・　要介護５
利用者及び家族の生活に対する意向	本人：リハビリを行って家事ができるようになり，家族の世話がしたい。昔の友人とお茶を飲んだり，おしゃべりをしたりして住み慣れた自宅で生活したい。 家族：家事は期待していない。安全にトイレ歩行ができればよい。 日中独居になるので，転倒が心配である。
介護認定審査会の意見及びサービスの種類の指定	なし
総合的な援助の方針	①もたれ，つかまりなどプラス面を活用したリハビリテーションを行い，見守りでのトイレ歩行や家事の一部実施を目指す。 ②友人の訪問や絵画教室などインフォーマルサービスを利用し，閉じこもりを解消するとともに認知症の悪化を予防する。 ③定期的な医学管理や生活指導により糖尿病がコントロールされる。 ※緊急連絡先　・Ｋクリニック緊急外来　○○○-○○○-○○○○ ・Ａ訪問看護ステーション　○○○-○○○-○○○○ ・長女携帯電話　△△△-△△△△-△△△△
生活援助中心型の算定理由	1．一人暮らし　2．家族が障害，疾病等　3．その他（　　）

・車いすで生活できるようになり，旅行や買い物に行きたい。

③利用者が**したいこと，援助してほしいこと**などを区別して記載する。

例）・自宅で簡単な家事ができるようになりたい。そのために，リハビリテーションを継続して筋力をつける訓練をし，できないところは訪問介護によるサポートを受けたい。

・口から食事を食べられるようになり，胃瘻のチューブを抜いてほしい。そのために，病院や自宅で嚥下訓練などのリハビリテーションを継続したい。

また，家族間で意見が異なったり，コミュニケーション障害や認知症で意思表示できなかったりする場合の記載方法について示す。

●家族間で意見が異なる場合

家族にはそれぞれの意向があり，利害関係があったり価値観も異なったりすることから，家族間で意向が異なるのは当然である。また，同居家族のみの意向を聞き入れていると本人の不利益につながることがあったり，熱心な別居家族の意向を大切にすると同居家族としっくりいかないことがあったりと，家族間の意向を一致させるのは難しい。このような場合は，無理に一致させるのではなく，キーパーソン・主介護者・副介護者の意見を別々に併記しておく。

●コミュニケーション障害などで意思を表出できない場合

重度重複障害で自分の意思が表現できない利用者の場合，介護支援専門員に本人の希望を聴取する技術がないと「意思疎通困難なため不明」などと安易に書いてしまう。家族と相談して利用者が望むことを複数提示し，「はい」「いいえ」で選択してもらったり，「来年はどんな生活をしたいと思いますか」と質問をしたりするなど，介護支援専門員の方からさまざまなアプローチをして，本人の意向を引き出す努力をすべきである。いくつかの選択肢を提示し，最終的には本人が選択するというプロセスが重要である。

●認知症で意思を表出できない場合

認知症で意思がはっきりしない，あるいは判断能力が低下している場合は，基本的には家族が代弁者となる。ただし，家族の話を鵜呑みにするのではなく，介護支援専門員なりに理解しようとする姿勢が大切である。

例えば，本人の生活史を丁寧に分析し，人生の節目にどのような判断をしてきた人なのか，どのような人生を選んできたのかを理解することで，その人の価値観や人生観が浮かび上がってくる。これに家族や他の専門職の意見を加味して，「ご本人はこのようにしたいのではありませんか」と確認する方法もある。

3.「介護認定審査会の意見及びサービスの種類の指定」

1）記載要領（厚生労働省通知）

被保険者証を確認し，「介護認定審査会意見及びサービスの種類の指定」が記載されている場合は，これを転記する。

2）記載内容

被保険者証に記載されている内容をそのまま転記する。ただし，利用者のサービス利用拒否や地域のサービス資源不足のため，居宅サービス計画に反映できない場合は，第6表の「居宅介護支援経過」にその理由を明記し，保険者に報告する。

4. 総合的な援助の方針

1）記載要領（厚生労働省通知）

課題分析により抽出された「生活全般の解決すべき課題（ニーズ）」に対応して，当該居宅サービス計画を作成する介護支援専門員をはじめ各種のサービス担当者が，どのようなチームケアを行おうとするのか，総合的な援助の方針を記載する。

発生する可能性が高い緊急事態が予想される場合には，対応機関やその連絡先などについて記載することが望ましい。

2）記載内容

総合的な援助の方針は，介護サービスの方向性や質を決定するものであり，利用者を含む介護サービスチームが目指す共通の方針である。利用者・家族の意向や意見，主治医意見書，専門職としての意見をすり合わせる必要があるので，サービス担当者会議で検討されるのが望ましい。

頑張っても達成不可能な内容では意味がなく，だからといってすぐに解決する内容では，チームメンバーの士気が上がらないので，少し頑張れば手が届くような希望が持てるものが望ましい。長期目標を統合した内容であり，分かりやすく具体的に記載する。

●抽象的な記載

「本人・家族の意向を尊重し，介護サービスを利用しながら自宅で生活をする」

「介護サービスの利用により，家族介護負担の軽減を図り，在宅生活を継続する」

「医療依存度が高いので，医学的管理が可能な介護サービスを中心に介護体制を整える」

●具体的な記載

「定期的な医学的管理をしながら病状の安定・改善が図れると共に，生活リハビリテーションを受けながらADLを拡大し，庭での作業やスーパーマーケットへの買い物が可能になる」
「リハビリテーションチームによってADLや家事動作が見守りによって可能になり，家族としての役割を再構築するとともに，安全な療養環境をつくり家庭内事故を予防する」

また，利用者・家族の間で意見が異なったり，方針に迷いがあったりして合意に至らない場合は，当面複数案を併記しておく。複数案のメリット・デメリットを説明し，期限を決めて最終的な判断をする。家族間で意見が異なったり，迷ったりするのは当然であり，少し時間をおくことで解決することもある。総合的な援助の方針は，計画実施後も修正が可能であることを伝えておく。

また，利用者の病状悪化など緊急事態が想定される場合は，利用者・家族と相談して対応機関や連絡先について記載する。対応機関は24時間連絡が可能なところが望ましく，記載前に了解を得ておく。

①医療機関

○○病院緊急外来　電話番号○○－○○○－○○○○

△△訪問看護ステーション　電話番号△△－△△△－△△△△

②家族

自宅（携帯電話を含む）と勤務先の電話番号

第2節
居宅サービス計画書（2）

1. 居宅サービス計画書（2）の意義

居宅サービス計画書（2）は居宅サービス計画の中核になるものである。利用者・家族の意向を踏まえた上で，総合的な援助の方針と整合性を保つように記載する。

2. 生活全般の解決すべき課題（ニーズ）

1）記載要領（厚生労働省通知）

利用者の自立を阻害する要因などであって，個々の解決すべき課題（ニーズ）についてその相互関係を明らかにし，それを解決するための要点がどこにあるのかを分析し，その波及する効果を予測，原則として優先度合いが高いものから順に記載する。

2）生活全般の解決すべき課題（ニーズ）とは

生活全般の解決すべき課題（以下，ニーズと略す）とは，「生活を困難にしたり，自立を阻害する要因や悪化の危険性（マイナス要因）」や「潜在的な能力や改善の可能性のある要因（プラス要因）」と「利用者・家族の意向」をすり合わせて抽出されるものである。マイナス・プラス要因は，専門職によるアセスメントによって導き出される。障害や病気があっても，それが全体の中で占める割合は小さく，健常な機能・能力の方が上回っているので，適切な技術をもって働きかければ能力を引き出すことができる。ニーズの欄には「○○できるようになりたい」「○○したい」というように，利用者が主体的・意欲的に取り組めるようなポジティブな表現が良く，「○○のために○○できない」のようにマイナス要因を指摘すると，ネガティブなとらえ方になりやすく，そこから直ちに具体的なサービスを想定してしまうという指摘がある[1)]。

しかし，自立を阻害する問題点やマイナス要因をあいまいにして，希望的な表現のみ強調するという方法は，果たして自立支援に効果的なのだろうか。マイナス要因を直視し，改善の可能性や悪化の危険性を検討し，マイナス要因が改善されれば，自立した生活が可能になる（あるいは近づく）のであれば，改善に向かって全員が努力する真摯な対応も必要ではないか。アセスメントにより導き出されたマイナス要因は，専門職としてきちんと利用者に伝えるべきであるし，説明する義務がある。

大切なことは，専門的視点で検討した自立を阻害する要因をあいまいにするのでは

第２表

居宅サービス計画書（２）

生活全般の解決すべき課題（ニーズ）	目標：長期目標	期間	短期目標	期間	援助内容：サービス内容	※１	サービス種別	※２	頻度	期間
１．上肢は細かい作業はできない。関節の拘縮や筋力低下はなく簡単な作業・家事は可能であるが介護者がすべて行っている状況である。	座ってできる簡単な家事に参加できる。	○.3 〜 ○.8	見守りにより，なじみの家事ができる。	○.3 〜 ○.5	①デイケアの個別リハで家事動作の指導を受ける（お茶入れ配膳・エプロンやタオルたたみ・お菓子作りなど）。気分の変動があるため，実施時間は気分に合わせて行う。	○	通所リハビリ	Ｑ通所リハビリセンター	２回／週	○.3 〜 ○.5
						○	訪問看護	Ｔ訪問看護ステーション	１回／週	
						○	訪問リハビリ（OT）	Ｔ診療所	１回／週	
					②訪問介護時に，お茶入れや簡単な料理の準備を手伝ってもらう。	○	訪問介護	Ｑ訪問介護事業所	３回／週	
					③家族指導：できるところとできないところを一緒に考えて，過度な援助をしないよう見守る。		家族を含むサービス担当者全員		その都度	
２．尿意がはっきりせず時々失禁する。排泄行動は見守りで自立できており，トイレでの排泄を希望している。	声かけ，見守りでトイレにて排泄ができる。	○.3 〜 ○.8	本人の生活リズムに合わせた排尿誘導を行い，失禁を減らす。	○.3 〜 ○.5	①一日の過ごし方・水分摂取量・排尿の有無をチェックし，排尿のパターンを把握する。	○	訪問看護	Ｔ訪問看護ステーション	１回／週	○.3 〜 ○.5
						○	訪問介護	Ｑ訪問介護事業所	３回／週	
						○	通所リハビリ	Ｑ通所リハビリセンター	２回／週	
			見守りで排泄行為ができるよう，安全な環境をつくる。	○.3 〜 ○.5	②着脱しやすい紙おむつを選択し，着脱動作をスムーズにする。	○	通所リハビリ	Ｑ通所リハビリセンター	２回／週	○.3 〜 ○.5
						○	訪問リハビリ（OT）	Ｔ診療所	１回／週	
			転倒が起こらない。	○.3 〜 ○.5	③手すりの設置・段差解消を行い，安全なトイレの環境をつくる。	○	居宅介護支援	Ｔ居宅介護支援事業所		○.3 〜 ○.5
						○	訪問リハビリ（OT）	Ｔ診療所		

自立支援の方向性を示し，達成可能な具体的な内容とする。

マイナス要因とプラス要因（残存能力）を組み合わせる。

家族や本人が担当する部分が分かるように記載する。

認定の有効期間を考慮する。

マイナス要因とプラス要因を組み合わせ，さらに本人・家族の意向をすり合わせる。

※１　「保険給付対象かどうかの区分」について，保険給付対象内サービスについては○印を付す。
※２　「当該サービス提供を行う事業者」について記入する。

第２表

居宅サービス計画書（2）

生活全般の解決すべき課題（ニーズ）	目標				援助内容					
	長期目標	期間	短期目標	期間	サービス内容	※１	サービス種別	※２	頻度	期間
					④定期的な排尿誘導（ただし夜間は睡眠を優先するため，無理な排尿誘導はしない。 ⑤転倒に注意する。原則としてトイレ歩行時は見守る。		家族を含むサービス担当者全員 家族を含むサービス担当者全員			
３．日中独居で閉じこもっているが，楽しみを持って生活したいという希望がある。	楽しみながらアクティビティ活動に参加でき，認知機能が悪化しない。	○.3 〜 ○.8	定期的に絵画療法教室に参加できる。 五感をフルに活用して認知機能を活性化する。 友人との交流が再開される。	○.3 〜 ○.5 ○.3 〜 ○.3 〜 ○.5	①認知症のための絵画療法に定期的に参加する。 ②デイケアに通い，生け花・押し花・クッキー作りなどに参加する。 ③右脳を活性化するために，五感をフルに活用する。 →絵を描く時は，被写体の臭いをかぐ，触る，それにまつわる思い出を語るなど。 ④完成した作品は目立つところに飾り，本人の自尊心を高める。 ⑤近所の友人とのおしゃべり・お茶飲み ⑥友人宅への訪問	 ○	絵画療法 通所リハビリ 家族を含むサービス担当者全員 友人 家族	NPO法人 Q通所リハビリセンター	２回／月 ２回／週 ２回／週 １回／月	○.3 〜 ○.5 ○.3 〜 ○.5

終了期間が特定できない場合は，開始時期のみ記載する。

※１　「保険給付対象かどうかの区分」について，保険給付対象内サービスについては○印を付す。
※２　「当該サービス提供を行う事業者」について記入する。

第２表

居宅サービス計画書（2）

生活全般の解決すべき課題（ニーズ）	目標				援助内容					
	長期目標	期間	短期目標	期間	サービス内容	※1	サービス種別	※2	頻度	期間
4．糖尿病があり，間食をするために血糖値が高く，コントロールが不十分である。	血糖値がコントロールされ，糖尿病が悪化しない。	○.3 〜 ○.8	空腹感を感じさせない食事を検討し，間食が減少する。	○.3 〜 ○.5	①1,400kcalを厳守しながら量が増えるような食事内容に工夫する。 ②低カロリーで満腹感の得られるおやつを作る（または購入）。	○ ○	訪問看護（Ns） 訪問介護 家族	T訪問看護ステーション Q訪問介護事業所	1回／週 3回／週	○.3 〜 ○.5
			定期的な医学的管理により，空腹時血糖値が安定する。	○.3 〜 ○.5	③主治医による定期的な血糖値やHbA1cのチェック ④外来受診時，栄養士による栄養相談・栄養指導 ⑤低血糖発作や緊急時の連絡とその対応	○ ○ ○ ○	外来受診（医師） 外来受診（管理栄養士） 訪問看護 医師	Kクリニック Kクリニック T訪問看護ステーション Kクリニック	2回／月 1回／月 緊急時 緊急時	○.3 〜 ○.5

マイナス要因が明確でこれを除去することで自立した生活が可能になる場合は，このように明確に記載する。

※1　「保険給付対象かどうかの区分」について，保険給付対象内サービスについては○印を付す。
※2　「当該サービス提供を行う事業者」について記入する。

なく，利用者の意向を尊重しながらも，利用者の望む生活を大局的に考えることである。

3）プラス要因を引き出す

利用者は疾病や障害のため生活が不自由になり，何らかの援助が必要になっているが，残されたまたは隠された能力（プラス要因）も存在している。自立を阻害する問題点（マイナス要因）だけでなく，プラス要因を引き出して，それを活用することで望む生活が可能になるようにする。

例えば，下肢の筋力低下や関節痛のため歩行が困難（マイナス要因）であるが，上肢の機能は日常生活を送る上でほとんど問題がない（プラス要因）。プラス要因を引き出して，望む生活を可能にするニーズを記載する。

4）記載内容

このようにプラス要因とマイナス要因は対立・競合する関係ではなく，利用者の中に混在しているものである。したがって，ニーズはプラスとマイナスの要因を含んだ内容となる。記載例を示すと次のようになる。

例）・片麻痺でバランス障害があるためトイレまでの歩行はできないが，「つかまり」や「もたれ」が可能である。
・上肢は細かい作業はできないが，関節の拘縮や筋力低下はなく，簡単な作業・家事は可能であるが介護者がすべて行っている状況である。

また，ニーズは優先順位の高いものから順次記載する。

3. 目標（長期目標・短期目標）

1）記載要領（厚生労働省通知）

「長期目標」は，基本的には個々の解決すべき課題に対して設定するものである。ただし，解決すべき課題が短期的に解決される場合やいくつかの課題が解決されて初めて達成可能な場合は，複数の長期目標が設定されることもある。

「短期目標」は，解決すべき課題および長期目標に段階的に対応し，解決に結び付けるものである。緊急対応が必要になった場合には，一時的にサービスは大きく変動するが，目標として確定しなければ「短期目標」を設定せず，緊急対応が落ち着いた段階で，再度「長期目標」と「短期目標」を見直し，記載する。

なお，抽象的な言葉ではなく，分かりやすい具体的な内容で記載し，かつ実際に解決が可能と見込まれるものでなければならない。

2）記載内容

「長期目標」は，ニーズごとに設定する。ただし，記載要領にも示されているように，いくつかの課題が解決されて初めて達成可能な場合は，複数の長期目標が設定される。長期目標は短期目標とそれに続く介護サービス内容を決めるので，具体的かつ達成可能なものとする。

「短期目標」は「長期目標」に対応して設定し，「長期目標」の段階的な位置付けである。「短期目標」はモニタリングの際に達成度を評価する指針となるので，分かりやすく具体的に書く。

「総合的な援助の方針」は，「長期目標」を統合した内容で介護サービスの方向性を示すものである。「総合的な援助の方針」「長期目標」「短期目標」の関係性と連続性があることが重要である。

4．長期目標・短期目標の期間

1）記載要領（厚生労働省通知）

「長期目標」の期間は，生活全般の解決すべき課題（ニーズ）を，いつまでに，どのレベルまで解決するのかの期間を記載する。「短期目標」の期間は，「長期目標」の達成のために踏むべき段階として設定した「短期目標」の達成期限を記載する。原則として開始時期と終了時期を記入することとし，終了時期が特定できない場合は開始時期のみ記載する。期間設定においては「認定の有効期間」も考慮する。

2）記載内容

「長期目標」と「短期目標」の期間は，ニーズの達成度によって異なる。モニタリングを行う目安になり，この期間に達成できるか否かはサービス担当者会議で検討することが望ましい。「○年○月～○年○月」というように開始時期と終了時期を記入する。記載例を示すと次のようになる。

例）

長期目標

「つかまり」「もたれ」を活用した歩行訓練を行い，安定したトイレ歩行が可能になる。　（○年３月～○年８月）

短期目標

①筋力強化運動を実施し，「つかまり」「もたれ」を活用した室内歩行ができる。　（○年３月～○年５月）

②安全な療養環境を整備し，転倒が起こらない。　（○年３月～○年５月）

5. サービス内容・種別・事業者・頻度・期間

1）記載要領（厚生労働省通知）

「短期目標」の達成に必要であって最適なサービスの内容とその方針を明らかにし，適切・簡潔に記載する。この際，できるだけ家族による援助も明記し，また当該居宅サービス計画作成時においてすでに行われているサービスについても，そのサービスがニーズに反せず，利用者および家族に定着している場合には，これも記載する。

なお，生活援助中心型の訪問介護を必要とする場合は，その旨を記載する。

2）記載内容

「短期目標」の達成に必要なサービス内容・サービス種別・事業者・頻度・期間を書く。サービス内容（何を）とサービス種別（誰が）は対応するように書く。サービス事業者は，サービス内容を担える事業者を利用者・家族が選択できるように，介護支援専門員は情報提供を行う。インフォーマルサービス（ボランティア・近隣・友人など）と家族の担当も必ず記載する。

例）関節可動域訓練と筋力増強運動（自動運動と他動運動を組み合わせる）

・訪問リハビリ	○○診療所	2回（月・木）／週	○年○月 ～○年○月
・通所リハビリ	△△デイケアセンター	2回（火・金）／週	○年○月 ～○年○月
・本人または家族（妻）		毎日	

例）「もたれ」「つかまり」を活用したトイレ歩行介助

・通所リハビリ	△△デイケアセンター	2回（火・金）／週	○年○月 ～○年○月
・訪問介護	○○訪問介護事業所	2回（月・水）／月	○年○月 ～○年○月
・妻および息子		毎日	

例）安全な療養環境づくり（廊下およびトイレ内の手すりの設置と段差解消）

・介護支援専門員	○○居宅介護支援事業所	○月○日	○年○月 ～○年○月
・住宅改修事業者	○○工務店	○月○日	○年○月 ～○年○月

第3節

週間サービス計画表

1. 週間サービス計画表の意義

居宅サービス計画書に位置付けられた介護保険で給付されるサービスと，インフォーマルサービスとを週単位（横軸）および時間単位（縦軸）で記載する一覧表である。土・日，夜間，週単位以外のもの（月単位）も記入するので，利用しているすべてのサービスが把握できる。また，利用者の日常生活上の活動と連動して記載するようになっているため，サービスと利用者の一日の過ごし方の関係性が把握できる。

利用者は保健・医療・介護の諸サービスを統合して利用する権利があり，さらにインフォーマルサービスの利用により豊かな在宅生活が可能になる。介護支援専門員はこれらのサービスを統合する社会資源調整能力が求められている。よって，週間サービス計画表は介護支援専門員の調整能力を発揮するものである。

サービス内容と時間が一覧表に整理されているので，利用者自身が生活全般の過ごし方を具体的にイメージできるメリットがある。サービス事業者にとっては，曜日や時間帯ごとのサービスを確認することによって，他のサービスの役割を確認できるので，チームケアが円滑になる。

2. 週間サービス計画書の記載要領と記載内容

1）記載要領（厚生労働省通知）

主な日常生活上の活動は，利用者の起床や就寝，食事，排泄などの平均的な一日の過ごし方について記載する。なお，当該様式については，時間軸，曜日軸の縦横をどちらにとっても構わない。

2）記載内容

週間サービス計画表は，居宅サービス計画（2）で位置付けられたサービス（介護保険給付の有無を問わない）をすべて記載する。週単位（横軸）と時間単位（縦軸）ごとに記入する。視力や理解力が低下している利用者には，サービスごとに色分けするなど工夫すると良い。

「主な日常生活上の活動」には，利用者の平均的な一日の過ごし方，起床，洗面，食事，排泄，外出，入浴，就寝時間などを記入する。家族が同居している場合は，出

第３表

週間サービス計画表

利用者名　Ｓ．Ｈ　様

作成年月日　○年２月25日

		月	火	水	木	金	土	日	主な日常生活上の活動
深夜	4：00								
早朝	6：00								
									起床，洗面
午前	8：00								朝食・服薬〈家族出勤〉
	10：00								洗濯物たたみなど
		訪問介護	通所リハ 送迎 健康チェック 個別リハビリ 入浴	訪問介護	訪問介護	通所リハ 送迎 健康チェック 個別リハビリ 入浴			
午後	12：00								昼食・服薬
	14：00			訪問介護					
		友人の訪問			訪問介護				お茶やおしゃべり
	16：00								〈家族帰宅〉
									夕食
夜間	18：00								入浴，テレビなど見る
	20：00								
深夜	22：00								就寝
	24：00								
	2：00								
	4：00								

週単位以外のサービス	外来受診：２回／月　居宅療養管理指導（管理栄養士による栄養指導）：１回／月　福祉用具貸与（介護用ベッド） 絵画教室：２回／月

（注）「日課表」との選定による使用可。

勤時間や帰宅時間なども記載する。

「週単位以外のサービス」には，居宅療養管理指導，短期入所，福祉用具貸与やインフォーマルサービスで月単位で提供されるものを記入する。また，外来受診や訪問診療など医療保険で給付されるもの，保健師の訪問指導など保健サービスも記載する。

第４節

居宅介護支援経過

1. 居宅介護支援経過の意義

居宅介護支援経過（モニタリング）は介護支援専門員のケアマネジメントの実践記録である。利用者・家族・サービス事業者などとのかかわりを通じて把握したこと，判断したこと，調整内容，居宅サービス計画の変更の必要性について記載する。漫然とメモ的に記載するのではなく，項目ごとに整理して記載するよう通知されている。公的な記録であり，サービス終了後２年間は保存が義務付けられている。

居宅介護支援の業務は，次のプロセスで進められる。

①包括的なアセスメントを行い，生活課題（ニーズ）を明らかにする
②居宅サービス計画の原案を作成する
③サービス担当者会議を開催する
④居宅サービス計画書の作成・承認を行う
⑤居宅サービス計画に沿ったサービスを実施する
⑥モニタリングにより継続的に管理する
⑦再アセスメントを行う

作成した居宅サービス計画に沿って，適切なサービスが提供されているかどうか，自立支援をサポートしているかどうか，利用者はサービスに満足しているかなどを，居宅介護支援経過に経時的に記録すること（モニタリング）で，居宅サービス計画を見直す。

このようにプロセスを見直すことで，ケアマネジメントの質を高めていく。

モニタリングとは，次の４点を把握するものである。

①居宅サービス計画がどの程度適切に実施されているか（実施状況）
②居宅サービス計画に盛り込まれている援助計画が達成されたか（達成度）
③個々のサービスやサポートの内容が適切であったか（妥当性・適切性）
④居宅サービス計画の変更が必要な新たな生活課題が要介護者側に生じていないか（新たな生活課題の発生）

またモニタリングは，サービスの実施状況などを把握するだけでなく，評価を含んでいる。したがって，両者は連動して行われている。

第６表

居宅介護支援経過

利用者名　　S．H　　様

居宅サービス計画作成者氏名　　M．K

年月日	内容
○.2.21	【初回訪問：アセスメント】 アセスメントのため初回訪問する。本人と主介護者である長女が対応する。 ①介護に対する意向の確認 下肢筋力低下を改善。安定歩行のためのリハビリについては，本人・長女とも同じ考えである。ただし，最終的な目標については，本人は家事参加を希望しているのに対し，長女はトイレ歩行レベルで良いと考えている。アセスメントを行い，サービス担当者会議で検討する。 ②アセスメントの実施 アセスメント票に基づいて実施する。 ③各種制度やサービスについて説明し，情報を提供する。 ④居宅サービス計画書依頼の確認と契約
○.2.25	【サービス担当者会議の依頼】 居宅サービス計画書の原案を送付し，サービスの内容を事前に調整する。３月１日14：00～サービス担当者会議を開催する旨を電話で依頼。その後，FAXにて依頼書を送付する。
○.3.1	【サービス担当者会議の実施】 第４表参照。出席できなかったＫ医師については照会（依頼）し，合意を得る。
○.3.22	【モニタリング：自宅訪問】 ①サービスの実施状況：計画どおりにサービスが提供されている。このままサービスの継続を希望している。 ②利用者の状況：低血糖発作や転倒事故は発生していない。ただし，間食（甘い菓子類）をとってしまうことがあるので，家族に購入しないようお願いする。
○.3.26	【モニタリング：通所リハ】 通所リハの作業療法士のＤさんに電話する。個別リハで，家事動作（おやつ作り，お茶入れ）を一部実施しているが，気分の変動があって計画どおりには進んでいない。本人のペースに合わせる方針なので，訪問介護や家族の方も協力してほしいとのこと。気分の変動については，長い目で対応したいので，サービスの内容は変更せず，このまま様子観察する。
○.4.10	【モニタリング：自宅訪問】 本人・家族ともに，サービス利用を楽しみにしている様子。友人の訪問が都合により中止されることがある。独居となり心配なので，安否確認のため電話をしたいと長女より申し出があった。 （中略）
○.5.10	【モニタリング：自宅訪問】 モニタリング総括表に従って，短期目標達成度やサービスの実施状況などを記載する。

2. 居宅介護支援経過の記載要領と記載内容

1）記載要領（厚生労働省通知）

いわゆるモニタリングを通じて把握した利用者やその家族の意向・満足度など，援助目標の達成度，事業者との調整内容，居宅サービス計画の変更の必要性などについて記載する。漫然と記載するのではなく，項目ごとに整理して記載するように努める。

2）記載内容

居宅介護支援経過は経時的に書くようになっているため，何らかの工夫をしないとメリハリのない読みづらい記録になってしまう。記載要領でも項目別に記載するように通知されている。この場合の項目別とは，

①本人・家族と面接した内容
②サービスの実施状況（モニタリング）の把握
③サービス事業者との日常的な連絡事項や調整内容
④サービスに対する満足度
⑤目標の達成度
⑥新しい生活課題の有無
⑦居宅サービス計画の修正の有無
などに分けて記載すると分かりやすい。

ただし，②サービスの実施状況，④サービスに対する満足度，⑤目標の達成度，⑥新しい生活課題の有無，⑦居宅サービス計画の修正の有無は，経時的にその都度記載するよりは，第５節で紹介する「モニタリング総括表」[2)]で，ある一定期間経過して記録する方が効果的である。

第５節

モニタリング用紙

1. モニタリング総括表

平成15年４月に実施された介護報酬と居宅介護支援事業所運営基準改定では，モニタリングを強化している。

居宅介護支援で義務付けられているモニタリング記録用紙は，第６表の「居宅介護支援経過」のみである。しかし，第４節でも述べたように，経過記録（いわゆる経時記録）になじまないモニタリング項目がある。具体的には，サービスの実施状況，サービスに対する満足度，目標の達成度，新しい生活課題の有無，サービス計画の修正の有無は，ある一定期間経過してから記載する項目である（モニタリング総括項目）。したがって，経時記録ではなく，「モニタリング総括表」に記載すると効果的である。

「モニタリング総括表」とは，インターライ日本委員会が提案した「モニタリング総括表」[3)] を参考に筆者が作成したもので，毎月記入するものである。経時的記録になじまないモニタリング項目を包括的に評価している。

2. モニタリングの時期・場所・方法

１）モニタリングの時期と記録用紙

定期モニタリングと臨時モニタリングがある。定期モニタリングは，短期目標の期間に沿って，毎月行う。平成18年４月の介護報酬改定では，「特段の事情がない限り，少なくても月１回利用者の居宅を訪問して利用者に面接し，かつモニタリングの結果を記録すること」と記載されている。したがって，１カ月に１回は自宅訪問して，利用者・家族の状況を把握したり，サービスが計画どおり実施されているか，苦情は発生していないかなどをチェックし，第６表「居宅介護支援経過」に経時的に記録する。さらに，１カ月に１回は目標の達成度，サービスの満足度，サービスの実施状況，新たな生活課題の発生の有無などをチェックし，「モニタリング総括表」に記入する。

また，初回プランで情報収集不足やサービス調整の遅れなどから暫定的なプランとなっている場合，終末期で病状が変化しやすい場合は，１カ月後にモニタリングを行ってタイムリーなサービスを心がける。

臨時モニタリングは，状態が変化した，新たな生活課題が発生した，１カ月以上の入院・入所時などに行う。

モニタリング総括表

評価者：　M. K
評価日：　○年6月10日

利用者名　S. H　様

目標	時期	確認方法	目標の達成度 ○：達成 △：一部達成されず ×：達成されず	サービスの実施状況 ○：実施 △：一部実施されず ×：実施されず	サービスの満足度 ○：満足 △：一部不満足 ×：不満足	今後の対応 または 新しい生活課題	ケアプラン 修正の 有無／終了
1. 見守りにより，なじみの家事ができる。	○.6	訪問	○	△：個別リハで家事動作のリハビリを導入したが，本人の気分のムラがあり，実施できない日があった。	○：本人・家族	本人の気分のムラについては，無理強いせずに，本人のペースに合わせて進めていく。	無
2. 本人の生活リズムに合わせた排尿誘導を行い，失禁を減らす。	○.5	訪問 電話	△：排尿パターンが十分に把握できなかったので，時折失禁がみられた。安全な療養環境と見守りが徹底していたため，転倒は起こらなかった。	○	○：家族 △：本人は失禁が時折あることを気にしており，外出を躊躇する言動がある。	失禁に対して神経質になっている様子。無理強いしないで，リハビリ用の紙パンツをはくなど，神経質にならないよう配慮する。	無
3. 定期的に絵画療法教室に参加できる。	○.5	訪問	○	△：絵画療法は楽しんで行っている。友人の都合で定期的な訪問がされなかった日があった。	○	近所に宅老所ができる予定。介護保険外のサービスではあるが，気軽に訪ねていける場を確保する。	無

モニタリング総括表

利用者名　S．H　様

評価者：　M．K
評価日：　○年6月10日

目標	時期	確認方法	目標の達成度 ○：達成 △：一部達成されず ×：達成されず	サービスの実施状況 ○：実施 △：一部実施されず ×：実施されず	サービスの満足度 ○：満足 △：一部不満足 ×：不満足	今後の対応 または 新しい生活課題	ケアプラン 修正の 有無／終了
4．空腹感を感じさせない食事を検討し，間食が減少する。	○.5	訪問 電話	△：内服薬を変更したこと，間食をやめられないなどから，血糖値は安定しなかった。ただし，$HbA1_c$は悪化していないので，主治医と相談しそのまま様子観察することとする。	△：間食が度々あった。食事やおやつの内容を再検討する。	○		無

・○，△，×で評価し，△，×の場合はその状況を簡潔に記入する。
・「目標」とは短期目標のことである（ただし，状況によっては長期目標でも可）。
・「サービスの実施状況」は，短期目標に位置付けられたすべてのサービスについて，プランどおり実施されているか評価する。
・「サービスの満足度」で，本人・家族で満足度が異なる場合は，別々に記入する。

2）モニタリングの場所と方法

定期モニタリングでは，１カ月に１回は必ず利用者の居宅を訪問し，モニタリングの結果を記録することになっている。訪問サービスを利用している場合は同行訪問で，通所サービスを利用している場合は施設を訪問し，直接顔を合わせて情報交換をする。また，サービス担当者会議の活用や電話，ファックスで確認する場合もある。

同一法人の場合については，事業所を訪問して記録を見せてもらうことで，より詳細な情報収集ができるため，モニタリングには効果的である。ただし，同一法人であっても独立した事業所であるため，記録の閲覧については，利用者の承諾を得ておく（居宅介護支援サービスを開始する時に重要事項説明書に明記しておく）。

第6節

居宅介護支援サービス計画の見直しの基準

1．居宅介護支援費の介護報酬改定の概要

平成30年度の介護報酬改定は，診療報酬改定とのダブル改定であった。介護報酬全体ではプラス0.54％の改定率で，居宅介護支援の基本報酬はプラス１％前後であった。診療報酬，介護報酬共に，自立支援や重度化防止，中重度者対応のために，医療と介護の連携と多職種連携を促す加算が手厚く評価された。

居宅介護支援の改定のポイントは，①医療と介護の連携の強化，②末期の悪性腫瘍の利用者に対するケアマネジメント，③質の高いケアマネジメントの推進，④公正中立なケアマネジメントの確保，⑤訪問回数の多い利用者への対応，⑥障害福祉制度の相談支援専門員との密接な連携である。本稿では，①②③④の概要を述べる。

① 医療と介護の連携の強化

「入院時情報連携加算」と「退院・退所加算」が見直された。いずれも医療機関や介護保険施設との連携を評価している。「入院時情報連携加算（Ⅰ）」では，入院後３日以内に情報提供することが求められ，「退院・退所加算」では，退院時カンファレンスに参加すると高い評価が得られるなど，入院・入所直後から始める退院・退所支援にシフトしている。

②末期の悪性腫瘍の利用者に対するケアマネジメント

容態が変化しやすい末期の悪性腫瘍の利用者については，主治医の助言を得ることを前提に，サービス担当者会議を開催しなくてもケアプランを変更できるなど，ケアマネジメントの簡素化を図った「ターミナルケアマネジメント加算」が新設された。ただし，主治医等にはきめ細かな情報提供を求めるなど，医療と密接な連携を取ることが算定要件になっている。

③質の高いケアマネジメントの推進

居宅介護支援事業所の人材育成の取り組みを促進するため，管理者は主任介護支援専門員であることが要件とされた（ただし，３年間の経過措置期間あり）。また，「特定事業所加算（Ⅰ～Ⅲ）」は他法人が運営する居宅介護支援事業者との共同の事例検討会・研究会の実施が要件に追加され，「特定事業所加算（Ⅱ～Ⅲ）」は地域包括支援センター等が実施する事例検討会等への参加が要件に追加された。

④公正中立なケアマネジメントの確保

ケアマネジメント契約時の丁寧な説明を求めている。あくまでも利用者の意思に基づいた契約であることを意識づけるため，利用者や家族はケアプランに位置付けられた居宅サービス事業所について，複数の事業所の説明を求めることができる。さらに，当該事業所をケアプランに位置づけた理由を説明することを義務付けている。これらに違反した場合は，介護報酬が減算される。

今回の改定では，居宅介護支援が医療と介護の連携の要となり，多職種連携を促進する役割を果たすことに大きな期待を寄せている。介護職の基礎資格を持つ介護支援専門員が多くなり，医療との連携を苦手と感じている人も，これを機会にしっかり取り組んでほしい。

1） 居宅介護支援費

利用者数によって３段階に分けられており，利用者数40人未満までは「居宅介護支援費（Ⅰ）」，40人以上60人未満は「居宅介護支援費（Ⅱ）」，60人以上は「居宅介護支援費（Ⅲ）」を算定する。

①居宅介護支援費（Ⅰ）

・要介護１・２　1,053単位/月

・要介護３・４・５　1,368単位/月

②居宅介護支援費（Ⅱ）

・要介護１・２　527単位/月

・要介護３・４・５　684単位/月

③居宅介護支援費（Ⅲ）

・要介護１・２　316単位/月

・要介護３・４・５　410単位/月

２）特定事業所加算

特定事業所加算（Ⅰ）～（Ⅲ）の基本報酬は据え置かれたが，他法人が運営する居宅介護支援事業者と共同の事例検討会・研究会等の実施が要件に追加された。さらに，特定事業所加算（Ⅱ）・（Ⅲ）では，地域包括支援センター等が実施する事例検討会等への参加が要件に追加された。

①特定事業所加算（Ⅰ）　500単位/月（変更なし）

②特定事業所加算（Ⅱ）　400単位/月（変更なし）

③特定事業所加算（Ⅲ）　300単位/月（変更なし）

また，医療機関との連携を評価する加算が新設された。

④特定事業所加算（Ⅳ）（新規）　125単位/月

【算定要件】

・特定事業所加算（Ⅰ）～（Ⅲ）のいずれかを取得していること

・前々年度の３月から前年度２月までに病院・診療所等との連携を年間35回以上行うと共に，ターミナルケアマネジメント加算（新設）を年間５回以上算定していること

３）入院時情報連携加算

入院時情報連携加算の基本報酬は据え置かれたが，算定要件が変更された。入院時情報連携加算（Ⅰ）は入院後３日以内に情報提供を行った場合に算定でき，入院時情報連携加算（Ⅱ）は入院後７日以内に情報提供を行った場合に算定できる。いずれも提供方法は問われない。

入院時に提供する情報とは，疾患・病歴，認知症の有無，徘徊行動の有無など心身の状況と，家族構成，生活歴，介護方法，家族介護者の状況などの生活環境に関するもの，サービスの利用状況である。情報提供を行った日時・場所・内容・提供手段（面接やファックスなど）は，居宅サービス計画に記録する。居宅サービス計画を情報提供に活用することもできる。

①入院時情報提供加算（Ⅰ）　200単位/月（変更なし）
②入院時情報提供加算（Ⅱ）　100単位/月（変更なし）

４）退院・退所加算

退院・退所後の在宅生活への移行に向けた医療機関や介護保険施設等との連携を促進する観点から，次の３点が見直された。ⅰ）退院・退所に伴う初回ケアプラン作成の手間を明確に評価する，ⅱ）医療機関等との連携回数に応じた評価とする，ⅲ）医療機関等におけるカンファレンスに参加した場合は上乗せ評価する。

	〈カンファレンス参加 無〉	〈カンファレンス参加 有〉
①連携１回	450単位	600単位
②連携２回	600単位	750単位
③連携３回	×	900単位

【算定要件】

・医療機関や介護保険施設等を退院・退所し，居宅サービス等を利用する場合において，退院・退所にあたって医療機関等の職員と面談を行い，利用者に関する必要な情報を得た上でケアプランを作成し，居宅サービス等の利用に関する調整を行った場合に算定する。

　ただし，連携３回を算定できるのは，そのうち１回以上について，入院中の担当医等との会議（退院時カンファレンス等）に参加して，退院・退所後の在宅での療養上必要な説明を行った上でケアプランを作成し，居宅サービス等の利用に関する

調整を行った場合に限る。
・入院または入所期間中につき１回を限度。初回加算との同時算定不可。

５） ターミナルケアマネジメント加算

容態の変化が著しい末期の悪性腫瘍の利用者については，主治医の助言を得ることを前提に，サービス担当者会議を開催しなくてもケアプランの変更ができるなど，ケアマネジメントの簡素化を図る。

・ターミナルケアマネジメント加算（新規）　400単位/月

【算定要件】

・対象利用者は，末期の悪性腫瘍であって，在宅で死亡した利用者（在宅訪問後，24時間以内に在宅以外で死亡した場合を含む）。
・24時間連絡がとれる体制を確保し，かつ，必要に応じて，居宅介護支援を行うことができる体制を整備している。
・利用者または家族の同意を得た上で，死亡日および死亡日前14日以内に２日以上在宅を訪問し，主治医の助言を得つつ，利用者の状況やサービス変更の必要性等を把握し，利用者への支援を実施する。
・利用者の心身の状況を主治医や居宅サービス事業者に情報提供する。

６）特定事業所集中減算の見直し

特定事業所集中減算について，請求事業所数の少ないサービスや，主治医等の指示により利用するサービス提供事業所が決まる医療系サービスは対象から除外する。

・特定事業所集中減算　200単位/月（変更なし）

【対象となる事業所】

訪問介護，通所介護，地域密着型通所介護，福祉用具貸与の４サービス

2. 居宅介護支援と居宅サービス計画作成に関する課題

居宅介護支援をめぐる課題として，平成18年の介護報酬改定から，公正中立でかつ質の高いケアマネジメントがされているか否か，を評価する傾向にある。ケアプラン担当件数の上限を39件とし，特定事業所加算を３段階に見直して，算定しやすくする，主任介護支援専門員の資格取得を促す，独居や認知症高齢者への丁寧なケアマネジメントを評価するなど，介護報酬上での環境づくりはかなり充実してきている。

質の高い居宅介護支援とは，愚直にケアマネジメントを展開することである。利用者の生活に寄り添って，アセスメントからモニタリング，評価，再アセスメントまでのプロセスを丁寧かつ誠実に展開し，多職種・他機関の知恵と力を借りて，自立支援

を目指すことである。

入退院のケアマネジメントは，医療機関と居宅介護支援事業所の協働作業であるとの認識から，医療連携加算，退院・退所加算がある。いずれも介護支援専門員自らがアクションを起こすことにより算定できるものである。急性期病院は平均在院日数が短縮化していることから，早めの対応が求められる。特に，退院・退所加算では，面談（カンファレンスなど）が要件にあるため，医療機関等で窓口になる部署・人について，予め面識を持つなど，短い入院期間でもスムーズな連携ができるよう調整する。

このように質の高いケアマネジメントを展開するには，居宅介護支援事業所だけで対応するのではなく，本人・家族，医療機関，介護保険施設，在宅サービス事業所，インフォーマルサービスがネットワークを構築することで可能になることを忘れてはならない。

3. 自立支援の視点に立った居宅介護支援とは ～ICFモデルを活用する視点～

介護保険制度の理念は「自立支援」であり，居宅介護支援においても最大限尊重されなければならない。しかし，厚生労働省に設置された高齢者介護研究会と高齢者リハビリテーション研究会の報告書では，「要支援者への予防給付が要介護状態の改善につながっていない」「在宅生活を希望する要介護高齢者が在宅生活を継続できない」など，軽度者への過度な給付が指摘された。

さらに，「介護支援専門員の生涯研修体系のあり方に関する研究委員会」の最終報告書では，「アセスメントが不十分で利用者の状態像が判断されていない」「ケアカンファレンスが不十分で，ケアプランの的確性がチェックされていないだけでなく，自立支援の視点に欠ける」などと指摘されている。

要支援および要介護１の軽度者の増加が著しいこと，重度化した割合が高いことから，高齢者の生活機能低下の早期発見・早期対応（いわゆる水際作戦）ができていなかった。また，軽度者は廃用症候群モデルや変形性関節症のように徐々に生活機能が低下するものが多いことから，予防重視型モデル（廃用症候群の早期発見・早期対応モデル）に転換する必要があるとされた。このような経緯から，2006年４月に介護保険法が改正され，介護予防ケアマネジメントが導入された。

また2004年からは，自立支援を強調する観点から，ICF（International Classification of Functioning Disability and Health：国際生活機能分類）の概念モデルでケアマネジメントを行うよう指導がされている。ICFとは，人間の生活機能の分類法として，2001年５月にWHO総会で採択されたものであり，従来，機能障害（impairment），能力障害（disability），社会的不利（handicap）の３つの階層で考えられていた障害を，生活機能というプラス面から考えるよう視点を転換したものである。生活機能を，心身機能・

障害者福祉研究会編：ICF国際生活機能分類―国際障害分類改定版―，P.17，中央法規出版，2003.

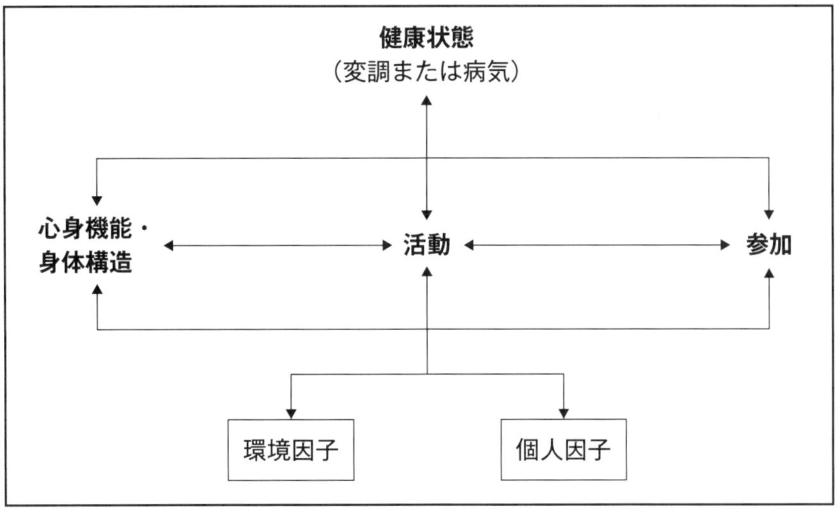

図　ICFの構成要素間の相互作用

身体構造（body functions and structures），活動（activities），参加（participation）の３つの階層に分類しており，否定的な表現から中立的な表現になっている（**図**）。

ICFは「個人の生活機能は健康状態と背景因子（個人因子と環境因子）との相互作用」であり，個人や環境（制度，社会資源，補装具など）に働きかけて（あるいは強化して），プラス面を強くするアプローチが求められている。

ICFの概念枠組みを居宅介護支援に活用するには，以下のような視点が重要である。

①利用者は，病気や障害のため生活機能は低下しているが，マイナス面だけでなく，残存機能や潜在能力（いわゆるプラス面）も同時に持っている。在宅で自立した生活を営むためには，ICFが強調しているプラス面を引き出すアセスメントが重要である。

②利用者の生活機能の維持・向上を図るためには，「心身機能・身体構造」や「活動」よりは，「参加」に働きかけることが重要である。参加とは，さまざまな社会的な場（家庭，近隣，趣味の会，交友関係，働く場など）において役割を果たすことである。一つの参加を実現するには多数の活動が必要になるため，参加を考えることは，結果として活動の量と質を引き上げることにつながる。

③個人因子（ライフスタイルや価値観など）と環境因子（制度，社会資源など）に働きかけて不自由になった生活を改善する。介護保険サービスだけでなく，インフォーマルサービスを積極的に活用する。

④問題解決指向から目標指向型アプローチに発想転換する。そのためには，具体的な目標を設定し，目標を達成するという成功体験を積み重ねることが重要である。成功体験は，在宅生活への強い動機付けになるためである。

⑤個人と環境の相互作用を活用するICFモデルは，多職種協働アプローチが基本である。アセスメントの早い段階から多職種の知恵と力を活用できるケアマネジメントが求められ，そうすることで，チームのエンパワメントが高まっていく。

第7節
サービス担当者会議の開催のポイント

1. サービス担当者会議開催の目的

介護支援サービスはチームアプローチであり，多職種・多機関が連携し合ってサービスを展開していくものである。居宅サービス計画（ケアプラン）をサービス担当者会議で作成し，援助の方向性，目標，サービス内容や役割分担が確認される。介護支援専門員が利用者・家族の意向を加味しながら課題分析を行い，ケアプランの原案を作成する。ここまでは，介護支援専門員一人で作成するが，ケアプランの内容については，サービス担当者会議で検討されることが望ましい。

サービス担当者会議は，介護支援専門員が主宰者となり，要介護者やその家族，さらにケアプランに位置付けられたサービス担当者が集まり，介護支援専門員が提出したケアプランの原案について，各々の立場から意見を述べ，修正しつつ，ケアプランを作成する場である。サービス担当者会議の目的は次のとおりである[5)]。

①利用者や家族の生活全体を共通理解すること。
②「本人や家族の介護に対する意向」「総合的な援助方針」について共通理解すること。
③生活課題を共有化すること。
④居宅サービス計画の内容を相互に深めること。
⑤作成された居宅サービス計画でのサービス提供者の相互の役割分担を理解すること。

さらに，サービス担当者会議を繰り返し開催することで，他職種・他機関の立場や実情，能力が分かり，その後の日常実践活動において，有効なネットワークが形成される。

2. サービス担当者会議を開催する時期

サービス担当者会議の開催時期については，次のとおりである。

①初回の居宅サービス計画作成時
②要介護更新認定を受けた時
③要介護状態区分変更認定を受けた時
④その他（利用者の心身の状況が変化したり，家族の生活環境が変化したりした時。
　１カ月以上入院・入所していた時など）

平成15年に行われた居宅介護支援の運営基準の改定では，②③の要介護更新認定・

第４表

サービス担当者会議の要点

利用者名　S．H　様　　居宅サービス計画作成者氏名　M．K

開催日　○年３月１日　　開催場所　利用者の自宅　　開催時間　14：00～14：45　　開催回数　初回

	所属（職種）	氏名	所属（職種）	氏名	所属（職種）	氏名
会議出席者	利用者本人	S．H	T訪問看護ステーション（看護師）	B		
	利用者の長女	E．H	Q訪問介護事業所（ヘルパー）	C		
	T居宅介護支援事業所	M．K	Q通所リハビリ事業所（作業療法士）	D		
検討した項目	初回居宅サービス計画書の原案の検討とサービス担当者の紹介 ①総合的な援助の方針の合意　②緊急連絡体制の確認 ③居宅サービス計画の目標の共有と具体的内容の確認 ④インフォーマルサービスの役割と見守り体制の確認					
検討内容	①総合的な援助の方針の原案を提示し，参加者全員に意見を求めたが，特に異論はなかった。 ②緊急事態（低血糖発作，病状の悪化，転倒などの介護事故）と連絡体制を確認した。 ③生活課題，長期目標，短期目標，サービス内容，利用回数，頻度，担当者について検討。 ④絵画教室への参加，友人の訪問，家族や近隣の人々の役割と具体的な内容について検討。					
結論	①総合的な援助の方針を合意する。 ②緊急事態には24時間365日で対応することとし，Kクリニック緊急外来と訪問看護ステーションが対応→居宅サービス計画書（1）の総合的な援助の方針に連絡先を記名する。 ③「見守りよりなじみの家事ができる」（短期目標）については，家族は消極的であったが，本人の強い意向を優先させた。まずは３カ月間実施して，モニタリングで評価することで合意する。 ④インフォーマルサービスは生活の質の向上に大きく影響するので，今後も積極的に利用することで合意する。					
残された課題（次回の開催時期）	①通所リハの個別リハビリの状況によって，サービスの調整，見直しが必要になる可能性あり。家事への参加は無理強いせずに進めていくので，各サービス担当者と連携を図っていく。 ②会議の内容をKクリニックのK医師に照会（依頼）し，合意を得る。 ３カ月後の○年６月上旬を予定。					

第５表

サービス担当者に対する照会（依頼）内容

利用者名　Ｓ．Ｈ　様　　　　居宅サービス計画作成者氏名　Ｍ．Ｋ

サービス担当者会議を開催しない理由ないし会議に出席できない理由	外来診療等で業務上都合がつかないため

照会（依頼）先	照会（依頼）年月日	照会（依頼）内容	回答者氏名	回答年月日	回答内容
Ｋクリニック Ｋ医師	○年３月２日	①糖尿病のコントロール指標と日常生活上の留意すべき点について ②低血糖発作など緊急時の対応について	Ｋ医師	○年３月５日	①血糖下降剤を変更した直後であり，１～２カ月は血糖値と尿糖のチェックを２回/月行う。空腹時血糖値120～130mg/dLであり，このまま様子観察をする。食事療法1,400kcalを継続する。 ②低血糖発作や病状悪化時は，当院緊急外来で対応する。応急処置として砂糖の内服をする。

※サービス担当者会議を開催しない場合や会議に出席できない場合などに使用すること。

要介護状態区分の変更認定を受けた場合，サービス担当者会議の開催，担当者に対する照会などにより，居宅サービス計画の変更の必要性について，担当者から専門的な見地から意見を求めるものとする，という項目が追加された。

3. サービス担当者会議開催までの準備

会議の成果は準備によって決まると言っても過言ではない。会議の目的・参加者・日時・場所を決定し，配布資料を準備する。当日提出するケアプランの内容については，利用者と事前の合意を得ておき，会議が円滑に進行するよう準備する。

①会議の目的

初回プラン作成か，継続プランかによって内容と運営方法が異なる。継続プランの場合は，前回からの変更点とその理由について説明する。

②参加者の選択

ケアプランに位置付けられたサービス担当者は原則として全員参加するよう依頼する。利用者と家族は原則参加をお願いする。インフォーマルサービスの担当者の参加についてはケースバイケースであり，利用者が参加を望む場合や，生活課題の内容によっては参加を検討する。

③日時

利用者・家族の都合を優先し，サービス担当者との調整を行う。

④場所

特に決まりはない。参加者が４～５人程度であれば利用者の自宅で行ってもよい。５人以上になると利用者の自宅では手狭になるし，参加者の駐車場が確保できない場合もあるので，居宅介護支援事業所や公的施設の会議室などを利用する。主治医が多忙で時間が取れない時は，診療所で行う場合もある。

⑤配布資料

当日配布する資料（ケアプランや主治医意見書など）の準備をする。利用者に個人情報の使用について事前に了解を得ておく。

※サービス担当者会議における個人情報の取り扱いは，包括的な同意があればよしとしているが，介護支援専門員は，会議の目的，内容，参加者などを丁寧に説明して同意を得るなど，誠実な対応が求められている。

⑥事前の合意[6)]

サービス担当者会議が開催される前段階で，介護支援専門員と利用者の間で目標とサービス内容について合意されている必要がある。そしてこの合意された目標とサービス内容を，サービス担当者会議において，実際に介護サービスの提供を行うサービス担当者との間で共有する。

⑦サービス担当者からの照会

当日サービス担当者会議を欠席する担当者からは，予め「サービス担当者の照会(依頼)」を文書にて取り寄せておく。

4. サービス担当者会議の進め方

ここでは，初回のケアプラン作成，利用者・家族を含めて6～7人程度の参加者，会議室で開催するサービス担当者会議の進め方について説明する。介護支援専門員はサービス担当者会議の主宰者であり，会議ではファシリテーターとしての役割がある。ファシリテーターとは参加者の意見を引き出し，意見と意見をつないでまとめ，優れたコンセンサス（合意）をつくり出していく人という意味で，会議の司会進行を担当する。

①開会のあいさつ

あいさつは会議の導入であり，気持ち良く会議に入れるような雰囲気づくりに心がける。「明るく，簡潔に」が基本である。あいさつの一例を挙げると，「皆さんこんにちは。本日はご多忙の中，わざわざお集まりいただきましてありがとうございます。私は○○居宅介護支援事業所の介護支援専門員の○○と申します。本日の会議で司会を担当します。どうぞよろしくお願いします。それでは，自己紹介を○○さんからお願いします」と，出席へのお礼もきちんと伝える。

②自己紹介

所属機関，担当部署，職種，役職の有無，氏名を簡潔に紹介する。利用者・家族の自己紹介を最初にする。

③個人情報の取り扱いについて

利用者に個人情報の使用について事前に了解を得てあることを伝える。守秘義務の観点から個人情報の取り扱いについて確認する。

④会議での発言について

会議時間は概ね30～60分を予定しているため，１回の発言は手短にしてほしいこと，各々の専門の立場から自由に発言してほしいことなど，短時間で中身の濃い会議にするための協力を依頼する。会議中も特定の人に発言が偏らないようにする。

⑤利用者のプロフィールや経過を説明する

フェースシートや主治医意見書などを活用して，利用者のプロフィールや経過を簡潔に説明する。サービス担当者会議ではケアプランの中身の議論が大切なので，プロフィールを詳細に報告するのではなく，情報を共有するレベルに留めておく。

⑥「利用者・家族の介護に対する意向」の確認

居宅サービス計画（1）に記載されているが，念のため確認しておく。利用者・家族に発言してもらうとインパクトがあるが，発言しにくい場合は，介護支援専門員側から「○○ということでよろしいですね」と代弁する。

⑦「総合的な援助の方針」の確認

利用者・家族の介護に対する意向を踏まえて，自立支援の視点＋QOLを支援する方向性で設定する。例えば，「主婦としての役割復帰を目指すため，通所リハビリや訪問リハビリなどリハビリテーションサービスを集中的に利用し，片手での家事動作が可能になると共に，定期的な病状管理と生活習慣の改善により糖尿病をコントロールする」。

総合的な援助の方針は，介護サービスの方向性を決定する重要なものなので，必ず合意を得る。利用者・家族が迷っている場合は，複数案を提示する，仮の方針を立てて一定期間後に見直すなど，柔軟に対応する。

⑧「生活課題」の確認

居宅サービス計画（2）に基づき，生活課題とその根拠を説明する。不足している生活課題や専門家として手立てなど，自由に発言してもらう。追加された生活課題がある場合は，ホワイトボードなどに明記する。

⑨「目標・サービス内容・頻度等」を確認する

生活課題に沿って，長期目標，短期目標，サービス内容，頻度などを確認する。本人や家族の役割も同時に確認する。事前に事業者とサービス内容・頻度は調整を済ませているので，確認するのみに留める。インフォーマルサービス（家族を含む）が位置付けられている場合は，これまでの関係を大切にする意味で，無理に専門職のサービスに切り替えない。あくまでもサービスの選択・決定は，利用者・家族が行うことを徹底する。修正点があれば，ホワイトボードなどに明記する。

自立支援の視点から，本人ができること，家族が行うこと，サービス担当者が提供するサービス，インフォーマルサービスが提供するサービスを整理する。

⑩残された課題の確認

残された課題があれば確認する。

⑪閉会のあいさつ

会議の目的が終了したことを伝え，ねぎらいの言葉をかける。次回の会議予定を立てる。また，個人情報に関する資料などを回収する。修正したケアプランは，利用者が署名・捺印をした上で，後日送付することを伝える。

⑫サービス担当者への照会

サービス担当者会議に参加しなかった担当者への照会（依頼）を文書にて行う。

5. 利用者の自宅で行うサービス担当者会議

利用者の自宅で行うサービス担当者会議は，参加者が少人数であること（概ね５～６人以下），利用者・家族の了解が得られていることが前提条件である。利用者や家族の中には，専門職の訪問を心理的に負担と思っている場合もあるので，無理強いはしない。

利用者の自宅で行うメリットは次のとおりである。

①利用者・家族が安心して，自分のペースで発言できる

自宅で行われることで，安心感を持って会議に参加でき，自分のペースで発言することができる。

②自宅での療養環境が把握できる

浴室，トイレ，台所，居室，玄関，庭など，療養環境が他職種も同時に把握できる。また，作業療法士などが同席することによって，より具体的なケアプランが作成される。

③利用者のセルフケア能力を把握できる

病院や施設では，そこが恵まれた療養環境であったり，また，緊張のためから，本人の能力が存分に発揮されていないことがある。ところが，ホームグラウンドである自宅では，環境に応じて意外な本領を発揮する場合がある。しかし，逆に介護者に頼りすぎてしまい，能力を発揮しない場合もある。いずれにせよ，自宅では利用者のセルフケア能力を把握しやすい。

④利用者の普段の生活が分かる

家具や花瓶の花，写真や飾り物など，さりげなく置かれた物から，利用者の普段の生活を垣間見ることができる。

第１章　引用・参考文献

1）ケアマネジメント原則実践研究委員会：ケアマネジメントの原則に則った実践の確保方策に関する研究報告書，財団法人長寿社会開発センター，2003.

2）篠田道子：質の高いケアマネジメント，P.24，中央法規出版，2004.

3）新津ふみ子，五十嵐智喜子，インターライ日本委員会編著：MDS方式によるケアプラン事例集３ モニタリングの視点と方法，医学書院，2002.

4）川越雅弘：介護保険の動向とケアマネジャーに求められるもの，訪問看護と介護，Vol.9，No.2，P.105～120，2004.

5）介護支援専門員テキスト編集委員会編：四訂介護支援専門員基本テキスト第１巻，P.322，財団法人長寿社会開発センター，2007.

6）介護支援専門員テキスト編集委員会編：介護支援専門員実務研修テキスト，P.261，財団法人長寿社会開発センター，2003.

7）障害者福祉研究会編：ICF国際生活機能分類―国際障害分類改定版―，P.17，中央法規出版，2003.

第２章

居宅サービス計画実例集

誤嚥性肺炎を繰り返す寝たきりの夫の介護

男性・70歳

要介護度：5

認知症：M

ケース概要

２度の脳出血（58歳の時と67歳の時）により寝たきり状態となり，意思疎通が困難となった。自宅で看取りたいという妻の希望で３年前の11月に回復期リハビリ病院を退院し，在宅介護を開始。仙骨部の褥瘡が悪化し，尿路感染症や誤嚥性肺炎をたびたび起こすため，入退院を繰り返している。

○年３月27日

利用者	I	性別	男性	生年月日	○年○月○日
相談内容	妻（70歳）が孫娘の世話をしながら，12年前から介護生活を続けており，介護疲労が増強している。長女は離婚してフルタイムで就労しており，介護協力は頼めない。経済的に余裕もない。				
生活歴・生活状況	夫婦で自営業を営んでいた。若いころはジャズが好きだった。 58歳で脳出血を発症して仕事ができなくなった。妻が介護をしながらパートを続けていたが，脳出血を再発したため常時介護が必要となり，パートを辞めた。離婚した長女が戻りフルタイムで仕事をしているため，孫の世話も妻が行っている。	〔家族状況〕 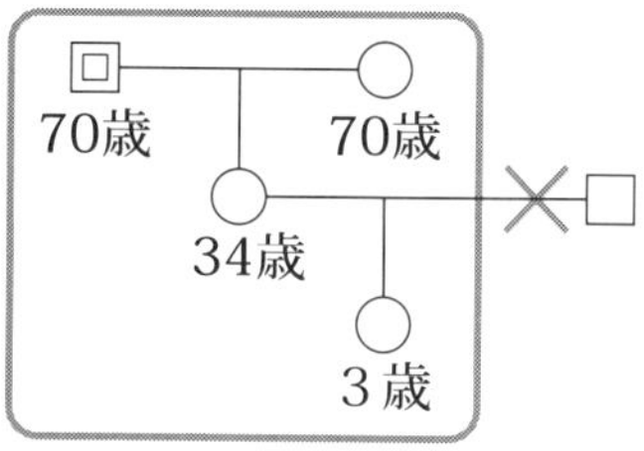 			
健康状態	脳出血後遺症，水頭症（VPシャント），仙骨部褥瘡，尿路感染症，胃瘻造設，在宅酸素使用，痰吸引の必要あり。				
ADL	全介助（四肢拘縮あり）。				
IADL	全介助（四肢拘縮あり）。				
コミュニケーション能力・認知	会話などでコミュニケーションをとることは困難。 気分が良さそうな時は，表情が和らぐ。				
社会とのかかわり	寝たきりで訪問系サービス提供者との交流のみ。外出の機会なし。				

排尿・排便	排尿：膀胱留置カテーテル留置中（月１回の訪問診療時，主治医が交換）。 排便：摘便，緩下剤，浣腸でコントロール。自然排便はなし。
褥瘡・皮膚・清潔	仙骨部褥瘡を繰り返し発症。床ずれ防止用具を使用中。毎日の清拭と訪問入浴サービスの利用により，清潔は保持している。
口腔衛生	訪問看護師：週３回，歯科衛生士：週１回（口腔ケア），義歯装着なし。
食事摂取	経腸栄養剤250mL＋白湯250mL＋とろみ剤２ｇ１日３回，21時白湯50mL，食間２回白湯100mL（トータル1,750mL）
BPSD	問題なし
介護力	妻が介護全般を行いながら，孫娘の世話や家事全般を担っている。同居の長女は毎日夜遅くまで就労し，土日の出張もあり，介護協力は難しい。
居住環境	市営住宅２階（エレベーターあり）。
特別な状況	本人の障害年金（身体障害者手帳１級）と妻の国民年金のみ。貯蓄はなく，経済的には苦しい。

居宅サービス計画書（1）

作成年月日　○年３月27日

初回・紹介・（継続）　（認定済）・申請中

利用者名　I　様　　生年月日　○年○月○日　　住所　N市○○区○○町

居宅サービス計画作成者氏名　K

居宅介護支援事業者・事業所及び所在地　T居宅支援事業所　N市○○区○○町

居宅サービス計画作成（変更）日　○年３月27日　　初回居宅サービス計画作成日　○年11月20日

認定日　○年３月23日　　認定の有効期間　○年４月１日　～　○年３月31日

要介護状態区分	要支援　・　要介護１　・　要介護２　・　要介護３　・　要介護４　・　（要介護５）
利用者及び家族の生活に対する意向	本人：意思確認はできないが，会話ができたころには「自宅にいたい」と希望していた。 妻　：最初の脳出血発症時に，夫と長女で相談し，家で介護をしようと決めた。２度目の出血で寝たきりとなり介護は大変だが，最期まで家で介護をして，看取りたい。痰吸引や経管栄養，褥瘡などの処置が多いので，助けてもらいながら介護したい。長女にも，無理をしない程度に介護を手伝ってもらいたい。
介護認定審査会の意見及びサービスの種類の指定	なし
総合的な援助の方針	脳出血の再発で寝たきりとなり，意思疎通はできません。感染のリスクを担当者に周知し，異常の早期発見に努めます。 「自宅で過ごしたい」と言っていた本人の気持ちを尊重し，奥様の介護負担も考慮し，24時間安心して介護が継続できるように，担当者全員で支援していきます。 緊急時の連絡先：妻　○○○−○○○○−○○○○ 緊急時の対応：Mクリニック　24時間対応（○○○−○○○○−○○○○） A訪問看護ステーション　24時間対応（○○○−○○○○−○○○○）
生活援助中心型の算定理由	1．一人暮らし　　2．家族が障害，疾病等　　3．その他（　　　　）

居宅サービス計画書（2）

利用者名　　I　　様　　　　　　作成年月日　○年３月27日　　No. 1

生活全般の解決すべき課題（ニーズ）	目標				援助内容					
	長期目標	期間	短期目標	期間	サービス内容	※1	サービス種別	※2	頻度	期間
自宅で好きだった音楽を聴きながら１日を過ごしたい。	入院せず自宅で気持良く過ごせる。	○.4 〜 ○.9	①誤嚥性肺炎や尿路感染症を起こさない。 ②仙骨部褥瘡が悪化しない。	○.4 〜 ○.6	診察，処方 胃瘻・膀胱留置カテーテル交換，在宅酸素療法管理，緊急時対応 必要時の検査，指示・連携	○	訪問診療・往診 （居宅療養管理指導）	Mクリニック	２回/月	○.4 〜 ○.6
					病状把握，在宅酸素療法管理 胃瘻・膀胱留置カテーテルの管理，口腔ケア，体位変換，痰吸引 褥瘡処置（処置内容の確認） 妻への支援（体位変換の方法・服薬方法・痰吸引の指導） （緊急時訪問看護加算）	○	訪問看護 （特別指示書時は医療保険での訪問）	A訪問看護ステーション	３回/週	
					酸素濃縮器・酸素ボンベの管理・点検・指導		医療機器メーカー	E在宅酸素会社	１回/月	
					歯科衛生士による口腔ケア，家族への口腔ケアの指導	○	訪問歯科診療 （歯科衛生士居宅療養管理）	B歯科クリニック	１回/週	
					胃瘻注入，口腔ケア，痰吸引，蓄尿バッグの処理 本人に音楽を聞かせる		家族	妻	毎日	
					入浴介助，皮膚観察・体調確認 褥瘡処置，胃瘻周囲ケア	○	訪問入浴	C事業所	３回/週	
					特殊寝台・特殊寝台付属品（ベッド柵・サイドテーブル）の貸与により安楽な姿勢・転落防止となっているか確認 体圧分散による褥瘡予防（床ずれ防止用具の提案・貸与）	○	福祉用具貸与	D福祉用具事業所	毎日	
			③２日に１回，排便がある。	○.4 〜 ○.6	排便コントロール（摘便，浣腸，腹部マッサージ，緩下剤，整腸剤注入）	○	訪問看護	A訪問看護ステーション	３回/週	○.4 〜 ○.6
					看護師の助言により緩下剤を注入		家族	妻，長女	随時	

※１　「保険給付対象かどうかの区分」について，保険給付対象内サービスについては○印を付す。
※２　「当該サービス提供を行う事業者」について記入する。

利用者名　I　様　　　　作成年月日　○年３月27日　　No. 2

生活全般の解決すべき課題（ニーズ）	目標				援助内容					
	長期目標	期間	短期目標	期間	サービス内容	※１	サービス種別	※２	頻度	期間
車いすで１時間くらい外出し，外の景色を見ながら季節を感じたい。	１時間くらいベッドから離れて過ごすことができる。	○.4 〜 ○.9	④車いすへの移動がスムーズにできる。	○.4 〜 ○.6	使い方の確認・指導，状態に合わせた車いすの提案／リクライニング車いす貸与	○	福祉用具貸与	D福祉用具事業所	随時	○.4 〜 ○.6
					車いす移乗・車いすによる移動介助		家族	妻，長女（長女は休日）	随時	
					拘縮予防・循環改善（車いすへの移乗をスムーズにする）のための四肢のマッサージ		訪問マッサージ（医療）	B治療院	２回/週	
妻の介護を受けながら，安定した体調で療養が続けられる。	定期的に体調管理ができる。 異常が早期に発見でき，症状が重篤化しない。	○.4 〜 ○.9	⑤２カ月に1回，全身状態をチェックできる。	○.4 〜 ○.6	レスパイト入院（介護者の心身休息） 在宅では困難な検査の実施，治療 在宅医への情報提供		連携病院	E病院	必要時主治医と相談	○.4 〜 ○.6

※１　「保険給付対象かどうかの区分」について，保険給付対象内サービスについては○印を付す。
※２　「当該サービス提供を行う事業者」について記入する。

週間サービス計画表

利用者名　I　様　　　　作成年月日　○年４月１日

		月	火	水	木	金	土	日	主な日常生活上の活動
深夜	4：00								
早朝	6：00								蓄尿バッグ内の尿廃棄
									胃瘻注入
午前	8：00								モーニングケア
	10：00	訪問看護		訪問看護		訪問看護			白湯注入
午後	12：00								胃瘻注入
					訪問マッサージ		居宅療養管理指導（歯科衛生士）	訪問マッサージ	
	14：00								
									白湯注入
	16：00		訪問入浴		訪問入浴	訪問診療	訪問入浴		
夜間	18：00								胃瘻注入
	20：00								
深夜	22：00								白湯注入
									就寝
	24：00								
	2：00								
	4：00								

週単位以外のサービス	福祉用具貸与：特殊寝台（３モーター）・特殊寝台付属品，床ずれ防止用具，リクライニング車いす　居宅療養管理指導：Mクリニック（バルーン交換：１回/週　胃瘻チューブ交換：１回/月） 必要時歯科医師診療：随時　在宅酸素管理メンテナンス：１回/月（E在宅呼吸器メーカー）　退院直後２週間以内に褥瘡が悪化した時は，医療保険で毎日訪問看護を実施。

サービス担当者会議の要点

利用者名　I　様　　居宅サービス計画作成者氏名　K　　作成年月日　○年３月27日

開催日　○年３月27日　　開催場所　利用者宅　　開催時間　16：00～17：00　　開催回数　５回目

	所属（職種）	氏名	所属（職種）	氏名	所属（職種）	氏名
会議出席者	本人	I	Mクリニック（主治医）	H	D福祉用具事業所（福祉用具専門相談員）	W
	家族（妻）	T	A訪問看護ステーション（看護師）	K	B歯科クリニック（歯科衛生士）	G
	家族（長女）：電話	Y	C訪問入浴事業所（看護師）	J	T居宅介護支援事業所（介護支援専門員）	K
検討した項目	【更新時担当者会議および退院後のケア検討会議】 ①現在の病状と治療方針などについて，主治医に確認する（主治医の訪問診療に合わせて面談）。 ②本人，家族に希望を確認し，ケア内容を検討する。 ③介護者の介護負担と今後の方針，リスクについて ④その他					
検討内容	①肺炎治療で入院していたが，改善し退院した。しかし，喀痰が多く今後も頻回な痰吸引は必要。現在は，下垂体前葉機能不全があり，血圧低下や尿量減少が見られる。栄養に関しては，経腸栄養剤をＡからＢへ変更した（１日1,125kcal)。酸素１Ｌ，体動時は２Ｌで経過を見る。褥瘡に関しては，状態を見ながら処置内容を変更していくので，変化があった時は知らせてほしい。 ②サービス内容を継続する希望があるため，変更はない。退院直後で在宅酸素療法を行っていることや褥瘡の処置（毎日），痰吸引，血圧変動確認などのために主治医と相談し，訪問看護は特別指示書（医療保険）で２週間毎日訪問となる。 ③介護負担増強時は主治医と相談し，レスパイト入院（検査も兼ねた）を検討する。					
結論	仙骨部に褥瘡があるため，床ずれ防止用具の種類を検討して使用。褥瘡が悪化した時には月２回特別指示書にて訪問看護を毎日利用する。ポジショニングの写真を撮って居室に貼り，全員で体位の統一を図る。 副腎皮質ホルモン剤注入が隔日のため，看護師が服薬指導を家族に行い，残薬にて内服を確認する。					
残された課題（次回の開催時期）	土・日は可能な時に長女様の協力を得られるように調整していく（長女と介護支援専門員の面談）。 医療依存度が高く，急変リスクもあるため，24時間対応体制を再度家族に説明し，不安を軽減する（主治医，訪問看護ステーションとの連絡・調整）。					

モニタリング総括表

評価者：　K
評価日：　○年４月30日

利用者名　I　様

目標	時期	確認方法	目標の達成度 ○：達成 △：一部達成されず ×：達成されず	サービスの実施状況 ○：実施 △：一部実施されず ×：実施されず	サービスの満足度 ○：満足 △：一部不満足 ×：不満足	今後の対応または新しい生活課題	ケアプラン修正の有無／終了
①誤嚥性肺炎や尿路感染症を起こさない。 ②仙骨部褥瘡が悪化しない。	4/30	訪問	△：喀痰あり，時々微熱あり。褥瘡は軽減し，フィルムドレッシングのみになっている。滲出液なし。	○：訪問看護 退院後２週間は特別指示で毎日訪問したが，その後は週３回の介護保険の訪問看護になり，家族だけの時間が少し増えた。 ○：主治医 ○：歯科衛生士 ○：訪問入浴 ○：福祉用具	○：退院後は毎日来てもらい安心できた。主治医も看護師も24時間連絡が取れるので安心。入浴もできている。	継続	無
③２日に１回，排便がある。	4/30	訪問	○：看護師の排便コントロールにより定期的な排便はあるが，自然の排便はない。	○：訪問看護	○：看護師に便を出してもらい，おむつ交換がほとんどないので助かる。	継続	無
④車いすへの移動がスムーズにできる。	4/30	訪問	△：長女の仕事が忙しく，土日は離床する時間が取れない。看護師と一緒にリクライニング車いすに移乗することができた。	△：家族 △：福祉用具	△：長女に介護を頼むのは気を使う。	本人への刺激も考え，毎週土・日のいずれかで母娘で車いすに移乗し，親子交流の機会をつくっていく。車いすはこのタイプを継続する。	無 ※必要時，レスパイト入院検討
⑤２カ月に１回，全身状態をチェックできる。	4/30	訪問	×：まだレスパイト入院していない。	×：退院して１カ月現状維持希望で，まだ入院などのレスパイト希望はない。	○：何かあればすぐに対応できると主治医から聞いているので安心している。今はまだ自宅で介護できる。	サービスを継続し，本人の病状や介護負担などにより，主治医と相談しながらレスパイトや検査も含めた入院を検討する。	無

・○，△，×で評価し，△，×の場合はその状況を簡潔に記入する。
・「目標」とは短期目標のことである（ただし，状況によっては長期目標でも可）。
・「サービスの実施状況」は，短期目標に位置付けられたすべてのサービスについて，プランどおり実施されているか評価する。
・「サービスの満足度」で，本人・家族で満足度が異なる場合は，別々に記入する。

●自宅で寝たきりの息子の介護を望む母親

男性・42歳

要介護度：5

認知症：M

ケース概要

39歳の時，クモ膜下出血を発症。クリッピング術後に水頭症，髄膜炎，敗血症と続けて合併症が発症したため，２年間の入院生活を送った。リハビリの結果，車いす座位が保持可能となり，退院の目途がついた。しかし，妻は施設への入所を希望し，母親と姉は納得ができず実家で介護を開始した。母親は当初，戸惑いや不安があったが，介護サービスを利用したことで気持ちにゆとりが持てるようになってきており，自宅で介護を続けたいと思っている。

○年４月15日

<table>
<tr><td>利用者</td><td>N</td><td>性別</td><td>男性</td><td>生年月日</td><td>○年○月○日</td></tr>
<tr><td>相談内容</td><td colspan="5">１年前，大学病院の医療ソーシャルワーカーより在宅復帰支援のマネジメント依頼があった。妻は施設への入所を希望したが，母親と姉は実家での介護を強く要望し，在宅でのサービスを調整してほしいと言う。</td></tr>
<tr><td>生活歴・
生活状況</td><td colspan="3">大学進学を機に家を出る。大学卒業後は住宅関連会社に就職。25歳で結婚，一男一女をもうける。仕事は，現場監督のため帰宅時間が遅く，不規則な生活で家庭のことは妻に任せていた。</td><td colspan="2">〔家族状況〕
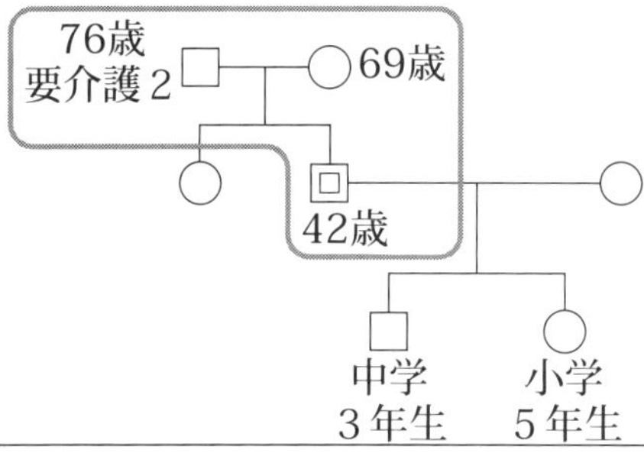
</td></tr>
<tr><td>健康状態</td><td colspan="5">クモ膜下出血術後，入院中には痙攣発作が数回見られた。退院後も１回発作があった。
右片麻痺，肩・股・膝・肘関節拘縮，意思疎通は困難。</td></tr>
<tr><td>ADL</td><td colspan="5">寝返り・起き上がり：全介助，移乗：リフトにて全介助
移動：車いすにて全介助，入浴：機械浴，排泄：おむつを使用</td></tr>
<tr><td>IADL</td><td colspan="5">すべて全介助</td></tr>
<tr><td>コミュニケーション
能力・認知</td><td colspan="5">意思疎通は困難だが，覚醒時には声かけをすると視線が合うこともある。
視力，聴力：判断不能</td></tr>
<tr><td>社会との
かかわり</td><td colspan="5">通所介護：週３回。近所に住む姉が随時訪問し，話しかけている。
別居している妻が月１回長女と訪問している。</td></tr>
</table>

排尿・排便	尿：膀胱留置カテーテル使用：１日約1,600mL 排便：訪問看護師が週２回排便コントロール実施中（浣腸・摘便）
褥瘡・ 皮膚・清潔	褥瘡はない。 デイサービスで入浴している。
口腔衛生	サービス事業者は，吸引器を使用しながら口腔ブラシで洗浄。母親はスポンジ使用。 気管切開のため，痰吸引が随時必要。 月２回歯科医，歯科衛生士の訪問（居宅療養管理指導）
食事摂取	経管栄養（胃瘻） 経腸栄養剤400mL×３回・白湯300mL×３回
BPSD	なし
介護力	母親（69歳）が主介護者。父親（76歳・視力障害・要介護２）の介護もしているため，介護負担は大きい。妻は別居で，働きながら２人の子どもを育てている。月１回，長女を連れて会いに来る。
居住環境	退院前に住宅改修済み（段差解消・床材変更）。 バリアフリーなっており，移乗用リフトを使用して車いすに移乗している。
特別な状況	身体障害者手帳１級，障害程度区分６

居宅サービス計画書（1）

作成年月日　○年４月20日

初回・紹介・継続（circled: 継続）　認定済・申請中（circled: 認定済）

利用者名　N　様　生年月日　○年○月○日　住所　N市○○区○○町

居宅サービス計画作成者氏名　S

居宅介護支援事業者・事業所及び所在地　J居宅介護支援事業所　N市○○区○○町

居宅サービス計画作成（変更）日　○年４月20日　初回居宅サービス計画作成日　○年11月21日

認定日　○年４月６日　認定の有効期間　○年５月１日　～　○年４月30日

要介護状態区分	要支援　・　要介護１　・　要介護２　・　要介護３　・　要介護４　・　要介護５（circled: 要介護５）
利用者及び家族の生活に対する意向	本人：（意思表示が困難な状況） 母親：退院してきた時は介護が不安で，時間ばかりがすぎて戸惑っていた。最近は介護に慣れてはきたものの，自分の体調が心配。最近息子の表情にも変化が見られ，何かを認識しているような気配を感じる時がある。まだ若いし，一生懸命働いてきた息子なので，今後も障害サービスと介護のサービスを併せて利用し，自宅での介護を続けていきたい。 父親：目が不自由なため，要介護２の認定を受け，デイサービスを利用している。妻と一緒に身体の向きを変えることなど介護の手伝いはできる。 妻（別居）：仕事と子どもの世話があるので，介護はできない。時々会いにいくことはできる。 姉：近所に住んでいるので随時訪問はできるが，母の負担が大きいため支援をしてほしい。
介護認定審査会の意見及びサービスの種類の指定	なし
総合的な援助の方針	ご本人は意思表示が困難ですが，大きな瞳を開き何らかの認識はできている様子です。 ベッドから離れて車いすに移る時間を増やすなど，自宅での介護が継続できるように各機関・事業所間で連携し，支援いたします。 緊急時連絡先：A在宅クリニック　○○○－○○○－○○○○（24時間対応） B訪問看護ステーション　○○○－○○○○－○○○○（24時間対応）
生活援助中心型の算定理由	1.一人暮らし　2．家族が障害，疾病等　3．その他（　　　）

居宅サービス計画書（2）

利用者名　N　様　　　　作成年月日　○年４月20日　　No. 1

生活全般の解決すべき課題（ニーズ）	目標：長期目標	目標：期間	目標：短期目標	目標：期間	援助内容：サービス内容	※1	サービス種別	※2	頻度	期間
自宅でいつも家族の顔を見ながら暮らしたい。	けいれん発作や体調の悪化による入院をすることなく過ごすことができる。	○.5〜○.10	①けいれん発作を起こさず体調良く過ごせる。	○.5〜○.7	訪問診療・往診 気管カニューレ・膀胱留置カテーテル交換などの処置		居宅療養管理指導	A在宅クリニック	2回/月	○.5〜○.7
					病状観察，療養指導，栄養・服薬管理，気管切開部のケア，痰吸引，カテーテル管理（胃瘻・膀胱留置カテーテル），排便管理，主治医との連携，緊急時対応	○	訪問看護	B訪問看護ステーション	2回/週	
			②肺炎を起こさずに，必要量の栄養をとることができる。	○.5〜○.7	経管栄養・服薬の援助，口腔ケア		家族	母親	3回/日	○.5〜○.7
					口腔ケア，痰吸引	○	訪問看護	B訪問看護ステーション デイケアセンター	2回/週	
					口腔衛生管理	○	居宅療養管理指導	D歯科医院 歯科衛生士	2回/月	
					口腔ケア，口腔の状態で気づいたことを報告		訪問介護（障害者総合支援法併用）	E訪問介護事業所	3回/日	
			③皮膚トラブルを起こさずに過ごすことができる。	○.5〜○.7	安全な入浴介助，皮膚の観察，痰吸引，入浴後の気管切開部のケア	○	訪問入浴	C訪問入浴	2回/週	○.5〜○.7
					おむつ交換，体位変換，清拭，皮膚の観察		訪問介護（障害者総合支援法併用）	E訪問介護事業所	3回/日	
					皮膚状態の観察，褥瘡予防，保清の援助，介護方法の助言	○	訪問看護	B訪問看護ステーション	2回/週	
					床ずれ防止用具の提案と貸与	○	福祉用具貸与	F福祉用具事業所		

※1　「保険給付対象かどうかの区分」について，保険給付対象内サービスについては○印を付す。
※2　「当該サービス提供を行う事業者」について記入する。

利用者名　　N　　様　　　　　　　　作成年月日　○年４月20日　　No. 2

生活全般の解決すべき課題（ニーズ）	目標				援助内容					
	長期目標	期間	短期目標	期間	サービス内容	※１	サービス種別	※２	頻度	期間
車いすで妻や娘のところに自分から会いに行きたい。	車いすで近所を散歩することができる。	○.5〜○.10	④車いすに３時間程度座ることができる。	○.5〜○.7	特殊寝台（３モーター）・特殊寝台付属品，車いす・車いす付属品 移動用リフト，スロープ貸与	○	福祉用具貸与	Ｆ福祉用具事業所	毎日	○.5〜○.7
					リハビリテーション（拘縮予防，座位訓練）移乗動作の指導	○	訪問看護	Ｂ訪問看護ステーション	２回/週	
					リフトを使った移乗方法を学習し，サービス提供時に一緒に実施		家族	母親中心		
					四肢のマッサージ，拘縮予防		訪問マッサージ	Ｇ治療院	２回/週	
少しでも介護が楽になり，母親の負担を減らしたい。	落ち着いた状態で自宅に戻れる。	○.5〜○.10	⑤検査を受けて異常を発見したり必要な対応を受けたりできる。	○.5〜○.7	療養介護／病状管理，経管栄養・膀胱留置カテーテル管理，リハビリテーション，介護者のレスパイト		介護療養型病院	Ｈ病院	５日/月	○.5〜○.7
					入院時車いす移乗介助，通院等乗降介助	○	訪問介護	Ｉ訪問介護事業所	２回/月	
					家族支援，サービス調整，情報共有のための連絡，精神的支援，相談・傾聴	○	居宅介護支援	Ｊ居宅介護支援事業所	随時	
					情報交換，母親への精神的支援		家族 関係者全員	その他の家族 全事業所	随時	

※１　「保険給付対象かどうかの区分」について，保険給付対象内サービスについては○印を付す。
※２　「当該サービス提供を行う事業者」について記入する。

週間サービス計画表

利用者名　N　様　　　　作成年月日　○年4月20日

	時間	月	火	水	木	金	土	日	主な日常生活上の活動
深夜	4：00								
早朝	6：00	訪問介護	訪問介護	訪問介護	訪問介護	訪問介護	訪問介護	訪問介護	モーニングケア，蓄尿バッグ内の尿処理
									経管栄養
午前	8：00								
	10：00			訪問マッサージ				訪問マッサージ	
午後	12：00								経管栄養
			訪問看護（Ns）			訪問看護（Ns）			
	14：00	訪問看護（PT）		訪問入浴	訪問看護（PT）		訪問入浴		
	16：00		居宅療養管理指導			居宅療養管理指導・歯科衛生士による口腔ケア			
									経管栄養
夜間	18：00	訪問介護（障害者総合支援法）	訪問介護（障害者総合支援法）	訪問介護（障害者総合支援法）	訪問介護（障害者総合支援法）	訪問介護（障害者総合支援法）	訪問介護（障害者総合支援法）	訪問介護（障害者総合支援法）	イブニングケア，口腔ケア，痰吸引
									蓄尿バッグ内の尿処理
	20：00								
深夜	22：00	訪問介護（障害者総合支援法）	訪問介護（障害者総合支援法）	訪問介護（障害者総合支援法）	訪問介護（障害者総合支援法）	訪問介護（障害者総合支援法）	訪問介護（障害者総合支援法）	訪問介護（障害者総合支援法）	おむつ交換，体位変換，痰吸引
	24：00								
	2：00								
	4：00								

週単位以外のサービス	訪問診療：２回/月（A在宅クリニック），口腔衛生管理：２回/月（D歯科医院），介護療養型病院：５日/月（H病院） 福祉用具貸与：特殊寝台・特殊寝台付属品，床ずれ防止用具，車いす・車いす付属品（F福祉用具事業所）　リフトタクシー・レスパイト入院時の送迎（I訪問介護事業所）

サービス担当者会議の要点

利用者名　N　様　　居宅サービス計画作成者氏名　S　　作成年月日　○年４月20日

開催日　○年４月20日　　開催場所　自宅　　開催時間　15：30～16：30　　開催回数　３回目

	所属（職種）	氏名	所属（職種）	氏名	所属（職種）	氏名
会議出席者	家族（母親）	N	歯科医院（歯科衛生士）	D	Cデイケアセンター（PT，看護師）	T，A
	A在宅クリニック（主治医）	A	E訪問介護ステーション（管理者）	I	B訪問看護ステーション（管理者）	J
	F福祉用具事業所（相談員）	H	E訪問介護事業所（障害者総合支援法）（サービス提供責任者）	Y	J居宅介護支援事業所（介護支援専門員）	S
	※本人は意思疎通ができないので出席せず。					

検討した項目	〈更新時定期サービス会議〉 ①病状について ②家族の意向 ③今後の支援について検討⇒居宅サービス計画検討
検討内容	①主治医　：指示が明確に伝わらないことに加え，誤嚥があるので摂食は禁止。母親の希望はあるが，リスクが高い。気管切開孔からエアー漏れがあるため，入浴時注意が必要。拘縮予防のためポジショニングに注意が必要。排便については緩下剤にて調整する。痰吸引・口腔ケアは確実に実施する。これからも，定期的なレスパイト入院は検査も含めて行っていくつもり。けいれん発作時は，まず連絡してください。 ②家族（母親）：できれば口から食べられるようになってほしい。少し表情の変化が見られるようになってきている。これからも自宅で看ていきたい。
結論	③摂食については主治医の指示を守る。口腔ケアについては，歯科衛生士と看護師は吸引器を使用しながら口腔ブラシで，他の人はスポンジで実施。また，必要時には痰の吸引を実施し，肺炎予防に努める。 けいれん発作時は主治医に連絡し，坐薬を使用。消失しない場合は，H病院に緊急搬送する。排便コントロールは，訪問看護で実施。 散歩に出かけ，外気に触れる時間を確保できるよう座位時間を延ばすことから始める。 座位時間が長くなれば，訪問看護によるリハビリからデイケアに移行する。
残された課題（次回の開催時期）	母親の介護疲労による体調悪化の恐れ⇒必要時サービス調整，障害者総合支援法の併用，H病院のレスパイト入院利用日数延長など （介護サービス変更など必要時）

モニタリング総括表

評価者：　S
評価日：　○年５月15日

利用者名　N　様

目標	時期	確認方法	目標の達成度 ○：達成 △：一部達成されず ×：達成されず	サービスの実施状況 ○：実施 △：一部実施されず ×：実施されず	サービスの満足度 ○：満足 △：一部不満足 ×：不満足	今後の対応 または 新しい生活課題	ケアプラン 修正の 有無／終了
①けいれん発作を起こさず体調良く過ごせる。	5/15	訪問	△：けいれんもなく病状は安定しているが，痰が多い。 △：車いす移乗時に起立性低血圧のため一過性意識消失が生じた。	○：訪問看護 ○：訪問介護	△：家族 ○：家族 すぐに回復するので心配していない。	起立性低血圧が度々発生しているため，起き上がりや移乗の介助はゆっくり行う必要がある。引き続き観察と指導を継続。	無
②肺炎を起こさずに，必要量の栄養をとることができる。	5/15	訪問	△：１日３回経管栄養はできているが口腔ケアはやや不十分。	○：訪問看護 ○：訪問介護 ○：居宅療養管理指導	○：本人 ○：家族	母親の介護負担が増加すれば，経管栄養の援助量の検討が必要。母親による口腔内吸引が不十分なため，口腔の清潔が保てていない。訪問看護師の指導が必要。	有：家族への痰吸引の指導
③皮膚トラブルを起こさずに過ごすことができる。	5/15	訪問	○：皮膚トラブルは起こっていない。	○：訪問看護 ○：訪問介護 ○：訪問入浴 ○：福祉用具貸与	○：家族（母親） ○：本人	今のところ問題はないが，状態を考えると皮膚トラブルの起こるリスクは高く，継続が必要。	無

・○，△，×で評価し，△，×の場合はその状況を簡潔に記入する。
・「目標」とは短期目標のことである（ただし，状況によっては長期目標でも可）。
・「サービスの実施状況」は，短期目標に位置付けられたすべてのサービスについて，プランどおり実施されているか評価する。
・「サービスの満足度」で，本人・家族で満足度が異なる場合は，別々に記入する。

モニタリング総括表

利用者名　N　様

評価者：　S
評価日：　○年５月15日

目標	時期	確認方法	目標の達成度 ○：達成 △：一部達成されず ×：達成されず	サービスの実施状況 ○：実施 △：一部実施されず ×：実施されず	サービスの満足度 ○：満足 △：一部不満足 ×：不満足	今後の対応 または 新しい生活課題	ケアプラン 修正の 有無／終了
④車いすに３時間程度座ることができる。	5/15	訪問	△：車いす乗車時に，起立性低血圧による意識消失が起こり，以後できていない。 ベッド上でのリハビリは継続中。	○：福祉用具 ○：訪問看護 ○：訪問マッサージ	×：家族	ベッド上でギャッジアップする時間を増やしていく。 介助はゆっくり行い，起立性低血圧時の対応については，主治医と確認しながら移乗方法などを検討する。	無
⑤検査を受けて異常を発見したり必要な対応を受けたりできる。	5/15	訪問	○：５日間レスパイト入院できた。 関係者間の情報共有もタイムリーに行えている。	○：訪問介護 ○：介護療養型病院 ○：居宅介護支援	○：家族	入院中は，母親も夫の介護のみとなりよく眠れたが，息子の介護がないと不安になり，まだ５日間のレスパイト入院で延長希望はない。しかし，入院することで検査もしてもらえるので，安心感がある。	無

・○，△，×で評価し，△，×の場合はその状況を簡潔に記入する。
・「目標」とは短期目標のことである（ただし，状況によっては長期目標でも可）。
・「サービスの実施状況」は，短期目標に位置付けられたすべてのサービスについて，プランどおり実施されているか評価する。
・「サービスの満足度」で，本人・家族で満足度が異なる場合は，別々に記入する。

● 誤嚥性肺炎を繰り返すが，経口摂取を続け自宅での看取りを希望する家族

男性・80歳

要介護度：5

認知症：Ⅳ

ケース概要

64歳のころより糖尿病，高血圧，痛風を発症。70歳の時に歯科医を廃業し，自宅を建て替えるため，長女と半年間同居していた。そのころより認知症の症状が出現し，レビー小体型認知症との診断を受ける。５年前から通院できなくなり，訪問診療となる。そのころから現在まで誤嚥性肺炎を繰り返す。家族は，「最期まで経口摂取させたい」「胃瘻や持続点滴などの医療的処置はせず，自宅で看取りたい」と意向がはっきりしている。主治医を何度か交代し，現在は自宅で訪問診療，訪問介護，福祉用具貸与，家族介護で療養中。最期も救急搬送せず，自宅で看取るように主治医と確認している。

○年３月28日

利用者	K	性別	男性	生年月日	○年○月○日
相談内容	妻：徐々に食べられなくなってきているが，このまま自宅で最期まで介護したい。				
生活歴・生活状況	70歳で歯科医を廃業し，友人とゴルフや食事会によく行っていた。72歳の時，自宅建て替えのため，長女宅で半年間過ごす。	〔家族状況〕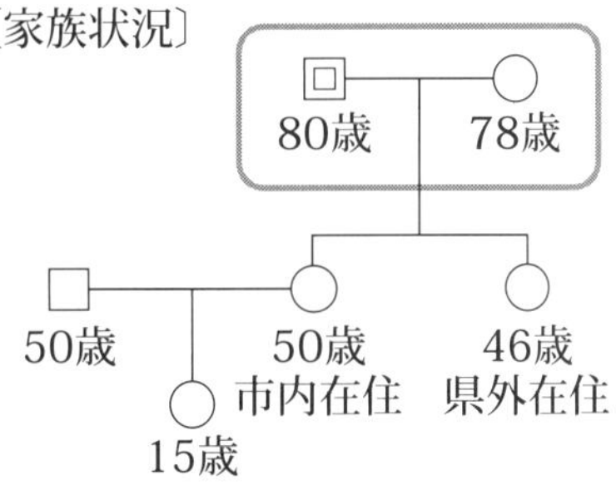			
健康状態	主病歴：レビー小体型認知症 既往歴：糖尿病，高血圧，脂肪肝，痛風，白内障，緑内障 ２年ほど前までは幻視，幻聴があったが，今は簡単な単語程度しか発語できない。５年ほど前から誤嚥性肺炎による発熱を繰り返している。				
ADL	時には，自分で手足を動かすことはあるが，動作はすべて全介助。１年前までは介助で車いすに移乗していたが，徐々に座位を保持できなくなり，寝たきり状態となる。食事は，ギャッジアップをして全介助。尿意・便意はなく，１日５～６回おむつを交換している。夜間は排尿が多く，妻がおむつ交換をしている。				
IADL	寝たきり状態のため，妻がすべて行っている。				
コミュニケーション能力・認知	傾眠傾向。声かけをすると，開眼してうなずくことがある。 視力：顔の判別はできているようだが，どの程度見えているかは不明。 聴力：やや大きめの声で話せば聞こえる。				

社会とのかかわり	ベッド上での生活で，サービス提供者と家族のみのかかわりである。 長女や孫は毎週訪問している。孫が声をかけると笑顔が見られる。
排尿・排便	排泄はおむつにて全介助。夜間は，妻が２回おむつ交換をしている。
褥瘡・皮膚・清潔	褥瘡なし。足に白癬がある。訪問介護員が清拭を行っている。
口腔衛生	歯科医だったこともあり，歯は丁寧に磨き大事にしていたが，ほとんど抜けてしまった。妻と訪問介護員が毎日口腔ケアを行っている。
食事摂取	１日に３回全介助で摂取。飲み込みに時間がかかり，毎食１時間近くかけて介助しているが，食事量が減ってきている。水分は，１日に200～300mLしか摂取できていない。水分摂取時にむせることが多い。
BPSD	なし
介護力	78歳の妻が介護。本人が若いころから「歯を大切にして食べることが一番大事。食べられなくなったら終わり」と口癖のように言っていた。「胃瘻は絶対に造らない」と言っていたこともあり，嚥下機能が低下しても妻には，「最期まで口から食べさせたい！」という強い思いがある。市内に住む長女が週１回訪問し，妻の支援をしている。次女は県外在住のため，月２回程度しか訪問できないが，週に数回電話があり，相談役となっている。
居住環境	自宅を建て替え後，バリアフリーになっている。
特別な状況	会話が可能な時に「胃瘻を造ってまで生きていたくない」という本人の意思の確認をしており，妻が自宅で最期まで看取るということで主治医とも確認済み。

居宅サービス計画書（1）

作成年月日　○年４月13日

初回・紹介・継続　　認定済・申請中

利用者名　K　様　　生年月日　○年○月○日　　住所　K市○○町

居宅サービス計画作成者氏名　S

居宅介護支援事業者・事業所及び所在地　K居宅介護支援事業所　K市○○町

居宅サービス計画作成（変更）日　○年４月13日　　初回居宅サービス計画作成日　○年４月13日

認定日　○年11月11日　　認定の有効期間　○年12月１日　～　○年1月31日

要介護状態区分	要支援　・　要介護１　・　要介護２　・　要介護３　・　要介護４　・　要介護５
利用者及び家族の生活に対する意向	本人　：歯を大切にして食べることが一番大事。胃瘻は絶対造らない（元気なころに言っていたと妻から聴取）。 妻　：夫は，元気なころ，胃瘻を造ってまで長生きしたくないと言っていたので，肺炎の危険性があると言われても，とにかく口から食べさせたい。徐々に食べる量が減ってきているが，このまま最期まで自宅で看取りたい。覚悟はしている。 長女・次女：父が食べることが大事と口癖のように言っていたので，最期まで口から食べてほしい。母が悔いの残らないように介護してほしいが，一人で頑張りすぎるので心配。できる限り援助したい。
介護認定審査会の意見及びサービスの種類の指定	なし
総合的な援助の方針	①少量ずつでも誤嚥することなく口から食べられるように，本人の状態に合わせた支援ができるようにしていきます。 ②発熱や呼吸状態に注意し，できる限り苦痛緩和が図られるように，主治医らと連携をとり支援させていただきます。 ③状態の変化に伴う不安や心配事などをよく聞き，最期まで自宅で過ごせるように支援していきます。 緊急時の連絡先：長女　○○○－○○○○－○○○○ 緊急の対応：B内科　○○○－○○○－○○○○（24時間連絡可） K訪問看護ステーション　○○○－○○○－○○○○（緊急連絡体制）
生活援助中心型の算定理由	1.一人暮らし　2．家族が障害，疾病等　3．その他（　　　）

居宅サービス計画書（2）

利用者名　K　様　　　　作成年月日　○年4月13日　　No. 1

生活全般の解決すべき課題（ニーズ）	目標				援助内容					
	長期目標	期間	短期目標	期間	サービス内容	※1	サービス種別	※2	頻度	期間
好きなものをできる限り口から食べたい。	誤嚥性肺炎や窒息を起こさずに口から食べることができる。	○.4 ～ ○.9	①むせずに口から好きなものを食べることができる。	○.4 ～ ○.6	診察，処方，緊急時の対応		居宅療養管理指導	B内科	2回/月	○.4 ～ ○.6
					食べやすいものの調理 しっかり目が覚めている時に水分・食事摂取介助 食前後の口腔ケア		家族	妻	毎日	
					意識状態の観察 覚醒を促す，食事摂取時の姿勢を整える，食べる順番の工夫，口腔ケア ※むせの強い時や飲み込みに時間がかかる時は，無理に介助しない（40分以上中止） 口腔状況，食事摂取時の状況のこまめな報告	○	訪問介護	C訪問介護事業所	6日/週	
					嚥下状態，呼吸状態の観察，口腔ケア 食事形態など食事介助に関する助言	○	訪問看護	K訪問看護ステーション	3回/週	
					摂食嚥下認定看護師による嚥下評価および食事形態，介護方法などの指導	○	訪問看護	K訪問看護ステーション	1回/3カ月程度	
					口腔内の診察，治療，清掃		居宅療養管理指導（歯科）	A歯科	2回/月	

※1　「保険給付対象かどうかの区分」について，保険給付対象内サービスについては○印を付す。
※2　「当該サービス提供を行う事業者」について記入する。

利用者名　K　様　　　　作成年月日　○年4月13日　　No.2

生活全般の解決すべき課題（ニーズ）	目標				援助内容					
	長期目標	期間	短期目標	期間	サービス内容	※1	サービス種別	※2	頻度	期間
最後まで自宅で過ごしたい。	妻の介護を受けて自宅で穏やかに過ごせる。	○.4〜○.9	②発熱や呼吸困難，同一体位による苦痛の緩和を図ることができる。	○.4〜○.6	診察，処方，緊急時の対応	○	居宅療養管理指導	B内科	2回/月	○.4〜○.6
					体調チェック，身の回りの援助 困った時には相談する，本人への声かけ		家族	妻 長女，次女，孫	毎日 1回/週	
					病状管理，全身状態の観察，症状出現時の対応 介護方法のアドバイス 緊急時の対応，医師との連携，起こり得る変化についての説明，療養環境管理（室温，湿度）	○	訪問看護	K訪問看護ステーション	3回/週	
					体位の工夫，苦痛の緩和 家族支援，環境整備	○	訪問介護	C訪問介護事業所	6日/週	
					楽な体位の保持，起き上がりのため特殊寝台の機種の提案と貸与	○	福祉用具貸与	J福祉用具事業所	毎日	
					循環改善，拘縮予防のための四肢のマッサージ		訪問マッサージ	Eマッサージ事業所	2回/週	
	毎日気持ち良く療養することができる。	○.4〜○.9	③皮膚を清潔に保ち，いつもさっぱりと過ごせる。	○.4〜○.6	定期的なおむつ交換		家族	妻	随時	○.4〜○.6
					皮膚の観察，清拭，陰部洗浄，部分浴，更衣	○	訪問看護	K訪問看護ステーション	3回/週	
					皮膚の観察，おむつ交換 陰部洗浄	○	訪問介護	C訪問介護事業所	2回/日	
					体調チェック，状態に合わせ楽な方法で入浴介助	○	訪問入浴	D訪問入浴事業所	1回/週	
					皮膚圧迫防止のための床ずれ防止用具の選定・提案・貸与	○	福祉用具貸与	J福祉用具事業所	毎日	

※1　「保険給付対象かどうかの区分」について，保険給付対象内サービスについては○印を付す。
※2　「当該サービス提供を行う事業者」について記入する。

週間サービス計画表

利用者名　K　様　　　　作成年月日　○年４月13日

		月	火	水	木	金	土	日	主な日常生活上の活動
深夜	4：00								おむつ交換
早朝	6：00								
午前	8：00	訪問介護	訪問介護	訪問介護	訪問介護	訪問介護	訪問介護		おむつ交換
									起床
	10：00								朝食
			訪問診療						
午後	12：00					訪問入浴			おむつ交換
			訪問介護		訪問介護		訪問介護		昼食
	14：00	訪問看護		訪問看護		訪問看護			
	16：00		訪問マッサージ				訪問マッサージ		おむつ交換
夜間	18：00								
	20：00	訪問介護	訪問介護	訪問介護	訪問介護	訪問介護	訪問介護		夕食
									おむつ交換
深夜	22：00								
									就寝
	24：00								おむつ交換
	2：00								
	4：00								

週単位以外のサービス	定期訪問診療：２回/月（Ｂ内科）　福祉用具事業所：特殊寝台・特殊寝台付属品，床ずれ防止用具（Ｊ福祉用具事業所） 居宅療養管理指導（歯科）：２回/月（Ａ歯科）

サービス担当者会議の要点

利用者名　K　様　　居宅サービス計画作成者氏名　S　　作成年月日　○年４月13日

開催日　○年４月13日　　開催場所　本人宅　　開催時間　14：30〜15：00　　開催回数　８回目

<table>
<tr><td rowspan="4">会議出席者</td><td>所属（職種）</td><td>氏名</td><td>所属（職種）</td><td>氏名</td><td>所属（職種）</td><td>氏名</td></tr>
<tr><td>本人</td><td>K</td><td>C訪問介護事業所
（介護福祉士）</td><td>M</td><td>D訪問入浴事業所
（介護福祉士）</td><td>A</td></tr>
<tr><td>家族（妻）</td><td>K</td><td>J福祉用具事業所
（福祉用具専門相談員）</td><td>R</td><td>B内科（主治医）</td><td>B</td></tr>
<tr><td>家族（長女）</td><td>S</td><td>K訪問看護ステーション
（看護師）</td><td>G</td><td>K居宅介護支援事業所
（介護支援専門員）</td><td>S</td></tr>
<tr><td>検討した項目</td><td colspan="6">【状態変化に伴う支援体制の見直し】①現状の確認　②本人・家族の意向　③最期まで自宅で過ごすための支援について</td></tr>
<tr><td>検討内容</td><td colspan="6">①最近は，毎食１時間近くかけて食事介助をしているが，飲み込みに時間がかかり，摂取量が減ってきている。水分は200〜300mL程度しか摂取できていない。水分摂取時にむせることが多くなっている。
（B医師より）今まで何度か誤嚥性肺炎を繰り返してきたが，一時的な抗生物質の使用で回復し，何とか栄養確保ができていた。しかし，これ以上経口摂取量が増え，状態が改善する見込みは低い。急激に悪化するわけではないが，徐々に状態が悪化している。このまま経口摂取を続けることで，窒息などのリスクも高くなり，急変も起こり得る。年齢的にも終末期の段階と言えるが，自宅で最期まで過ごすことでよいか。
歯科医師は嚥下評価は行わない，口腔ケアを中心に指導するとのこと。
②本人：はっきりしないが，「家がいいか？」と尋ねるとうなずく時がある。
妻：これまでよく頑張ってくれたと思う。「胃瘻は絶対に嫌」と言っていたので，口から食べられるだけ食べさせてあげたい。自宅で最期まで看たい気持ちは変わらない。
長女：母のことが心配。でも，家にいたいと言うなら，できるだけ協力したい。
③居宅サービス原案に基づいて検討（体制の見直し，急変時の対応の確認）。</td></tr>
<tr><td>結論</td><td colspan="6">①②状態の改善の見込みがなく，終末期の段階になっているが，在宅で最期まで過ごすことを希望している。このまま本人の意識がはっきりしている時に，少しずつ経口摂取を続ける。水分が全く摂取できなくなった場合の点滴については，その時点で相談する。
口腔の状況や食事摂取時の状況は，こまめに介護支援専門員に報告し，皆で情報を共有する。
③居宅サービス計画書に同意あり。急変時の第１コールはK訪問看護ステーションとする。呼吸が停止した場合は，直接B内科に連絡する。
摂食・嚥下認定看護師による評価結果は，主治医にも報告し，食事形態などを一緒に検討する。</td></tr>
<tr><td>残された課題
（次回の開催時期）</td><td colspan="6">水分が全く摂取できなくなった時の対応
（経口摂取が全くできなくなった時，または介護状態変化時）</td></tr>
</table>

モニタリング総括表

利用者名　K　様

評価者：　S
評価日：　○年4月27日

目標	時期	確認方法	目標の達成度 ○：達成 △：一部達成されず ×：達成されず	サービスの実施状況 ○：実施 △：一部実施されず ×：実施されず	サービスの満足度 ○：満足 △：一部不満足 ×：不満足	今後の対応 または 新しい生活課題	ケアプラン修正の有無／終了
①むせずに口から好きなものを食べることができる。	4/27	訪問	△：本人の目が覚めている時に，食べやすいものを食べさせているが，むせることが多い。	○：訪問診療 ○：訪問介護 ○：訪問看護 ○：訪問歯科	○：本人 ○：家族 少しずつ口から食べられていることで，家族は安心している。	来月摂食・嚥下認定看護師による評価を受け，体位や食物形態について検討する予定。	無
②発熱や呼吸困難，同一体位による苦痛の緩和を図ることができる。	4/27	訪問	△：微熱は時々ある。呼吸の乱れはない。	○：訪問介護 ○：訪問看護 ○：福祉用具 ○：訪問マッサージ	○：本人 ○：家族 サービスによる体制管理などに満足している。	体調変化に注意する。	無
③皮膚を清潔に保ち，いつもさっぱりと過ごせる。	4/27	訪問	○：皮膚トラブルなし。	○：訪問介護 ○：訪問入浴 ○：訪問看護 ○：福祉用具	○：本人 ○：家族 入浴できたことに満足している。	訪問入浴は週1回継続利用の予定。ただし，体調不良時は中止。	無

・○，△，×で評価し，△，×の場合はその状況を簡潔に記入する。
・「目標」とは短期目標のことである（ただし，状況によっては長期目標でも可）。
・「サービスの実施状況」は，短期目標に位置付けられたすべてのサービスについて，プランどおり実施されているか評価する。
・「サービスの満足度」で，本人・家族で満足度が異なる場合は，別々に記入する。

通院困難のため，訪問診療で終末期を在宅で過ごすことを希望する認知症の男性

男性・90歳

要介護度：5

認知症：Ⅲa

ケース概要

3年前よりトイレの場所が分からなくなるなどの認知症症状が進行。通所介護を利用し，家族で介護してきた。自力では食事摂取が困難になり，終日傾眠状態。血尿と尿道狭窄のため，膀胱留置カテーテルを留置して管理することになった。

○年4月3日

<table>
<tr><th>利用者</th><td>K</td><th>性別</th><td>男性</td><th>生年月日</th><td>○年○月○日</td></tr>
<tr><th>相談内容</th><td colspan="5">尿閉になったため入院し，膀胱留置カテーテルが留置された。歩行が困難となり通院もできなくなった。訪問診療を利用したい。食事の自力摂取が難しくなってきたが，最後まで家で介護をしたい。区分変更をして要介護度が上がった。退院は4月6日。</td></tr>
<tr><th>生活歴・生活状況</th><td colspan="3">自分で起業し，自営業（印刷業）を営んできた。今は長男が跡をついで家業は順調。
家業を長男に譲ってからは，妻と共に旅行を楽しんでいた。</td><td colspan="2">〔家族状況〕
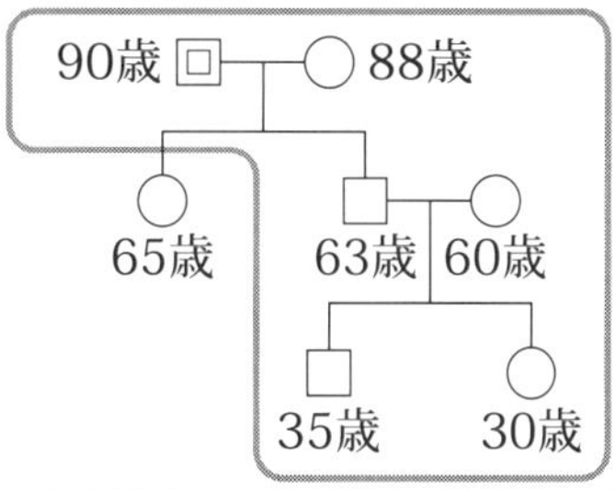
</td></tr>
<tr><th>健康状態</th><td colspan="5">60代の時にクモ膜下出血で手術を受けた。70歳ごろから前立腺肥大による排尿障害があり，泌尿器科に通院。2～3年前より認知機能障害が出はじめた。アルツハイマー型認知症と診断を受け，塩酸ドネペジルの内服をしている。</td></tr>
<tr><th>ADL</th><td colspan="5">寝返りは自力で可能。起き上がりは介助が必要。立位はつかまれば2～3秒可能。移乗，移動，その他すべて全介助。</td></tr>
<tr><th>IADL</th><td colspan="5">全介助</td></tr>
<tr><th>コミュニケーション能力・認知</th><td colspan="5">終日傾眠状態が続いている。自発的な会話はほとんどできず，声をかけると返事をする程度のコミュニケーションは可能。嫌なことは顔をしかめたり払いのけたりする。難聴はない。
認知症生活自立度Ⅲa。</td></tr>
<tr><th>社会とのかかわり</th><td colspan="5">人付き合いが上手で，病気になる前は，仕事の関係者との会合などによく参加していた。
昔の取引先の知り合いが時々訪ねてくることがある。</td></tr>
</table>

排尿・排便	膀胱留置カテーテル挿入中。医師より今後，抜去はできないと言われている。排便は自然排便でおむつ内に排泄。全介助。
褥瘡・皮膚・清潔	皮膚トラブルはない。
口腔衛生	総義歯を使用している。口腔ケアは全介助。
食事摂取	軟らかい食べ物を口に入れると咀嚼して飲み込むが，十分に覚醒していないと，口の中に貯めたまま動きが止まってしまう。気分により口の中に入れても吐き出すこともある。水分は楽のみで介助を受けてむせずに飲めるが，摂取量は600mL/日程度が精一杯である。
BPSD	なし
介護力	妻，長男夫婦，長女が分担して介護している。家族は家業があって忙しいが，介護には積極的にかかわり協力的である。
居住環境	1階に専用の居室がある。
特別な状況	尿道，膀胱付近に腫瘍があり，悪性腫瘍の可能性がある。苦痛を伴う検査は受けないと家族の意向があり，精密検査はしていない。

居宅サービス計画書（1）

作成年月日　○年４月７日

初回・紹介・継続　　認定済・申請中

利用者名　K　様　　生年月日　○年○月○日　　住所　N市○○区○○町

居宅サービス計画作成者氏名　C

居宅介護支援事業者・事業所及び所在地　T居宅介護支援事業所　N市○○区○○町

居宅サービス計画作成（変更）日　○年４月７日　　初回居宅サービス計画作成日　○年７月９日

認定日　○年４月２日　　認定の有効期間　○年３月３日　～　○年４月30日

要介護状態区分	要支援　・　要介護１　・　要介護２　・　要介護３　・　要介護４　・　要介護５
利用者及び家族の生活に対する意向	本人：意思表示が十分できず，意向は確認できない。 家族（長女）：今まで家族で介護をしてきたが，尿が出なくなりカテーテルが入ったままになったので，病院へ連れて行くのが難しく往診してもらいたい。高齢なので苦痛を伴う治療や検査は避けたい。家族で協力して介護し，自宅での看取りも考えている。退院後は以前のように，昼間は起きて夜眠るという生活をしてもらいたい。家族中心で介護していくが，安定して自宅にいられるように専門家に助言をしてほしい。
介護認定審査会の意見及びサービスの種類の指定	なし
総合的な援助の方針	体調が整い，合併症などを起こさずに生活できるように医療関係者と連携を取っていきます。 将来的に終末期を迎える状態になることを想定して，自宅での支援態勢を整えていきます。 昼間は人との接触や声かけの機会が持てるようにしていきます。 常時の介護が必要ですが，体調や介護について相談ができ，介護負担が増えないように支援します。 緊急連絡先：長男形態　○○○－○○○○－○○○ Mクリニック　○○○－○○○○（24時間対応） T訪問看護ステーション　○○○－○○○○－○○○○（24時間対応）
生活援助中心型の算定理由	1．一人暮らし　　2．家族が障害，疾病等　　3．その他（　　　）

居宅サービス計画書（2）

利用者名　K　様　　　　作成年月日　○年4月7日　　No. 1

生活全般の解決すべき課題（ニーズ）	目標				援助内容					
	長期目標	期間	短期目標	期間	サービス内容	※1	サービス種別	※2	頻度	期間
自宅で家族や知り合いの顔を見られるのがうれしい（本人の思い）。	食事や水分を誤嚥なく摂取し，尿トラブルを起こさない。	○.4 ～ ○.9	①膀胱留置カテーテルが詰まったり，二次感染を起こしたりしない。	○.4 ～ ○.6	病状の進行について診断・治療，処方，指導，膀胱留置カテーテル管理・交換，療養相談，緊急時対応，終末期の意向確認	○	居宅療養管理指導	Mクリニック	2回/月	○.4 ～ ○.6
					状態観察，膀胱留置カテーテル管理，尿量・水分摂取量の把握，保清，家族指導，終末期の相談（特別管理加算）	○	訪問看護	T訪問看護ステーション	3回/週	
					膀胱留置カテーテル管理，尿量・水分摂取量の把握	○	通所介護	Uデイサービスセンター	1回/週（状態安定後）	
					尿の流れ・尿の色の確認，異常時は医師・看護師に連絡		家族	家族	毎日	
			②1日に必要な栄養と水分(800mL)を誤嚥なく摂取できる。	○.4 ～ ○.6	食事摂取量，水分摂取量の把握，服薬指導，嚥下訓練 家族への介護方法の指導，栄養評価，脱水評価，口腔ケア，指導	○	訪問看護	T訪問看護ステーション	3回/週	○.4 ～ ○.6
					食事介助，水分摂取介助，体調観察 口腔ケア	○	通所介護 家族	Uデイサービスセンター 家族	1回/週（状態安定後） 毎日	
					口腔状態のチェック・ケア，義歯の調整	○	居宅療養管理指導（歯科）	O歯科医院	2回/月	

※1　「保険給付対象かどうかの区分」について，保険給付対象内サービスについては○印を付す。
※2　「当該サービス提供を行う事業者」について記入する。

利用者名　K　様　　　　作成年月日　○年4月7日　No.2

生活全般の解決すべき課題（ニーズ）	目標				援助内容					
	長期目標	期間	短期目標	期間	サービス内容	※1	サービス種別	※2	頻度	期間
			③日中2時間程度は起きていて，知り合いとの交流ができる。	○.4〜○.6	特殊寝台・特殊寝台付属品，車いす・車いす付属品，スロープの選定における助言，使用方法の助言・確認	○	福祉用具貸与	S福祉用具事業所	毎日	○.4〜○.6
					サービス利用時覚醒を促す 知り合いの利用者や職員との交流	○	通所介護	Uデイサービスセンター	1回/週（状態安定後）	
					車いす移乗介助 声かけを多くし覚醒を促す		家族	家族	毎日	
痛い思いをせずに，毎日気分良く過ごしたい。	身体の清潔が保たれ，気分が爽快になる。	○.4〜○.9	④皮膚の保清・除圧が図られ，褥瘡ができない。	○.4〜○.6	皮膚状態の観察，褥瘡予防ケア 家族への介護指導	○	訪問看護	T訪問看護ステーション	3回/週	○.4〜○.6
					おむつ交換，部分浴，清拭		家族	家族	随時	
					床ずれ防止用具の選定の助言・使い方の指導，機器の点検	○	福祉用具貸与	S福祉用具事業所		
					入浴介助（入浴介助加算），皮膚状態の観察，機械浴（膀胱留置カテーテルの管理）	○	通所介護	Uデイサービスセンター	1回/週（状態安定後）	

※1　「保険給付対象かどうかの区分」について，保険給付対象内サービスについては○印を付す。
※2　「当該サービス提供を行う事業者」について記入する。

週間サービス計画表

利用者名　K　様　　　　作成年月日　○年４月７日

		月	火	水	木	金	土	日	主な日常生活上の活動
深夜	4：00								
早朝	6：00								朝食（家族介助）
午前	8：00								おむつ交換
	10：00						通所介護		車いす移乗
午後	12：00								昼食（家族介助）
	14：00	訪問看護		訪問看護		訪問看護			おむつ交換，保清
	16：00								おやつ・水分摂取介助
夜間	18：00								夕食
	20：00								おむつ交換
深夜	22：00								
	24：00								
	2：00								
	4：00								

週単位以外のサービス	訪問診療：２回/月（Mクリニック）　訪問歯科診療：２回/月（O歯科医院） 福祉用具貸与：特殊寝台・特殊寝台付属品，床ずれ防止用具，車いす・車いす付属品，スロープ（S福祉用具事業所）

サービス担当者会議の要点

利用者名　K　様　　居宅サービス計画作成者氏名　C　　作成年月日　○年４月７日

開催日　○年４月７日　　開催場所　本人宅　　開催時間　14：00〜15：00　　開催回数　３回目

	所属（職種）	氏名	所属（職種）	氏名	所属（職種）	氏名	所属（職種）	氏名
会議出席者	家族（長女）	B	家族（長男の妻）	D	T訪問看護ステーション（看護師）	T		
	家族（長男）	C	Uデイサービスセンター	U	S福祉用具事業所	S		
	家族（妻）	A	Mクリニック（主治医）	M	T居宅介護支援事業所（介護支援事業所）	C		

検討した項目	①入院により本人の状況に変化があった。家族の意向，目標とする生活の確認。（本人は傾眠状態のため参加できず） ②医師，サービス事業所からの意見交換。 ③○年４月６日退院後のケア内容，利用サービスの種類，内容の検討（区分変更後）。
検討内容	〈現状〉 ①尿閉のため膀胱留置カテーテルが留置されており，カテーテル管理・交換が必要となった。 ②入院によりADL低下が見られ，歩行困難で立位がやっとできる程度となった。 ③精神機能の低下が進み，声かけで開眼し返答するのみ。声かけをしないと食べ物や水分を飲み込まなくなった。 ④服薬は口から出してきてしまい，飲ませにくい。→方法を検討 〈家族の希望〉 昼間は車いすに移乗させて居間や食堂に行き，過ごさせたい。 様子を見てからデイサービスを再開したい。入浴もデイサービスで行ってもらいたい。 Uデイサービスセンター：入浴は機械浴で対応可能。膀胱留置カテーテル留置中であり，看護職員と相談。自宅内の移動はスロープを利用する。
結論	退院後から訪問診療利用開始する。隔週で膀胱留置カテーテル定期交換も予定。 訪問看護で服薬の方法，身体清潔と方法を家族指導と共に実施。福祉用具については現在のもので充足。 主治医：内服薬が飲みにくいため種類と量を整理する。高齢のためリスクも高いので，急変の可能性もある。また，すぐにではないが，認知症の終末期になることが考えられる。看取りについても相談をしていく必要がある。 訪問看護師：服薬補助剤を使用したらどうか。→試してみることにする。 誤嚥のリスクが高い。→嚥下訓練を実施していく。食事量，水分量を記録する。水分摂取量は800mLぐらいを目標とする。 デイサービスでの入浴は機械浴で対応できる。膀胱留置カテーテルの取り扱いについては，看護職員と相談して対応する。 自宅内の移動は車いす，スロープ利用で問題なし。 家族やデイサービスの職員から声かけを多くし，昼夜のメリハリのある生活となるよう連携して支援する。看取りについての希望などを必要時に確認していく。
残された課題（次回の開催時期）	体調の安定・覚醒状態を確認して，通所介護の利用再開時期を検討する。 （必要時または更新時）

モニタリング総括表

利用者名　K　様

評価者：　C
評価日：　○年４月25日

目標	時期	確認方法	目標の達成度 ○：達成 △：一部達成されず ×：達成されず	サービスの実施状況 ○：実施 △：一部実施されず ×：実施されず	サービスの満足度 ○：満足 △：一部不満足 ×：不満足	今後の対応 または 新しい生活課題	ケアプラン 修正の 有無／終了
①膀胱留置カテーテルが詰まったり，二次感染を起こしたりしない。	4/25	訪問	△：血尿は続いているが，尿の流れは良い。発熱があり，往診にて採血。投薬を受ける。	○：訪問診療 ○：訪問看護 ○：家族 ×：通所介護 体調悪化時の対応は機能している。	○：家族 熱が出た時にすぐに対応してもらえてありがたかった。	膀胱留置カテーテルからの感染ではないが，何らかの感染症があり，病状が安定せず，定期外診療あり。一時点滴実施された。24時間の対応があった方がよい。	有 訪問看護：緊急時訪問看護加算対応
②１日に必要な栄養と水分(800mL)を誤嚥なく摂取できる。	4/25	訪問	△：発熱があり，食欲が低下。水分量は約500mLしか摂取できないが，誤嚥はない。	○：訪問診療 ○：訪問看護 ○：家族 ×：通所介護 ○：訪問歯科診療	△：家族 水分摂取や食事の介助に時間がかかっているが，少しでもとってほしいので頑張りたい。	栄養管理・水分管理を継続する。嚥下訓練は，本人の認知機能が低下したことにより困難。アイスマッサージのみ指導を継続。	無
③日中２時間程度は起きていて，知り合いとの交流ができる。	4/25	訪問	△：発熱があり，退院後は利用できていない。車いすの移乗はできているが，１時間程度。	×：通所介護 ○：福祉用具貸与 ○：家族	△：家族 早くデイサービスに行ってほしいが，ずっと眠っているので今は難しいと思っている。	デイサービスは体調の回復を確認した後となる。 体調を見ながら車いすへの移乗時間を増やしていく。	無
④皮膚の保清・除圧が図られ，褥瘡ができない。	4/25	訪問	○：毎日サービス提供者や家族でケアを行い，褥瘡は発生していない。	○：訪問看護 ○：福祉用具 ○：家族 ×：通所介護	○：家族	このまま体調が安定しなければ，訪問入浴の検討も必要。 医師に今後の見通しを確認してから提案することとし，今は現サービスを継続。	無

・○，△，×で評価し，△，×の場合はその状況を簡潔に記入する。
・「目標」とは短期目標のことである（ただし，状況によっては長期目標でも可）。
・「サービスの実施状況」は，短期目標に位置付けられたすべてのサービスについて，プランどおり実施されているか評価する。
・「サービスの満足度」で，本人・家族で満足度が異なる場合は，別々に記入する。

妻子・愛犬と共に自宅でターミナル期を過ごす男性

男性・58歳

要介護度：5

認知症：自立

ケース概要

　昨年11月に食道がん診断。今年２月脳転移，余命１カ月と告知を受けた。放射線治療を実施したが，状態が悪化し入院。皮下埋め込み型ポートを造設，中心静脈栄養法実施後状態は安定した。

　余命１カ月との告知を受け，妻は「１歳の息子と愛犬たちと気兼ねなく過ごせる時間をつくるためにも，一度自宅に連れて帰りたい」と希望している。退院前カンファレンスを実施後に退院し，自宅療養を開始した。

○年４月15日

利用者	M	性別	男性	生年月日	○年○月○日
相談内容	妻：主治医から余命があと１カ月程度と聞いた。家族と愛犬たちと気兼ねなく過ごせる時間をつくるためにも，一度自宅に連れて帰りたい。しかし，再々婚のため長男はまだ１歳なので，自分がどの程度介護できるか分からない。状態は不安定で脳転移もあり，けいれんを起こす危険性があると聞いている。まだ一度もけいれんを起こしたことはないが，どのようになるか分からないので不安がある。在宅スタッフ皆さんの力を借りて，自宅でできるところまで看たいが，急変時には入院対応できる体制を希望。				
生活歴・生活状況	N市内で出生，大学卒業後大手アパレル企業に就職。55歳で早期退職，現在の妻と再々婚し県外で暮らしていた。昨年11月健診で食道がんを指摘され，治療困難と診断されN市内の大学病院を受診したが，同じく治療困難と診断。今年３月県内へ転居し，放射線療法施行。その後状態悪化，今年３月11日から入院。 昨年11月から飲酒・喫煙はしていない。発病前はウイスキー１本/日。たばこ40本/日。	〔家族状況〕 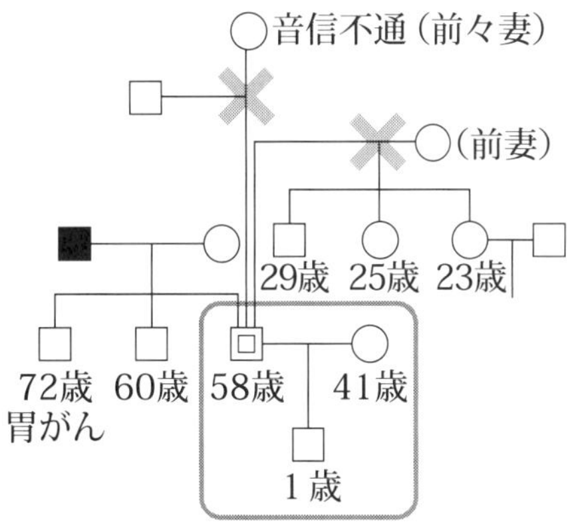			
健康状態	胸部食道がん末期，脳転移，頭頂部皮膚転移（余命１カ月，抗がん剤治療放射線治療などの積極的治療を終えた段階）。				
ADL	寝たきり状態で全面介助されている。				
IADL	全面介助されている。全く活動に参加できない。				

コミュニケーション能力・認知	発語困難であるが，うなずいたり手を振ったりして意思表示はできる。
社会とのかかわり	社会とのかかわり・参加意欲：興味を持っていた活動が何もできなくなった。「もう一度以前住んでいた街へ行きたい」と妻には話していた。 発語ができていた時期には，喪失・孤独感，死に対する恐怖感や回復しないことに対する焦燥感，悲嘆を妻に訴えていた。
排尿・排便	排尿：膀胱留置カテーテル留置中。 排便：便意あり。おむつ内に手を入れようとして意思表示する。緩下剤やグリセリン浣腸を使用し，１日おきに排便をコントロールしている。
褥瘡・皮膚・清潔	褥瘡：仙骨部発赤あり。寝返り不可能のため，同一体位で常に圧迫あり。 皮膚：頭頂部皮膚転移。直径３cm×３cm×高さ４cmの隆起あり。頭頂部皮膚自壊あり，少量ずつの滲出液と出血がある。疼痛や違和感がある時に顔をしかめる。
口腔衛生	放射線療法の後遺症によるものか常時開口しているためか，口腔粘膜乾燥あり。唾液分泌も減少している。硬口蓋および舌の粘膜びらんあり。
食事摂取	経口摂取は不可。 在宅中心静脈栄養法：24時間持続　1,000mL/日
BPSD	なし
介護力	転居して間もないため，近隣に支援者や友人はいない。妻の親族は遠方のため，幼子を抱えての介護は負担が大きく，一人だけでは看られない。前妻との間には子どもが３人（29歳長男独身，25歳長女独身，23歳次女既婚〈子ども１人，現在妊娠中〉），娘２人は県内在住であるが，介護までは望めない。前妻は本人の状況から協力は望めない。前々妻とその子どもとは音信不通。実兄が２人市内在住であるが，介護協力は困難である。妻の姉が看護師で，妻の精神的な支えとなっている。
居住環境	新興住宅地の新築メゾネット式住宅。１階リビングを居室にする。玄関間口が狭い。 愛犬３匹（おむつをしている老犬，前の飼い主に虐待されていた犬，妻の犬）がおり，座敷犬のため本人のベッド上に乗っている。
特別な状況	経済力：早期退職金とがん保険が収入源。がん保険は２万円/日と退院後に退院祝い金20万円/１回のみ支給あり。 妻は市内でパート勤めしているが，現在休職中。本人の体調が良くなれば経済的なことを考えて仕事に戻りたいと考えているが，夫の身体状況からみて，無理ということは理解できている。 ターミナル期：医師から余命１カ月と告知済。脳転移のため，けいれん発作の危険性あり。発病から進行が早く，病気の受容が十分できていない。妻は夫の余命に対する悲しみ，息子をいずれ自分だけで育てていかなければならないという不安がある。

居宅サービス計画書（1）

作成年月日　○年４月15日

初回・紹介・継続　　認定済・申請中

利用者名　M　様　　生年月日　○年○月○日　　住所　N市○○区○○町

居宅サービス計画作成者氏名　W

居宅介護支援事業者・事業所及び所在地　M居宅介護支援事業所　N市○○区○○町

居宅サービス計画作成（変更）日　○年４月15日　　初回居宅サービス計画作成日　○年４月15日

認定日　○年４月１日　　認定の有効期間　○年３月１日　～　○年２月28日

要介護状態区分	要支援　・　要介護１　・　要介護２　・　要介護３　・　要介護４　・　要介護５
利用者及び家族の生活に対する意向	本人：「家に帰りたい」と声にはなっていなかったが，妻には伝わっている。その他，明確な意向は確認できない。 A病院の情報：受け止めについては不明。主治医からは「治療が終わったから家で過ごしましょう」と説明。「自宅が嫌だったら嫌と言ってもよいですが，大丈夫ですか？」との医師の質問にうなずく様子あり。 家族（妻）：余命１カ月程度と聞いた。１歳の長男と愛犬たちと気兼ねなく過ごせる時間をつくるためにも，一度自宅に連れて帰りたいと主治医に希望した。夫の病気の受け入れは随分できたと思う。この時期を安全に自宅で介護できるか不安はあるが，本人が希望するようにしてあげたい。苦しみや痛みは取ってあげてほしい。限られた日々で家族３人の思い出をつくりたいので，不安は大きいが，できないところはサービスを利用して何とかやれるだけ自宅で過ごさせてやりたい。
介護認定審査会の意見及びサービスの種類の指定	なし
総合的な援助の方針	ご本人の苦痛をできる限り軽減し，自宅でご家族３人で過ごせる時間を大切にできるよう支援していきます。 緊急時や不安時に迅速に対応できるよう，主治医および各事業所間で連携しながら支援していきます。 ご本人にご家族・愛犬たちと穏やかな時間を過ごしていただけるよう，提案・調整させていただきます。 緊急時連絡先：Cクリニック　○○○－○○○－○○○○（24時間対応） D訪問看護ステーション　○○○－○○○○－○○○○（24時間対応）
生活援助中心型の算定理由	1．一人暮らし　2．家族が障害，疾病等　3．その他（　　）

居宅サービス計画書（2）

利用者名　M　様　　　　作成年月日　○年4月15日　　No. 1

生活全般の解決すべき課題（ニーズ）	目標 長期目標	期間	短期目標	期間	援助内容 サービス内容	※1	サービス種別	※2	頻度	期間
家族や愛犬と残された時間を穏やかに過ごし，思い出をつくりたい。	痛みや苦痛を最小限に抑え，家族や愛犬と触れ合える。	○.4 〜 ○.9	①痛みや苦痛が増強することなく，過ごすことができる。	○.4 〜 ○.6	訪問診療および往診／病状管理，医学的管理，緊急時対応，療養相談，点滴		居宅療養管理指導	Cクリニック	1回/週〜 緊急時	○.4 〜 ○.6
					病状観察，在宅中心静脈栄養法および在宅酸素療法，膀胱留置カテーテル管理，痰吸引，口腔ケア，緊急時訪問看護 主治医との連携，今後起こり得る症状や対応方法について妻に説明 疼痛の把握，鎮痛剤の使用頻度・効果などの確認・報告		訪問看護（医療） 家族	D訪問看護ステーション 妻	2回/日 緊急時	
					サービス事業者不在時の本人の状況を関係者に伝える。		家族	妻	随時	
			②皮膚（頭頂部や仙骨部）の状態を悪化させない。	○.4 〜 ○.6	特殊寝台・特殊寝台付属品，床ずれ防止用具（エアマットレス）の選定・貸与	○	福祉用具貸与	J福祉用具事業所	毎日	○.4 〜 ○.6
					褥瘡・頭頂部創の観察・処置，清拭，洗髪，体位変換		訪問看護（医療）	D訪問看護ステーション	2回/日	
					おむつ交換，陰部洗浄，口腔ケア，体調に応じた保清の援助，口腔内の状況などでも気づいた点は介護支援専門員に報告する。	○	訪問介護 家族	I訪問介護事業所 妻	2回/日 妻の不在時 随時	
					薬剤管理指導	○	居宅療養薬剤指導	K薬局	随時	
			③体調の良い時・気分の良い時に子どもや愛犬と触れ合うことができる。	○.4 〜 ○.6	一緒に過ごす時間を持ち，愛犬との触れ合いを促す		家族	妻 子ども 愛犬	毎日	○.4 〜 ○.6
					週単位での介護状態を把握，サービス事業所へ情報提供・主治医の指導を受けながらサービス調整，家族の精神的支援，本人の要望確認，本人・家族の思い出づくりへの援助方法の相談	○	居宅介護支援	M居宅介護支援事業所	1回/週〜 必要時	

※1　「保険給付対象かどうかの区分」について，保険給付対象内サービスについては○印を付す。
※2　「当該サービス提供を行う事業者」について記入する。

週間サービス計画表

利用者名　M　様　　　　作成年月日　○年４月15日

区分	時刻	月	火	水	木	金	土	日	主な日常生活上の活動
深夜	4：00								
早朝	6：00								起床，痰吸引
午前	8：00	訪問介護	訪問介護	訪問介護	訪問介護	訪問介護	訪問介護	訪問介護	妻：長男の保育園送り おむつ交換，モーニングケア
	10：00	訪問看護（医療）	訪問看護（医療）	訪問看護（医療）	訪問看護	訪問看護（医療）	訪問看護（医療）	訪問看護（医療）	体調に合わせて清拭，洗髪 痰吸引，口腔ケア，頭部ガーゼ交換，点滴交換
午後	12：00								
			訪問診療						
	14：00								
	16：00	訪問介護	訪問介護	訪問介護	訪問介護	訪問介護	訪問介護	訪問介護	おむつ交換，口腔ケア 妻：長男の保育園迎え
夜間	18：00	訪問看護（医療）	訪問看護（医療）	訪問看護（医療）	訪問看護（医療）	訪問看護（医療）	訪問看護（医療）	訪問看護（医療）	バイタルチェック，痰吸引， 頭部ガーゼ交換
	20：00								おむつ交換（家族）
深夜	22：00								痰吸引
	24：00								
	2：00								痰吸引
	4：00								

週単位以外のサービス	居宅療養管理指導：１回/週～緊急時（Ｃクリニック，Ｋ薬局） 福祉用具貸与：特殊寝台（３モーター）・特殊寝台付属品（サイドレール），床ずれ防止用具（Ｊ福祉用具事業所）

サービス担当者会議の要点

利用者名　M　様　　居宅サービス計画作成者氏名　W　　作成年月日　○年４月15日

開催日　○年４月15日　　開催場所　A病院　　開催時間　14：00～14：45　　開催回数　１回目

	所属（職種）	氏名	所属（職種）	氏名	所属（職種）	氏名
会議出席者	妻	M	A病院（病棟看護師）	Y	D訪問看護ステーション （管理者）（常勤看護師）	S，O
	A病院（医師）	B	Cクリニック（医師）	N	I訪問介護事業所 （サービス提供責任者）	H
	A病院（MSW）	S	J福祉用具事業所 （相談員）	R	M居宅介護支援事業所 （介護支援専門員）	W

検討した項目	①退院に向けて医療機関と地域在宅支援サービスとの調整 ②病状報告および予測されるリスクについて ③在宅サービスの展開について
検討内容	①病院より情報提供 ・主治医から病状および経過，今後の方針，余命について ・担当看護師より現状報告（ADL，コミュニケーション，医療処置，栄養，排泄，清潔など） ②本人および家族の意向 ③退院後の支援内容
結論	①主治医：胸部食道がん。脳転移のため放射線療法施行。脳転移の再増悪のリスクあり。呼吸停止・けいれんなどの危険性あり。本人の体調を考慮し抗がん剤治療中止，症状緩和を図る。退院後，自宅で呼吸状態が悪化した時は在宅医に連絡。けいれん発作時はA病院へ救急搬送してもらってもよいし，抗けいれん薬の投与でもよい。 妻の介護負担感が増大した時には，レスパイト入院の受け入れ可能。 ②病棟看護師：ADLについて，ギャッジアップしての座位保持可能。ベッド柵をつかむ，殿部を上げることは可能。自力での体位変換は不可能。 コミュニケーションについて，ほとんど発語はないが，うなずきや首振り，手を振ることで限定的ながらも意思疎通は可能。 中心静脈栄養法管理で体調が安定してきているので１週間以内に退院予定。頭頂部処置は滲出液が多く，尿取りパッドを当て適宜交換。 膀胱留置カテーテル留置しているが，一度抜去しておむつで在宅へ戻るか検討する。排便はコントロールが必要。 口腔内に上がってきた痰が付着するため，口腔ケアが必要。 ③妻：本人は言葉を発することができないが，無念だと思う。できる限り本人の苦痛を取り除いてほしいが，長引かせることはしないでほしい。余命があと１カ月と聞き，気兼ねなく長男と過ごせる時間や愛犬たちとも一緒にいる時間を作りたいので，一度家に帰りたい。介護経験はないので，皆さんに手伝ってもらいながら過ごしたい。 ④訪問看護：医療保険で訪問。頭部滲出液も多いので，退院後１日２回訪問していく。24時間緊急訪問体制を利用。 ⑤訪問介護：妻が保育園への送迎で不在となる時間に利用。手浴，陰部洗浄，おむつおよびパッド交換，更衣などを実施。 ⑥福祉用具貸与：特殊寝台（３モーター）・特殊寝台付属品（サイドレール），床ずれ防止用具。介護保険適用外の吸引器レンタル（自費）。 ⑦急に状態が変化した時は，サービス担当者会議を開催することなく主治医の助言のもとサービス内容を変更する。 ⑧呼吸状態悪化，けいれん発作の危険性あり。→主治医の指示でA病院救急搬送または在宅で対応するか決定。 ⑨妻は夫の状態を考え，今後の生活に対しての不安感がある。かかわるスタッフが随時傾聴し，相談支援ができるよう情報共有すると共に，連携を密にする。
残された課題 （次回の開催時期）	退院後，在宅の主治医と相談し，体調を見て訪問入浴の導入を検討。 （必要時開催）

モニタリング総括表

評価者：　W
評価日：　○年５月７日

利用者名　M　様

目標	時期	確認方法	目標の達成度 ○：達成 △：一部達成されず ×：達成されず	サービスの実施状況 ○：実施 △：一部実施されず ×：実施されず	サービスの満足度 ○：満足 △：一部不満足 ×：不満足	今後の対応 または 新しい生活課題	ケアプラン修正の有無／終了
①痛みや苦痛が増強することなく，過ごすことができる。	5/7	訪問	△：退院後２週間，体調は概ね安定している。頭頂部腫瘍の自壊があり，滲出液が多い。時々出血もある。処置時に苦痛様の表情を見せる。 妻は初めての介護で戸惑う様子はあるが，介護指導をよく理解し懸命に介護している。 痛みのない時は家族や犬たちを見て穏やかな表情となる。	○：家族 ○：主治医 ○：訪問看護 ○：居宅介護支援	△：本人 △：家族 本人の苦痛を取り除いてあげたい。	継続 がんの浸潤に加え，呼吸状態が不安定となることもあり，注意深く状態観察する。必要時は緊急時対応をする。 緊急連絡先を妻に再確認する。 がん性の高熱が時々あり，頭部滲出液も多く，ポートより24時間持続点滴治療中のため，訪問入浴は見合わせる。 妻は，退院後，自宅での療養生活がどのようになるのか心配していたが，家族の生活リズムができてきている。 ターミナル期を受け入れてきている。	無 無
②皮膚（頭頂部や仙骨部）の状態を悪化させない。	5/7	訪問	△：処置は実施されているが，改善は見られない。	○：家族 ○：訪問介護 ○：訪問看護 ○：福祉用具貸与	○：本人 ○：家族	継続 訪問介護および訪問看護で体調に応じた身体保清を行っていく。 滲出液が多いので，１日２回訪問看護によるガーゼ交換が必要。	無
③体調の良い時・気分の良い時に子どもや愛犬と触れ合うことができる。	5/7	訪問	△：妻は，本人に子どもや愛犬の顔を見せるよう努めている。	○：家族	○：子どもや妻の笑顔で本人は穏やかな表情を見せる。	妻の不安感を軽減し，看取りを受け入れていく気持ちに寄り添っていく。	無

・○，△，×で評価し，△，×の場合はその状況を簡潔に記入する。
・「目標」とは短期目標のことである（ただし，状況によっては長期目標でも可）。
・「サービスの実施状況」は，短期目標に位置付けられたすべてのサービスについて，プランどおり実施されているか評価する。
・「サービスの満足度」で，本人・家族で満足度が異なる場合は，別々に記入する。

●障害者総合支援法を併用した医療ニーズの高い男性

男性・51歳

要介護度：5

認知症：自立

ケース概要

48歳の時，右上肢に力が入らなくなり，筋萎縮性側索硬化症（以下，ALS）と診断された。１年半後に食事を摂取できなくなり，胃瘻を造設。その半年後，誤嚥性肺炎で再入院し，気管切開し，人工呼吸器装着となった。昨年８月に退院し，在宅療養を開始した。

現在は口と眼球のみを動かすことができる。人工呼吸器，胃瘻，膀胱留置カテーテル管理，痰吸引，排便コントロールなどが必要。

○年３月26日現在

利用者	K	性別	男性	生年月日	○年○月○日
相談内容	８カ月間在宅療養を続けてきたが，主介護者である母親に腰痛が出現したため，サービス見直しの希望があった。また，訪問介護事業者３社のうちの１社から，人手不足を理由に撤退したいと言われ，事業所変更についても相談を受けた。				
生活歴・生活状況	35歳で結婚。妻，小学１年生の娘，母親（78歳）と同居している。 45歳で転勤，現住所地に転居し，知人が少ない。	〔家族状況〕 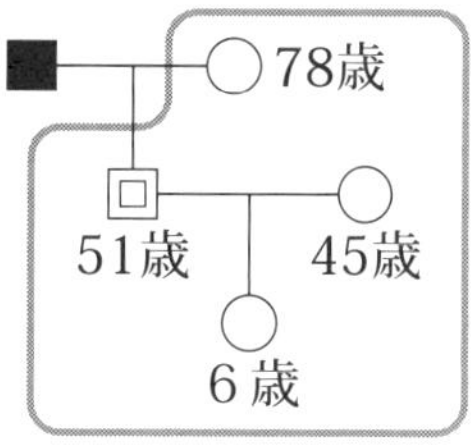 			
健康状態	既往歴：なし　　主傷病名：ALS 症状：口と眼球以外は全く動かすことができない。他動的に上下肢を動かすと痛みがあるため，ゆっくり動かす必要がある。				
ADL	すべての動作が全介助。				
IADL	すべての動作が全介助。金銭管理は妻が行っている。内服薬は胃瘻から注入。				
コミュニケーション能力・認知	発語ができない。文字盤または息を吹きかけて操作する重度障害者用意思伝達装置で文章を作り，コミュニケーションをとる。重度障害者用意思伝達装置を使ってメール送信やテレビ番組の選択もできる。 聴力は問題なし。めがねレンズの度数が合わなくなってきている。				
社会とのかかわり	１年前に正式にIT関連会社を退職。人工呼吸器装着後は，他者との交流が減っている。友人の美容師が毎月訪問し，散髪している。「家族に迷惑をかけたくない」という理由で外出を希望しない。重度障害者用意思伝達装置を使い友人とメールで交流を図っている。娘の成長を楽しみにしている。				

排尿・排便	膀胱留置カテーテル留置中。尿量1,300mL/日。 週２回緩下剤内服と浣腸にて排便コントロール。
褥瘡・皮膚・清潔	褥瘡なし。自動体位変換機能付きエアマットを使用。皮膚が乾燥するため，保清時に保湿ローションを使用。週３回訪問入浴を利用している。
口腔衛生	１日２回（朝・夕），全介助で口腔ケアを行っている。３カ月に１回，歯科医師による訪問歯科診療を受けている。
食事摂取	胃瘻から経腸栄養剤750mL（1,125kcal）を３回に分けて注入。３回の食事時と就寝前に水分250mLずつ注入する。１日の水分摂取量は1,750～1,900mL。朝夕は家族，平日の昼間は看護師が経管栄養と水分注入を行っている。
BPSD	なし
介護力	土日・夜間は家族で何とか対応できているが，妻は正社員として働いており，母親は家族全員の家事を行っているため，家族の誰かが体調不良になった場合など在宅療養継続が立ちゆかなくなる可能性が高い。
居住環境	一戸建て持ち家。リビング隣の和室が本人の居室。
特別な状況	訪問看護は医療保険対応。障害者総合支援法で訪問介護を併用（痰吸引など実施中）。身体障害者手帳１級，障害程度区分６。

居宅サービス計画書（1）

作成年月日　○年３月26日

初回・紹介・継続　　認定済・申請中

利用者名　K　様　　生年月日　○年○月○日　　住所　N市○○区○○町

居宅サービス計画作成者氏名　T

居宅介護支援事業者・事業所及び所在地　N居宅介護支援事業所　N市○○区○○町

居宅サービス計画作成（変更）日　○年３月26日　　初回居宅サービス計画作成日　○年８月１日

認定日　○年６月20日　　認定の有効期間　○年７月１日　～　○年６月30日

要介護状態区分	要介護１　・　要介護２　・　要介護３　・　要介護４　・　要介護５
利用者及び家族の生活に対する意向	本人：自宅で子どもの成長を見ながら生活したい。自分のために娘や妻の生活を制限したくはない。病院で医師や看護師にきついことを言われたので，入院や短期入所もしたくない。 妻　：本人が望むようにしてあげたい。介護がいつまで続くか分からないし，娘もまだ小さいので，仕事は続けていきたい。義母に夫の介護をお願いしているので，介護負担が心配。 母　：息子のことや家のことは何とかやっているが，最近腰が痛いので立ったり座ったりが多いと大変。
介護認定審査会の意見及びサービスの種類の指定	なし
総合的な援助の方針	重度障害者用意思伝達装置を利用して家族とのコミュニケーションを取りながら自宅で生活の継続できるように支援していきます。 緊急時も安心して処置が受けられるように体制を整えていきます。 介護者の腰痛悪化や介護負担が増大しないよう必要なサービスを整えていきます。 緊急連絡先：Aクリニック　○○○－○○○○－○○○○（24時間対応） B在宅呼吸器メーカー【トラブル時など】○○○－○○○○－○○○○ C訪問看護ステーション　○○○－○○○○－○○○○（24時間緊急連絡体制） 妻（携帯）　○○○－○○○○－○○○○
生活援助中心型の算定理由	1．一人暮らし　　2．家族が障害，疾病等　　3．その他（　　　）

居宅サービス計画書（2）

利用者名　K　様　　　　作成年月日　○年３月26日　　No. 1

生活全般の解決すべき課題（ニーズ）	目標				援助内容					
	長期目標	期間	短期目標	期間	サービス内容	※１	サービス種別	※２	頻度	期間
幼い娘の成長を見ながら，家族と一緒に過ごしたい。	入院せずに自宅での生活を続けることができる。	○.４ 〜 ○.９	①肺炎などの感染症を起こさない。	○.４ 〜 ○.６	訪問診察・治療・検査・処方 膀胱留置カテーテル，気管カニュレ交換，24時間対応体制	○	居宅療養管理指導	Ａクリニック	２回/月 （緊急時）	○.４ 〜 ○.６
					病状管理，医療連携 人工呼吸器（１回／月回路交換）・気管切開部管理，膀胱留置カテーテル・胃瘻管理，排便コントロール 痰吸引，経管栄養実施，家族支援 緊急時訪問看護加算		訪問看護（医療）	Ｃ訪問看護ステーション	５日/週 （緊急時）	
					痰吸引の実施		家族	妻	随時	
					口腔ケア，口腔の状況を介護支援専門員に報告，痰吸引	○	訪問介護	Ｇ訪問介護事業所	訪問時毎回	
					人工呼吸器管理，緊急対応，予備機器		医療機器メーカー	Ｂ在宅呼吸器メーカー	随時	
					共有ノートによる情報交換		全事業所	全スタッフ	毎日	
					訪問歯科診察		訪問歯科診療（医療）	Ｉクリニック	1回/3カ月	
			②同じ姿勢による痛みを緩和できる。	○.４ 〜 ○.６	痛みに注意し入浴介助 皮膚の観察，胃瘻・膀胱留置カテーテル，人工呼吸器のチェック，痰吸引の実施	○	訪問入浴	Ｄ入浴サービス	２回/週	○.４ 〜 ○.６
					皮膚の観察，保清介助（清拭，陰部洗浄，頭部清拭，寝衣交換） 疼痛の観察，関節運動 マッサージ，体位の工夫 ※体位保持，人工呼吸器管理のため看護師と２人で行う	 ○	訪問看護（医療） 訪問介護	Ｃ訪問看護ステーション Ｅ訪問介護事業所	３回/週 ２回/週	
					２時間ごとの体位変換 清潔援助（部分清拭）		訪問介護（障害者総合支援法）	Ｇ訪問介護事業所 Ｅ訪問介護事業所	毎日	
					良肢位保持のため特殊寝台・特殊寝台付属品貸与，褥瘡予防のため自動体位変換機能付きエアマット貸与	○	福祉用具貸与	Ｆ福祉用具事業所	毎日	

※１　「保険給付対象かどうかの区分」について，保険給付対象内サービスについては○印を付す。
※２　「当該サービス提供を行う事業者」について記入する。

利用者名　K　様　　　　作成年月日　○年３月26日　No. 2

生活全般の解決すべき課題（ニーズ）	目標				援助内容					
	長期目標	期間	短期目標	期間	サービス内容	※1	サービス種別	※2	頻度	期間
自分の気持ちを伝え，理解してほしい。みんなと話をしたい。	いつでも自分の気持ちを伝えることができる。	○.4 〜 ○.9	③重度障害者用意思伝達装置を使用して，家族や支援者と会話ができる。	○.4 〜 ○.6	家族や友人との会話やメールなどを楽しむ		本人	本人	随時	○.4 〜 ○.6
					重度障害者用意思伝達装置を使用し，コミュニケーションを図る		家族，友人	家族・友人	随時	
					訴えをしっかり確認する コミュニケーション方法の工夫	○	全事業所 作業療法士	全スタッフ	随時	
家族の負担を減らし，笑顔を見たい。	自分も外に出て，気分転換できる。	○.4 〜 ○.9	④意思の疎通を図ることができる。	○.4 〜 ○.6	訴えを聞く，声かけをしっかり行う，家族支援	○	全事業所	全スタッフ	訪問時	○.4 〜 ○.6
					バイタルチェック，呼吸器管理，痰吸引，経管栄養，リハビリ，入浴（器械浴），安全な送迎	○	療養通所介護	K療養通所介護事業所	２回/週	
			⑤心地良くぐっすり眠ることができる。	○.4 〜 ○.6	モーニングケア，ナイトケア，痰吸引，体位変換，おむつ交換，苦痛の緩和，家族の休息援助		訪問介護（障害者総合支援法）	E訪問介護事業所 G訪問介護事業所	５回/週	○.4 〜 ○.6
					サービス事業所からの情報を主治医，歯科医師に報告，医療機関，サービス相談所との連携，家族の介護負担の確認・対応	○	居宅介護支援事業所	N居宅介護支援事業所	１回/月〜随時	

※１　「保険給付対象かどうかの区分」について，保険給付対象内サービスについては○印を付す。
※２　「当該サービス提供を行う事業者」について記入する。

週間サービス計画表

利用者名　K　様　　　　作成年月日　○年３月26日

		月	火	水	木	金	土	日	主な日常生活上の活動
深夜	4：00								
早朝	6：00								痰吸引，経管栄養（家族）
午前	8：00	訪問介護（障）	訪問介護（障）	訪問介護（障）	訪問介護（障）	訪問介護（障）			モーニングケア，痰吸引：土日は家族
	10：00	訪問介護	療養通所介護	訪問介護	訪問介護	療養通所介護			痰吸引：土日は家族
		訪問診療							
午後	12：00			訪問看護（医療）	訪問看護（医療）				経管栄養：土日は家族
	14：00	訪問介護		訪問介護	訪問介護				痰吸引：土日は家族
	16：00	訪問看護（医療）			訪問看護（医療） 訪問介護		訪問看護（医療） 訪問介護		体調管理
				訪問入浴				訪問入浴	週４回入浴
夜間	18：00								
									経管栄養（家族）
	20：00								
深夜	22：00								痰吸引，おむつ確認（家族）
									就寝
	24：00								
									痰吸引：土日は家族
	2：00	訪問介護（障）	訪問介護（障）	訪問介護（障）	訪問介護（障）	訪問介護（障）			
	4：00								

週単位以外のサービス	福祉用具貸与：特殊寝台・特殊寝台付属品，床ずれ防止用具（F福祉用具事業所） 訪問診療：２回/月（緊急時）（Aクリニック）　訪問歯科診療：１回/３カ月（Iクリニック）

サービス担当者会議の要点

利用者名　K　様　　居宅サービス計画作成者氏名　T　　作成年月日　○年３月26日

開催日　○年３月26日　　開催場所　利用者宅　　開催時間　17：00～18：00　　開催回数　２回目

会議出席者	所属（職種）	氏名	所属（職種）	氏名	所属（職種）	氏名
	本人	K	C訪問看護 （ステーション管理者）	C	E訪問介護事業所 （サービス提供責任者）	E
	家族（母・妻）	T，T	G訪問介護事業所 （サービス提供責任者）	G	F福祉用具事業所 （福祉用具専門相談員）	F
	Aクリニック （在宅主治医）	A	K療養通所介護事業所 （看護師）	H	D入浴サービス （責任者）	D
検討した項目	母親の腰痛悪化とサービス事業者の変更に伴う介護体制とサービス内容の見直しについて ①主介護者である母親の腰痛が悪化し，立ち座りが大変な時もある。家族の介護負担軽減を図りたい。 母親の介護負担軽減について，今まで夕方の清拭は訪問看護師と母親で行っていたが，腰痛が悪化したので，訪問看護師と訪問介護員で行う。２人体制で行ってはどうか？　また，10時ごろと14時ごろの痰吸引も母親が行っていたが，訪問介護での痰吸引を検討。 ②訪問介護事業所の変更が必要になり，E訪問介護事業所に加わってもらうことになった。G訪問介護事業所は継続。 ③自宅での生活が継続できるように通所療養介護を新たに開始する。					
検討内容	訪問介護での痰吸引について。E訪問介護事業所の訪問介護員は第３号研修を修了しているので，医師の指示書・看護師による研修を受ければ痰吸引を行える。主治医からは，訪問介護員の痰吸引に同意あり。 母：手伝いに来てもらうのに言いにくいが，インターホンや開錠のために立ち上がるのもつらい時があるので，何かよい方法はないか。 妻：介護休暇制度もあるが，１回しか取れないので，在宅で生活できている間は皆さんの力を借りたい。土・日の日中は家族で対応するが，着替えや清拭は力が必要なのでお願いしたい。できるだけ長く自宅で穏やかに暮らしてほしい。 家族の希望を確認し，本人の意思を尊重していけるように検討する。					
結論	①E訪問介護事業所は医師から指示書をもらい，C訪問看護ステーションから指導を受けて確実に痰吸引できるようにする。⇒４月１日～ ②木・土の夕方の清拭は，訪問看護師とE訪問介護事業所の訪問介護員で行う。 ③キーボックスを利用し，玄関の鍵の管理をする。訪問時はインターホンを鳴らし，鍵を開けて入る。⇒深夜の痰吸引対応 ④障害者総合支援法を併用していく。 ⑤家族のレスパイト，本人の気分転換もかねて療養通所介護を今回から開始する（２回/週）。					
残された課題 （次回の開催時期）	・深夜の苦痛や微妙な体位のポジショニングなど対応が増えてきているので，母親の介護負担が増強しないように介護内容と量に注意する。 ・母親が腰痛悪化すると介護ができなくなるので，母親の休息時間を確保していく。 ・妻は小学生の娘の養育や生活費を得るために仕事を辞めることができないので，障害福祉サービスなど行政と相談しながら対応していく。 ・将来的には家族のレスパイト，本人の精密検査も含めた一時的な入院なども主治医と相談が必要。 ・週２回，療養通所介護事業所の利用を継続し，慣れたら宿泊サービスも利用していく。 （病状やサービス変更時）					

モニタリング総括表

評価者：　T
評価日：　○年4月30日

利用者名　K　様

目標	時期	確認方法	目標の達成度 ○：達成 △：一部達成されず ×：達成されず	サービスの実施状況 ○：実施 △：一部実施されず ×：実施されず	サービスの満足度 ○：満足 △：一部不満足 ×：不満足	今後の対応 または 新しい生活課題	ケアプラン修正の有無／終了
①肺炎などの感染症を起こさない。	4/30	訪問	○：体調に大きな変化はなく，人工呼吸器，痰吸引，膀胱留置カテーテル，胃瘻チューブのトラブルもなかった。	○：居宅療養管理指導 ○：訪問看護（医療） ○：家族 ○：訪問介護 ○：医療機器メーカー ○：訪問歯科診療	△：本人 歯ブラシの向きや体位変換時に手を添える位置により痛みが出てしまうことがある。細やかに確認しながらケアしてほしい。痰吸引もやや不安あり。	訪問介護事業所が新たに増え，まだ信頼関係が十分にできていない。訪問看護師から訪問介護員へ援助方法について助言，ケアスタッフ間の援助方法の統一，吸引指導連絡ノートの活用	無
②同じ姿勢による痛みを緩和できる。	4/30	訪問	○：気管切開部は発赤も皮膚トラブルもなし。	○：訪問入浴 ○：訪問看護（医療） ○：訪問介護 ○：訪問介護（障） ○：福祉用具貸与	○：ケアにより皮膚トラブルはないので，これからも継続を希望。	継続	無
③重度障害者用意思伝達装置を使用して，家族や支援者と会話ができる。	4/30	訪問	○：重度障害者用意思伝達装置が使用できている。	○：本人 ○：家族・友人 ○：全事業所	○：本人 家族や友人と会話ができてうれしい。	継続	無
④意思の疎通を図ることができる。	4/30	訪問	○：家族以外の人とコミュニケーションを取り，気分転換になっている。	○：全事業所 ○：療養通所介護	○：家族（妻） 夫も通所で疲れるため，安眠できている。	継続	無
⑤心地良くぐっすり眠ることができる。	4/30	訪問	○：介護者は腰痛を悪化させずに介護が続けられている。	○：訪問介護（障） ○：居宅介護支援事業所	○：本人・家族 長時間訪問看護を利用することで，家族自身が自分の受診や用事が済ませられており，イライラせず介護ができている。本人も精神が安定している。	継続	無

・○，△，×で評価し，△，×の場合はその状況を簡潔に記入する。
・「目標」とは短期目標のことである（ただし，状況によっては長期目標でも可）。
・「サービスの実施状況」は，短期目標に位置付けられたすべてのサービスについて，プランどおり実施されているか評価する。
・「サービスの満足度」で，本人・家族で満足度が異なる場合は，別々に記入する。

在宅酸素療法が必要な認知症の独居女性

女性・79歳

要介護度：4

認知症：Ⅱa

ケース概要

一人暮らし。1年前に舌がんを発症。手術後に急性脳炎となり，短期記憶力が低下した。入院中にADLも低下したが，3カ月前にリハビリ目的で転院し，歩行器で歩けるまでに回復した。1カ月前に間質性肺炎のため，酸素療法が開始になった。施設入所を勧められたが退院を強く希望し，家族や友人などインフォーマルな支援を交えて在宅療養を支援する。

○年4月4日

利用者	A	性別	女性	生年月日	○年○月○日
相談内容	本人：物忘れをする時があるが，自分でやれることは頑張ろうと思う。 いろいろ助けてもらって自宅で暮らしたい。 姉：できることは応援する。一人暮らしなのでサービスを組み入れてほしい。				
生活歴・生活状況	30年前に離婚。子どもはいない。長く染め物をして生計を立てていた。 集合住宅に住む。近所付き合いはあり，親しい友人が数人いる。	〔家族状況〕 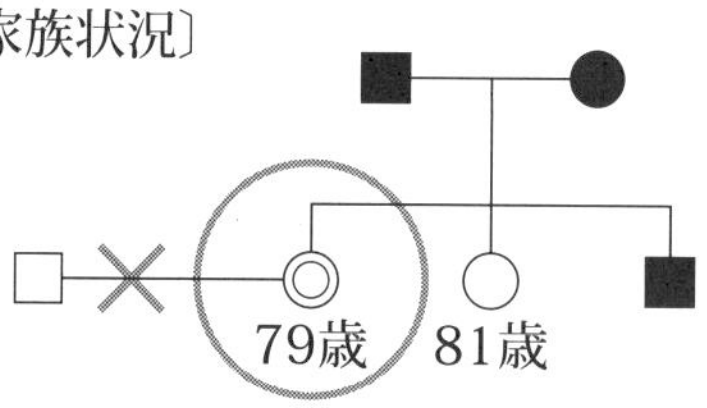			
健康状態	既往歴：慢性関節リウマチ 主症病：間質性肺炎，舌がん術後				
ADL	寝返り・起き上がり・立ち上がり：つかまればできる。 歩行：歩行器でトイレまでは行けるが，労作による呼吸苦があり，休み休み動いている。 排泄：トイレで自立。 移乗：病棟スタッフによる部分介助 更衣：病棟スタッフによる部分介助 保清：病棟スタッフによるシャワー浴介助				
IADL	調理・買い物・掃除：入院中のため行っていないが，現状では自分ですることは困難。 金銭管理：介助 服薬：看護師による配薬と確認が行われている。				

コミュニケーション能力・認知	意思伝達：短期記憶障害があり，日課を忘れる。 コミュニケーション：舌1/2切除後で呂律不全がある。ゆっくりなら会話できる。 視力：眼鏡使用。 聴力：問題なし。
社会とのかかわり	入院前は集会などには参加。入院中は友人が時々面会に来ている。週１回姉と交流していた。一人暮らしができることを自分の支えにしており，意欲的である。
排尿・排便	尿意，便意：あり。排便は１回/日。 排泄動作：自立 トイレの出入りする部分に手すりを複数設置している。
褥瘡・皮膚・清潔	入院中は週２回のシャワー浴実施。皮膚トラブルはない。
口腔衛生	舌がん手術後で口腔ケアの必要性は指導を受けている。 食後に歯磨きをする。
食事摂取	セッティングすれば自己摂取できるが，舌1/2切除のため時間を要する。 食事形態は主食は全粥，副食は軟菜を一口大にカットしたもの。
BPSD	なし
介護力	入院前は姉が毎週日曜日に交通機関を使い１時間ほどかけて訪問し，夕方までいて一緒に食事をとることもあった。 生活費の出し入れ，支払いの金銭管理支援は可能とのこと。
居住環境	市営住宅の１階に住んでいる。外玄関には４段の階段がある。自宅内は動線上に手すりを設置してある。
特別な状況	酸素療法（酸素３Ｌ／分使用） 身体障害者手帳３級，障害者支援区分４

居宅サービス計画書（1）

作成年月日　○年４月10日

初回・紹介・継続　　認定済・申請中

利用者名　A　様　　生年月日　○年○月○日　　住所　N市○○区○○町

居宅サービス計画作成者氏名　K

居宅介護支援事業者・事業所及び所在地　N居宅介護支援事業所　N市○○区○○町

居宅サービス計画作成（変更）日　○年４月10日　　初回居宅サービス計画作成日　○年４月10日

認定日　○年３月23日　　認定の有効期間　○年３月１日　〜　○年３月31日

要介護状態区分	要支援　・　要介護１　・　要介護２　・　要介護３　・　要介護４　・　要介護５
利用者及び家族の生活に対する意向	本人：もともとリウマチで病院に通っていた。関節の変形はあったが，薬でコントロールできており，家事は何でもできていた。今回舌の手術して足が弱って歩けなくなり，息も苦しいのであまり動けない。でも，やっと退院できたので何とか皆の力を借りて一人暮らしをしていきたい。食事は仕事と思って体力がつくよう頑張って食べようと思う。いつか以前行っていた喫茶店に車いすで行きたい。 姉　：入院する前は元気で，よく一緒に出かけたが，長く入院したので足がかなり弱って歩行器でトイレに行くのがやっとの状態。酸素療法も始まったので，本当に一人でやっていけるかとても心配。転ぶことがあるだろうから，夜間も来てもらえるサービスをお願いしたい。
介護認定審査会の意見及びサービスの種類の指定	なし
総合的な援助の方針	①間質性肺炎により在宅酸素療法の管理が必要です。病状管理をしながら，希望どおり一人暮らしが続けられるように医療機関やサービス事業所と連携を密にしていきます。舌の手術後ですが，楽しい雰囲気で食事ができるよう一緒に考えていきます。 ②定期的に運動して筋力をつけ，階段の上り下りが安全にでき，車いすで喫茶店に行けるよう支援します。 ③万が一転んで起き上がれない場合でも，24時間安心して過ごせるようにサービスを調整していきます。 緊急連絡先：主治医（Mクリニック）　○○○－○○○○ N訪問看護ステーション　○○○－○○○○－○○○○ 姉　○○○－○○○○ 夜間対応型訪問介護事業所　○○○－○○○○－○○○○
生活援助中心型の算定理由	1．一人暮らし　2．家族が障害，疾病等　3．その他（　　）

居宅サービス計画書（2）

利用者名　A　様　　　　作成年月日　○年４月10日　　No. 1

生活全般の解決すべき課題（ニーズ）	目標 長期目標	期間	短期目標	期間	援助内容 サービス内容	※1	サービス種別	※2	頻度	期間
呼吸が苦しくならないように生活していきたい。	間質性肺炎による呼吸苦を和らげ，体調管理ができる。	○.４〜○.９	①在宅酸素の管理ができ，生活の中で動きやすい呼吸法を習得できる。	○.４〜○.６	病状管理，関節リウマチの治療，緊急時対応，酸素療法など療養指導	○	居宅療養管理指導	Mクリニック	２回/月	○.４〜○.６
					酸素管理・定期点検 酸素ボンベ配達管理		酸素機器の提供	H酸素機器	１回/月	
					病状チェック 在宅酸素管理（特別管理加算） 服薬管理，呼吸リハビリ	○	訪問看護	N訪問看護ステーション	２回/週	
					特殊寝台・特殊寝台付属品および酸素架台の選定時の助言，提供，使用方法の確認	○	福祉用具貸与	P福祉用具事業所	毎日	
皆の力を借りて一人暮らしをしていきたい。	３回の食事をおいしく必要量とることができる。	○.４〜○.９	②３回の食事がきちんととれる。	○.４〜○.６	３食，食事の提供 主食：全粥 副食：軟菜を一口大にカットしたもの 昼：テーブルのセッティング 夕：朝食を夕食と一緒に配食し冷蔵庫にしまう（夕食は自費） 安否確認を行う（体調）		配食サービス（市町村特別給付）	K給食	毎日 昼・夕	○.４〜○.６
					診察，療養指導 舌がん術後の定期検診		医療機関	O病院（口腔外科）	１回/月	
					食事の仕方の指導，食事量などの確認 BMIの確認	○	訪問看護	N訪問看護ステーション	２回/週	
					通院介助（リフトタクシーにて）		家族	姉	１回/月	
					更衣，朝食の温め準備・片付け，夕食セッティング・片付け，食後の歯磨きの準備，片付け，室温管理，口腔の状態を介護支援専門員に報告 シャワー浴準備（火・金）	○	訪問介護	A訪問介護事業所	６日/週（朝・夕） ２回/週	
					ベッドに腰かけて食事する。		本人	本人	毎日	
					ごみ出し，室内清掃，洗濯，買い物，処方薬の受け取り		居宅家事援助（障害者総合支援法）	B訪問介護事業所	４回/週	
	快適な環境で過ごすことができる。	○.４〜○.９	③息苦しくなく入浴でき，身体を温めることができる。	○.４〜○.６	在宅酸素を使用しながらのシャワー浴の介助，状態確認	○	訪問看護	N訪問看護ステーション	２回/週	○.４〜○.６
					シャワーチェアの選定の助言，使用方法の説明	○	特定福祉用具販売	P福祉用具事業所	早急に	

※１　「保険給付対象かどうかの区分」について，保険給付対象内サービスについては○印を付す。
※２　「当該サービス提供を行う事業者」について記入する。

利用者名　A　様　　　　作成年月日　○年4月10日　No.2

生活全般の解決すべき課題（ニーズ）	目標				援助内容					
	長期目標	期間	短期目標	期間	サービス内容	※1	サービス種別	※2	頻度	期間
			④心配事や困り事の少ない生活が送れる。	○.4〜○.6	制度の手続き，生活費の出し入れ，サービス費用の支払いなど		家族	姉	1回/週（日曜日）	○.4〜○.6
					体調不良時など24時間緊急連体制による相談必要時訪問	○	訪問看護	N訪問看護ステーション	緊急時	
					電話による安否確認 24時間かけつけ介護	○	夜間対応型訪問介護	R訪問介護事業所	随時	
					生活状況把握，必要時のサービス調整，主治医，各機関との連携・報告	○	居宅介護支援	N居宅介護支援事業所	毎月 必要時	
					毎日窓越しに顔を見てあいさつしてもらう 友人と会話を楽しむ		その他のサービス	友人 民生委員	毎日 必要時	
			⑤予定や出来事を確認でき，安心して過ごせる。	○.4〜○.6	予定を説明し，カレンダーに記入してもらう。季節のことなどを会話に取り入れ，脳の活性化を図る。	○	各担当	全事業所	随時	○.4〜○.6
車いすを押してもらって近くの喫茶店に行けるようになりたい。	近くの喫茶店に行き，楽しい時間が過ごせる。	○.4〜○.9	⑥転倒することなく過ごし，玄関の階段の上り下りができる。	○.4〜○.6	毎日ベッドで足の運動をする。（理学療法士の作ったメニュー） できるだけ日中は座って過ごす。		本人	本人	毎日	○.4〜○.6
					病状チェック 下肢筋力の増強，歩行器による歩行訓練 玄関の階段昇降訓練，呼吸リハビリ 運動メニューの作成・評価	○	訪問看護（リハビリ）	N訪問看護ステーション	1回/週	
					車いす，歩行器の選定における助言，提供，使い方の確認	○	福祉用具貸与	P福祉用具事業所	毎日	
					玄関，トイレ居室，台所・居間に手すりの設置	○	住宅改修	P福祉用具事業所	早急に	

※1　「保険給付対象かどうかの区分」について，保険給付対象内サービスについては○印を付す。
※2　「当該サービス提供を行う事業者」について記入する。

週間サービス計画表

利用者名　A　様　　　　作成年月日　○年４月10日

		月	火	水	木	金	土	日	主な日常生活上の活動
深夜	4：00								
早朝	6：00								
午前	8：00	訪問介護	訪問介護	訪問介護	訪問介護	訪問介護	訪訪問介護		起床
									朝食
	10：00								ラジオを聞いて過ごす
		配食サービス	配食サービス	配食サービス	配食サービス	配食サービス	配食サービス	配食サービス	
午後	12：00							姉訪問	昼食
				訪問看護					
	14：00	訪問看護	居宅家事援助	居宅家事援助	居宅家事援助	訪問看護	居宅家事援助		午後はベッドで運動をする シャワー浴　２回/週
	16：00	配食サービス	配食サービス	配食サービス	配食サービス	配食サービス	配食サービス	配食サービス	
		訪問介護	訪問介護	訪問介護	訪問介護	訪問介護	訪問介護		夕食
夜間	18：00								
	20：00								
									就寝
深夜	22：00								
	24：00								
	2：00								
	4：00								

週単位以外のサービス	訪問診療：２回/月・金曜日（Mクリニック　居宅療養管理指導），夜間対応型訪問介護／福祉用具貸与：特殊寝台・特殊寝台付属品，車いす，歩行器（P福祉用具事業所），住宅改修，外来受診：N病院口腔外科　１回/月（姉が同行），酸素機器（H酸素機器）／姉の訪問：１回/週・日曜日

サービス担当者会議の要点

利用者名　A　様　　居宅サービス計画作成者氏名　K　　作成年月日　○年４月10日

開催日　○年４月10日　　開催場所　利用者宅　　開催時間　14時～15時　　開催回数　１回目

	所属（職種）	氏名	所属（職種）	氏名	所属（職種）	氏名	所属（職種）	氏名
会議出席者	本人	A	Mクリニック（主治医）	N	A訪問介護事業所 （サービス提供責任者）	M	N居宅介護支援事業所 （介護支援専門員）	K
	家族（実姉）	B	N訪問看護ステーション （管理者）	H	B訪問介護事業所 （サービス提供責任者）	H		
	K給食	K	R訪問介護事業所 （サービス提供責任者）	I	P福祉用具事業所 （福祉用具相談員）	T		

検討した項目

初回，サービス利用につき開催

①本人の身体と生活状況について情報の共有

②必要な支援の検討，サービス内容の確認

③緊急連絡体制の確認

主治医の意見：歩行訓練は，SpO_2が90以下の場合は中止。休憩して回復すれば訓練は続けても可。関節リウマチは薬でコントロールできているが，服薬は確実にすること。

呼吸状態を観て必要があれば専門医を紹介する。転倒による骨折を防ぐことが重要。

検討内容

①本日退院。昨年10月，舌がん1/2切除。手術後，脳炎を発症し，一時重篤な状態だった。今年１月リハビリ病院に転院。歩行器で歩けるまで回復し退院となった。１カ月前に間質性肺炎で酸素療法が開始となった。退院後は訪問資料を利用するが，口腔外科には通院予定。

ADL：何とか歩行器でトイレ歩行が可。ふらつきがあり，一度で立ち上がれない時がある。

生活面：排泄以外，終日ベッドで過ごす。生活面は全面介助。

結論

②・福祉用具貸与：特殊寝台・特殊寝台付属品，車いす，酸素架台　環境：本人動線上に住宅改修で手すりを設置，補高便座購入
今後も定期に生活状況のモニタリングを行い，環境を整えていく。

・食事：配食サービス：全粥，軟菜を一口大にカットしたもの
（昼食：11：30配食）温めてサイドテーブルにセット　夕食（翌日朝食も一緒に15：30配食）冷蔵庫に入れる。

・訪問介護：食事のセッティング，食後の口腔ケア，室内清掃，買い物

・訪問看護：酸素管理，体調管理，服薬，シャワー浴介助（車いすで移動），転倒予防，外出できるようリハビリを継続する，病状観察，嚥下状況の確認・アドバイス（看護師２回/週，理学療法士１回/週）

・家族：日曜日の訪問（生活の世話）生活費の出し入れ，費用の支払い，制度の手続き

・夜間随時対応型訪問介護：ペンダントは歩行器に付ける。毎月の電話モニタリング・３カ月ごとの訪問モニタリング

・鍵：共有の鍵を決められた場所に置いて使用する。サービス終了，退室時は施錠する。

③緊急時の連絡先：姉　○○○－○○○－○○○○
Mクリニック（主治医）　○○○－○○○－○○○○
夜間や休日は訪問看護の24時間緊急電話

残された課題（次回の開催時期）

・転倒のリスク

・特に歩行時の酸素チューブの扱いについて

・上記プランで独居生活が整うかどうか

（３カ月後再検討）

モニタリング総括表

評価者：　K

利用者名　A　様　　　　評価日：　○年５月７日

目標	時期	確認方法	目標の達成度 ○：達成 △：一部達成されず ×：達成されず	サービスの実施状況 ○：実施 △：一部実施されず ×：実施されず	サービスの満足度 ○：満足 △：一部不満足 ×：不満足	今後の対応 または 新しい生活課題	ケアプラン修正の有無／終了
①在宅酸素の管理ができ，生活の中で動きやすい呼吸法を習得できる。	5/7	訪問	△：酸素吸入はできているが，動作後はしばらく呼吸苦がある。ベッドで静かにしているとだんだん楽になる。	○：居宅療養管理指導 ○：酸素機器 ○：訪問看護 ○：福祉用具貸与	本人：△ 動くと息苦しい。もう少し楽になりたい。 家族：○ 本人もできるだけ動くようにして体力つけないとだめ。	動作時の呼吸の整え方を習得できるようにする。 動作時はSpO_2が90まで下がる。 主治医に酸素流量や動作内容の確認を再度行う。	無
②３回の食事がきちんとれる。	5/7	訪問	○：食事形態は現状で問題はない。 １日３回訪問介護員や配食担当に食事をセッティングしてもらい，自己摂取できている。生活面は援助を受けて整っている。	○：本人 ○：家族 ○：配食サービス ○：医療機関 ○：訪問介護 ○：訪問看護	本人：○ 食べやすい物を持ってきてもらえるのでありがたい。 家族：○ １日３回きちんと食事ができている。	継続 食事摂取量やBMIを確認しながら，栄養状態だけではなく，療養生活全体に気を配っていく。	無
③息苦しくなく入浴でき，身体を温めることができる。	5/7	訪問	○：呼吸を整えながらシャワー浴を行えている。皮膚トラブルなし。	○：訪問看護	本人：シャワーを浴びると気持ちがいい。特に足を温めてもらえるので気持ちがいい。 家族：家族ではできないのでありがたい。	浴室も敷居が高く，またぐ時姿勢が不安定になる。 敷居に足台を置いてまたぎを容易にする。 援助する中でも，本人の役割も見いだせるようにする。 気温が上昇してくる時期のため，回数を増やすかどうかの検討が必要。	有

- ○，△，×で評価し，△，×の場合はその状況を簡潔に記入する。
- 「目標」とは短期目標のことである（ただし，状況によっては長期目標でも可）。
- 「サービスの実施状況」は，短期目標に位置付けられたすべてのサービスについて，プランどおり実施されているか評価する。
- 「サービスの満足度」で，本人・家族で満足度が異なる場合は，別々に記入する。

モニタリング総括表

評価者：　K

利用者名　A　様　　　　評価日：　○年5月7日

目標	時期	確認方法	目標の達成度 ○：達成 △：一部達成されず ×：達成されず	サービスの実施状況 ○：実施 △：一部実施されず ×：実施されず	サービスの満足度 ○：満足 △：一部不満足 ×：不満足	今後の対応 または 新しい生活課題	ケアプラン修正の有無／終了
④心配事や困り事の少ない生活が送れる。	5/7	訪問	○：かけつけサービスや友人，姉の支援で本人も孤独感少なく生活できている。	○：家族 夜間対応型訪問介護 ○：居宅介護支援事業所 ○：友人 ○：民生委員 ○：訪問看護	本人：自分ではできないことばかり。皆に助けてもらっているから，自分も頑張ろうと思える。いつでも看護師に相談できるのはとても安心。 家族：助けてもらえるので一人暮らしができる。ありがたい。	これからも孤独感や不安が少なく暮らせるよう継続。	無
⑤予定や出来事を確認でき，安心して過ごせる。	5/7	訪問	○：一人の時に書いてあるのを見て，確認できている。	○：各担当	本人：忘れてしまっても，書いてあるのを見れば分かるので，誰かが来るまで心配していなくてすむ。	継続	無
⑥転倒することなく過ごし，玄関の階段の上り下りができる。	5/7	訪問	△：歩行器の高さ調節，部屋の要所に手すりを設置し転倒はない。 階段昇降は体を抱えて介助する必要あり。	○：本人 ○：福祉用具貸与 ○：訪問看護(リハビリ) ○：住宅改修	本人：まだ，階段は自分ではとても下りられない。	全身の筋力が向上するよう継続。	無

・○，△，×で評価し，△，×の場合はその状況を簡潔に記入する。
・「目標」とは短期目標のことである（ただし，状況によっては長期目標でも可）。
・「サービスの実施状況」は，短期目標に位置付けられたすべてのサービスについて，プランどおり実施されているか評価する。
・「サービスの満足度」で，本人・家族で満足度が異なる場合は，別々に記入する。

●退院間近だが，介護力が不足し経済的に脆弱な認知症女性

女性・92歳

要介護度：4

認知症：Ⅲa

ケース概要

他県に住み，時々来る長男の介護を受け，独居で生活していた。物忘れが進み意思の疎通がうまくできなくなる。長男による暴力，食事を与えないなどで，虐待通報があり一時施設に入所した。その後，心配する長女と孫（女性）と３人で暮らしはじめた。長女は通院加療中であり，仕事も週１～２回と少なく，経済的には厳しい状況である。孫は結婚予定で，長女の精神的な負担が多くなり，本人に大きな声を出したり，乱暴にベッドにおろしたりするようになり，近医への受診も定期的に行われず，肺炎で入院となる。

○年５月１日

<table>
<tr><td>利用者</td><td>A</td><td>性別</td><td>女性</td><td>生年月日</td><td>○年○月○日</td></tr>
<tr><td>相談内容</td><td colspan="5">長女：他県から引き取ったが，２週間前から肺炎になり入院している。退院後に起き上がりが大変なのでベッドなどを使いたい。仕事に行くと日中独居になるので，その間の世話をどうしたらよいか相談したい。</td></tr>
<tr><td>生活歴・生活状況</td><td colspan="3">実家は海苔問屋。見合いで小売店経営の夫と結婚。長男，長女を育て，15年前に夫が亡くなり，独居で生活していた。６カ月前に長女，孫（女性）と同居となる。趣味は特にないが，仕事柄いつも小綺麗にしていた。</td><td colspan="2">〔家族状況〕
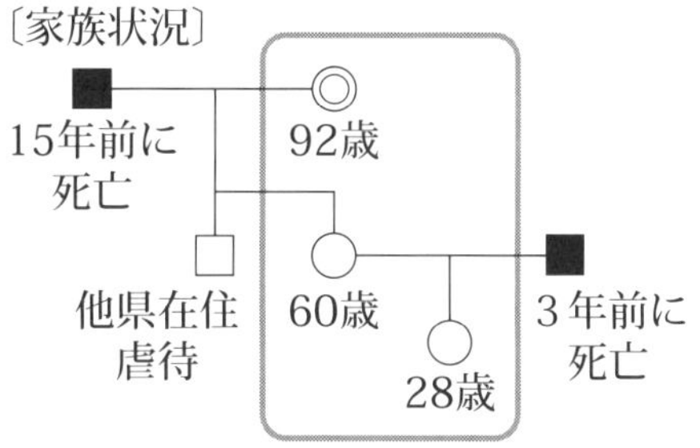
</td></tr>
<tr><td>健康状態</td><td colspan="5">認知症，高血圧のため，近医で治療中。肺炎のため，２週間前に入院となる。</td></tr>
<tr><td>ADL</td><td colspan="5">ベッドを挙上しておくと自分で起き上がり，端座位になっている。自分でポータブルトイレに移乗しようとして転んでいることがあるため，移乗時には介助を行っている。外は車いすを利用している。浴槽のまたぎができないため，病院ではシャワー浴。入院前はデイサービスで入浴していた。着替えは袖通しの協力動作はあるが，ほかは介助を受けている。</td></tr>
<tr><td>IADL</td><td colspan="5">服薬は，入院前より薬を手に持たせても落としてしまうため，口の中に入れて介助している。金銭管理，家事は行うことができず，長女がすべて行っていた。</td></tr>
</table>

コミュニケーション能力・認知	口数は少なく，声をかけられるとうなずく程度。長女に「そんなに面倒をみるのが嫌なら殺してくれ」と言うことがある。視力は，細かい字は見えないが日常生活に問題ない。大きめの声で話せば十分聞こえる。
社会とのかかわり	同居している孫とはほとんど会話をしない。市内に知人はいない。以前住んでいた所でも，物忘れがひどくなるにつれて民生委員や近所の人が時々見に来る程度で，交流はなかった。
排尿・排便	リハビリパンツを使用。毎回交換時に尿失禁しているが，尿意・便意はある。排便は緩下剤を内服して２日に１回あるようにコントロールしている。便失禁もあり，リハビリパンツ内の汚染が毎日見られる。
褥瘡・皮膚・清潔	皮膚の発赤，湿潤はない。
口腔衛生	入院前は口腔内の汚れがあったが，入院後，洗面所で声かけを受け，自分で歯磨きをするようになり汚れはなし。部分義歯は介助を受ける。
食事摂取	テーブルに準備してもらい，自分で食べる。食欲がなく，パンを少し食べては寝て，また起き上がり食べていることがある。
BPSD	物忘れが多く，本人からはほとんど話をしないが，長女にいろいろ言われると急にどなりだすことがある。
介護力	長女は血圧が高く，鼻血が止まらなくなって緊急入院したことがある。肝機能や腎機能も悪く，通院加療中。精神的な負担が多い。
居住環境	マンション１階（長女所有）。玄関・浴室・トイレの段差がある。外出時に玄関の段差解消が必要。トイレはポータブルトイレを使用。風呂はデイサービスを利用する予定。
特別な状況	長女の収入は，夫の遺族年金と週に１～２回の仕事。本人の年金は国民基礎年金で少ない。孫は働いているが，結婚資金を貯めており援助はできない。 施設から長女宅で生活するようになったが，慣れない介護や長女自身の身体の不調などから，おむつ交換の際に「毎回，毎回臭くて嫌になる。いつまで続くのかしら」など声を荒げられる。食事も少量ずつ気が向いた時に食べているため，長女のイライラの原因になっている。

居宅サービス計画書（1）

作成年月日　○年５月１日

初回・紹介・継続　　認定済・申請中

利用者名　A　様　　生年月日　○年○月○日　　住所　Ｎ市○区○○町

居宅サービス計画作成者氏名　M

居宅介護支援事業者・事業所及び所在地　Ｎ居宅介護支援事業所　Ｎ市○区○○町

居宅サービス計画作成（変更）日　○年５月１日　　初回居宅サービス計画作成日　○年11月１日

認定日　○年４月24日　　認定の有効期間　○年５月１日　～　○年４月30日

要介護状態区分	要支援　・　要介護１　・　要介護２　・　要介護３　・　要介護４　・　要介護５
利用者及び家族の生活に対する意向	本人：入院はしたくないが，娘に負担をかけないようにしたい。おしゃれして出かけるのは楽しかった。 長女：病院のようにベッドがあると，一人でトイレもできそうなので借りたい。仕事に行くと一人になるので，その間の食事やトイレのことが心配。自分も体調が不安定なので，介護ができなくなった時の対応をしてもらえると安心できる。
介護認定審査会の意見及びサービスの種類の指定	なし
総合的な援助の方針	・栄養状態を改善し，体力をつけて無理のない範囲で自分のことが少しでもできるように支援していきます。 ・おしゃれをして出かけることで気分転換を図り，楽しい雰囲気を味わえる機会を多くしましょう。 ・転倒なくトイレに行けるように環境も整えていきます。 ・長女様の体調や仕事などにより介護できない場合も，ご本人がなじんだ場所で不安なく過ごしていただくことができるように支援いたします。 緊急連絡先：長女（携帯）　○○○－○○○○－○○○○ M訪問看護ステーション　○○○－○○○○－○○○○（24時間緊急時対応）
生活援助中心型の算定理由	１．一人暮らし　　２．家族が障害，疾病等　　３．その他（　　　　）

居宅サービス計画書（2）

利用者名　A　様　　　　作成年月日　○年4月1日　　No. 1

生活全般の解決すべき課題（ニーズ）	目標				援助内容					
	長期目標	期間	短期目標	期間	サービス内容	※1	サービス種別	※2	頻度	期間
体調を崩して入院しないようにしたい。	肺炎を起こさずに過ごすことができる。	○.5〜○.11	①身体の異変を訴えることができる。	○.5〜○.8	診察，病状管理 療養相談指導		医療機関	A病院	1回/週	○.5〜○.8
					体調の異変を訴える		本人	本人	随時	
					病状観察，体調管理，内服薬確認，介護・療養指導，24時間緊急時対応	○	訪問看護	M訪問看護ステーション	1回/週	
					福祉用具貸与（車いす，スロープ）	○	福祉用具貸与	T福祉用具事業所	外出時	
					バイタルサインチェック 体調の観察（食事の量，排尿・排便，むせこみなどの予防），服薬の介助 1回分の食事量は少なめに準備し，分けて介助する	○	通所介護	Yデイサービスセンター	3回/週	
					受診時の移送ボランティア		ボランティア		1回/月	
			②一日に必要な食事・水分摂取と口腔清掃ができる。	○.5〜○.8	体調の観察，服薬介助，食事の準備など受診介助		家族	長女	毎日	
					食事水分の摂取		本人	本人		
					歯磨きの準備，声かけ 食事時間のメリハリを付け，食後30分は座って過ごしてもらう	○	通所介護 家族	Yデイサービスセンター 長女	3回/週 毎日	
おしゃれをして出かけ，楽しい時間を過ごしたい。	自分でお気に入りの洋服を選び，受診に出かけられる。	○.5〜○.11	③身体の保清を保つことができる。	○.5〜○.8	入浴介助・更衣	○	通所介護	Yデイサービスセンター	3回/週	○.5〜○.8
					顔拭きタオルの準備 リハビリパンツ交換 更衣の介助		家族	長女	毎日	
			④身ぎれいにして外出できる。	○.5〜○.8	レクリエーションへ参加の促し 家族への状況報告	○	通所介護	Yデイサービスセンター	3回/週	
					身じたく，保清支援，受診（外出）		本人 家族	本人 家族	1回/週	

※1　「保険給付対象かどうかの区分」について，保険給付対象内サービスについては○印を付す。
※2　「当該サービス提供を行う事業者」について記入する。

利用者名　A　様　　　　作成年月日　○年５月１日　　No. 2

生活全般の解決すべき課題（ニーズ）	目標				援助内容					
	長期目標	期間	短期目標	期間	サービス内容	※1	サービス種別	※2	頻度	期間
トイレで排泄ができるようになりたい。	トイレやポータブルトイレを使用できる。	○.5 〜 ○.11	⑤時間ごとにポータブルトイレやトイレに座ることができる。	○.5 〜 ○.8	福祉用具貸与，特殊寝台・特殊寝台付属品，介助バーの提供／起き上がり，立ち上がり動作の補助移乗動作ができる配置の評価	○	福祉用具貸与	T福祉用具事業所	毎日	○.5 〜 ○.8
					下肢筋力の保持・強化。転倒リスクの評価と予防	○	訪問看護	M訪問看護ステーション	1回/週	
					トイレへの移乗動作と手引き歩行の練習	○	通所介護	Yデイサービスセンター	3回/週	
					移乗・手引き歩行の介助		家族	長女	毎日	
長女に（介護の）負担をかけたくない。	長女の通院や体調不良時にも，困らず過ごすことができる。	○.5 〜 ○.11	⑥急な介護状況でも困らずに過ごすことができる。	○.5 〜 ○.8	随時延長の対応（長女の体調不良時や仕事で帰宅困難時）	○	通所介護	Yデイサービスセンター	必要時	○.5 〜 ○.8
					自費の泊まりサービスでの身の回りの世話の提供（長女の受診や急な入院時）		その他のサービス	Yデイサービスセンター	必要時	
					介護者（長女）の健康相談（助言）と家族支援	○	訪問看護	M訪問看護ステーション	1回/週	
			⑦長女に1日1回「ありがとう」を言える。	○.5 〜 ○.8	認知症家族教室の参加（長女自身の認知症理解と対応を学ぶ）		その他のサービス	地域包括支援センター	適時	
					認知症への理解の促し，介護方法の助言と相談	○	訪問看護	M訪問看護ステーション	1回/週	
					家族の介護相談，サービスの調整，関係者との連携，介護状況の見守り		その他のサービス	N居宅介護支援事業所	適時	
					夕食後「ありがとう」と言う		本人	本人	毎日	

※1　「保険給付対象かどうかの区分」について，保険給付対象内サービスについては○印を付す。
※2　「当該サービス提供を行う事業者」について記入する。

週間サービス計画表

利用者名　A　様　　　　作成年月日　○年５月１日

		月	火	水	木	金	土	日	主な日常生活上の活動
深夜	4：00								
早朝	6：00								
									起床
午前	8：00								朝食　内服　歯磨き
									（長女９時出勤〈火・土曜日〉，週１回〈金曜日〉受診）
	10：00		通所介護			通所介護	通所介護		
午後	12：00								昼食　歯磨き
	14：00			訪問看護					（入浴）
	16：00								
									（長女５時半帰宅〈火・土曜日〉）
夜間	18：00								夕食　内服　歯磨き
	20：00								
									就寝
深夜	22：00								
	24：00								
	2：00								
	4：00								

週単位以外のサービス	定期受診：１回/週（A病院）　福祉用具貸与：特殊寝台・特殊寝台付属品，車いす，スロープ（T福祉用具事業所） お泊まりサービス：随時（長女の体調不良時など）（Yデイサービスセンター）

サービス担当者会議の要点

利用者名　A　様　　居宅サービス計画作成者氏名　M　　作成年月日　○年５月１日

開催日　○年５月１日　　開催場所　A病院カンファレンスルーム　　開催時間　11：00〜11：30　　開催回数　7回目

会議出席者	所属（職種）	氏名	所属（職種）	氏名	所属（職種）	氏名
	本人	A	A病院（医師）	B	A病院（看護師）	C
	家族（長女）	T	N居宅介護支援事業所 （介護支援専門員）	M	T福祉用具事業所 （相談員）	S
	Yデイサービスセンター （相談員）	K	M訪問看護ステーション （管理者）	B		
検討した項目	①健康状態の確認　退院後の留意点の確認。 ②本人・家族の在宅生活への意向を確認し，本人の現在の自立状況と今後への展望，介護者の介護の負担状況の確認。					
検討内容	①主治医：肺炎で入院するが，抗生剤の投与で改善している。食事時の嚥下障害による誤嚥はないが，パンを少し食べては横になるような不規則な食事と口腔内の食物残渣などによる誤嚥が考えられる。 ②看護師：病院ではポータブルトイレの移乗は見守りでできている。自宅でも環境整備によって自分で行うことは可能と判断する。肺炎の予防として，口腔の保清とある程度規則的な食事と食後しばらく起きていることを行うようにする。 長女：仕事と通院がある上に，体調不良で介護ができないこともある。孫も当てにできないため，あれこれ負担になってイライラしてしまうことがある。自分ができない時にどんな対応ができるか分かっていると安心できる。 デイサービス：デイサービスでは入院前はゆったり過ごしていた。自分のペースで食べ，食欲はあまりなかった。食事の提供時間を決めて切り上げるようにする。おやつで補うことも検討する。玄関の出入りは車いすでしばらく対応したいので，スロープが必要となる。長女の仕事に応じて，追加利用，長時間利用は可能。 訪問看護：今回の退院に伴い在宅支援を行っていく。自宅でのリハビリの実施，健康状態への確認，家族の介護負担の状況などを判断し，関係者に報告をしていきたい。 介護支援専門員：通院の負担軽減で移送ボランティアを利用してはどうか。 福祉用具：病院の環境を参考にしてベッドとポータブルトイレの配置などをしていく。玄関スロープは設置できる。車いすは介護者の負担を考え，軽量タイプが適当と判断する。					
結論	・肺炎の予防など体調管理を行うため，受診時の移動にボランティアを利用する。利用にあたり，連絡調整は介護支援専門員が行う。 ・日頃の口腔ケアと食事の時間にメリハリをつけるようにしていく。食事量に不足があれば主治医に相談をする。訪問看護（１回/週）。 ・特殊寝台・特殊寝台付属品，スロープ，車いすレンタルなどを導入し，安全に移動ができるようにしていく。また適切に配置する。 ・介護者の体調や仕事で介護ができない際の負担軽減のため，デイサービスの長時間利用，追加利用，お泊まりサービスなどの対応を随時していく。定期利用は３回/週の予定。					
残された課題 （次回の開催時期）	介護者の身体状況，協力者の不在（孫の結婚による独立），経済的な状況などにより介護困難になることが考えられる。その際は，施設入所なども検討課題となる。 （認定更新時・必要時）					

モニタリング総括表

利用者名　A　様

評価者：　M
評価日：　○年5月27日

目標	時期	確認方法	目標の達成度 ○：達成 △：一部達成されず ×：達成されず	サービスの実施状況 ○：実施 △：一部実施されず ×：実施されず	サービスの満足度 ○：満足 △：一部不満足 ×：不満足	今後の対応または新しい生活課題	ケアプラン修正の有無／終了
①身体の異変を訴えることができる。 ②一日に必要な食事・水分摂取と口腔清掃ができる。	5/27	自宅訪問 事業所報告	△：肺炎は起こしていない。サービスでは支援できているが，通院は，家族が仕事で対応できていない。朝，夕，サービスがない時の口腔ケアは実施できず，肺炎のリスクはある。 訪問看護時やデイサービスでの測定では血圧など安定している。	△：医療機関 ○：通所介護 ○：訪問看護 △：家族 ×：ボランティア	△：本人 一度にたくさん食べられないが，どこも悪くない。 △：家族 仕事があり，病院受診ができない。食事も食べないので，以前と同じようにしている。	継続 長女の介護に割ける時間などを確認し，意向を再確認していく。 デイサービスでの食事やおやつの取り方など情報交換していく。 往診などで通院の負担の軽減も検討する。	なし
③身体の保清を保つことができる。	5/27	自宅訪問 事業所報告	○：保清や着替えはできている。デイサービスには長女と一緒に選んだ服を着せてもらい，出かける。	○：通所介護 ○：家族	○：本人 お風呂は気持ちいい。 ○：家族	継続	なし
④身ぎれいにして外出できる。	5/27	自宅訪問 事業所報告	○：レクリエーション活動などへは積極的に参加はない。入浴後のボランティアによる化粧時は笑顔が見られる。	○：通所介護	△：本人 （デイサービスのことは）よく分からない。何もしたくないが，きれいにするのはうれしい。 ○：家族 デイサービスに嫌がらずに出かけてくれる。様子の報告があるので分かりやすい。	継続	なし

- ○，△，×で評価し，△，×の場合はその状況を簡潔に記入する。
- 「目標」とは短期目標のことである（ただし，状況によっては長期目標でも可）。
- 「サービスの実施状況」は，短期目標に位置付けられたすべてのサービスについて，プランどおり実施されているか評価する。
- 「サービスの満足度」で，本人・家族で満足度が異なる場合は，別々に記入する。

利用者名　A　様

評価者：　M

評価日：　○年5月27日

目標	時期	確認方法	目標の達成度 ○：達成 △：一部達成されず ×：達成されず	サービスの実施状況 ○：実施 △：一部実施されず ×：実施されず	サービスの満足度 ○：満足 △：一部不満足 ×：不満足	今後の対応 または 新しい生活課題	ケアプラン 修正の 有無／終了
⑤時間ごとにポータブルトイレやトイレに座ることができる。	5/27	自宅訪問 事業所報告	○：転倒はしていない。 訪問看護時に移乗・立ち上がりのリハビリを実施。促せばできるが，一人だとリハビリパンツにしていることが多い。	○：福祉用具貸与 ○：通所介護 ○：訪問看護 ○：家族	△：本人 トイレに行くのは面倒。 △：家族 見ていれば自分でできるが，一人の時はリハビリパンツでしている。意欲がないように感じる。	継続 長女の日課に合わせて誘導を行う時間を決めていく。	なし
⑥急な介護状況でも困らずに過ごすことができる。	5/27	自宅訪問 事業所報告	○：デイサービスの延長対応を随時し，長女の負担も軽減できている。泊まりは利用していない。	○：通所介護 ×：その他のサービス（泊まり）	○：本人 皆よくしてくれる。 ○：家族 急な残業にも対応してもらえるので気持ちが楽になった。体調も良いので，もう1日仕事を増やしたい。	継続 長女の体調もあるため，随時で対応。延長費用のこともあるが，回数が多くなるなら定期に変更を考慮。	なし
⑦長女に1日1回「ありがとう」を言える。	5/27	自宅訪問 事業所報告	△：身体にあざなどもなく，「ありがとう」の言葉はなかなか出ないが，長女と一緒にいる時に穏やかな表情である。 長女は一度認知症家族教室に参加する。参加の継続を希望している。	○：訪問看護 ○：地域包括支援センター	未評価：本人 訪問看護師と長女が一緒にかかわっている時に穏やかな表情がある。 ○：家族 何げない不安やつらさを看護師に話すことができる。	継続	なし

・○，△，×で評価し，△，×の場合はその状況を簡潔に記入する。
・「目標」とは短期目標のことである（ただし，状況によっては長期目標でも可）。
・「サービスの実施状況」は，短期目標に位置付けられたすべてのサービスについて，プランどおり実施されているか評価する。
・「サービスの満足度」で，本人・家族で満足度が異なる場合は，別々に記入する。

転倒による骨折を繰り返す認知症の妻を病弱な夫が一人で介護

女性・77歳

要介護度：4

認知症：Ⅲb

ケース概要

夫と息子と３人暮らし。67歳の時アルツハイマー型認知症と診断される。発症当初は近所に一人で出かけ，行方不明になることが何度かあった。最近は足腰が弱ったため外出はしなくなったが，毎年のように自宅で転倒し骨折している。夫は，認知症発症時はサービス利用に拒否的だったが，夫自身も糖尿病・脊柱管狭窄症などの持病があり，体力・記憶力低下を自覚し，サービスを受け入れるようになった。介護の負担が大きいことから主治医から入所を勧められたが，夫は自宅での介護を強く希望している。

○年４月３日

利用者	A	性別	女性	生年月日	○年○月○日
相談内容	夫：妻は転倒し何度も骨折している。腰椎圧迫骨折で入院し，退院後１カ月経過したが，以前より動作が不安定なため，またいつ転ぶか心配である。入院中にリハビリテーションを続けるよう勧められていた。認知症も進行しており，どう対応したらよいか困ることがあるので，相談に乗ってほしい。				
生活歴・生活状況	25歳で結婚，一男一女を育てる。40歳の時夫が自宅を改装して自営業（工務店）を開始すると同時に，65歳まで経理の仕事を手伝う。60～66歳は近所に住んでいた夫の両親の介護を献身的に行う。	〔家族状況〕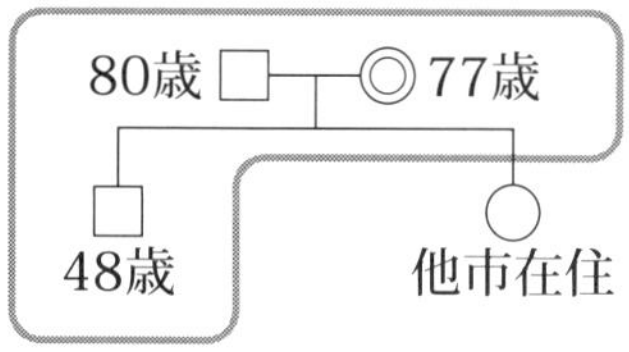			
健康状態	主病名：アルツハイマー型認知症（70歳で診断） 既往歴：骨粗鬆症（74歳），左手関節骨折（78歳，外出先で転倒），左大腿骨転子部骨折（79歳，自宅玄関先で転倒），腰椎圧迫骨折（80歳，原因不明）で１カ月入院。腰椎圧迫骨折後，動作時に顔をしかめることがあるが，腰痛やほかの部位の疼痛をはっきり訴えることができない。下肢浮腫軽度あり。				
ADL	布団で寝ている。寝返り，起き上がりは自分で行える。歩行は室内伝い歩き，すり足歩行で不安定なため，移動時には見守りが必要。入院前は夫が近所へ散歩や買い物に連れて行っていたが，退院後，外出先で歩けなくなったことがあり，最近は行っていない。 指示しても理解できないことがあるため，移動時・着衣・入浴・排泄は見守り・介助が必要。				
IADL	調理・掃除・買い物・金銭管理・服薬介助のすべてを夫が行っている。				
コミュニケーション能力・認知	自分から正しく意思を伝えることはできない。痛みの訴えもあいまい。 視力：近視のためめがねを使用していたが，たびたび紛失し現在は使用していない。日常生活には支障なし。 聴覚：問題なし。				

社会とのかかわり	認知症を発症する前は社交的な性格で，近所付き合いが多かった。茶華道や編み物が趣味。手先が器用で，近所の人の服を作ることもあった。車の運転も好きで，週末には夫と日帰り旅行を楽しんでいた。認知症の症状が進行し，近所との交流が減っている。デイサービスでのレクリエーションには促されて参加し，楽しんでいる。
排尿・排便	尿意・便意なし。介護者が定期的にトイレまで誘導している。昼間はリハビリパンツ，夜間はおむつを使用しており，交換は全介助。 便秘傾向のため，夫の判断で緩下剤を服用させている。薬が効きすぎ便失禁することもある。
褥瘡・皮膚・清潔	デイサービスで週３回入浴。自宅でも毎日夫が入浴介助している。便失禁すると，夫がすぐにシャワー浴介助をしており，皮膚に異常なし。
口腔衛生	残歯は数本のみ。夫が食後に歯磨きをさせているので，口腔内はきれいである。異常時には歯科の訪問診療を受けている。
食事摂取	軟飯と一口大にしたおかずを３食摂取している。食欲はあるが，途中で食べることをやめてしまうため，介助が必要である。自宅ではほとんど夫が介助している。水分摂取は促しが必要で，食事時と食間に合計1,000mL摂取できるよう夫が介助している。
BPSD	不潔行為：排便後すぐ処理しないと，パンツの中に手を入れて便を触り，周囲を汚すことがあるため，夫がすぐに交換できるよう注意している。素直で穏やかな性格なので，反抗したり怒ったりすることはない。 徘徊：２～３年前には一人で外出し，戻れなくなることがあったが，大腿骨転子部骨折後はない。
介護力	夫は，自分の両親の介護や自営業の手伝いなどで苦労をかけたため，「自宅でできる限り自分が看ていきたい。人には頼りたくない。誰かに施設へ入れた方がよいと言われると怒りがわく」と，自宅介護に強い意思がある。同居の長男や他市に住む長女にも「一切頼まない」と言い切る。夫は脊柱管狭窄症のため，途中で立ち止まらないと動けなくなる時がある。ほかにも，糖尿病，前立腺肥大があり，月２回定期受診しているため，受診日に合わせて２泊３日のショートステイを利用。几帳面な性格で，室内は整理整頓され，庭の手入れもしているが，最近物忘れが増えたと心配している。長男は平日は仕事で帰りが遅い。長女は週１回程度訪問している。
居住環境	庭付きの一戸建て。１階が本人夫婦の生活スペースで，２階に長男の部屋がある。玄関の上がり框に約20cmの段差があり，上がる動作が困難なため，一度いすに座り，壁の手すりにつかまりながら玄関に上がっている。トイレなど必要な場所には夫が手すりを設置しており，改修の必要なし。
特別な状況	夫は一人で介護する意思が強い反面，本人の理解力が低く意思疎通が困難なため，「着替えや排泄の世話をする時，いらいらして大きな声で怒鳴ってしまうことがある」と訴えることがある。傷やあざなどはなく，暴力を振るっている様子はない。

居宅サービス計画書（1）

作成年月日　○年４月３日

初回・紹介・継続　認定済・申請中

利用者名　A　様　生年月日　○年○月○日　住所　N市○○区○○町

居宅サービス計画作成者氏名　I

居宅介護支援事業者・事業所及び所在地　K居宅介護支援事業所　N市○○区○○町

居宅サービス計画作成（変更）日　○年４月３日　初回居宅サービス計画作成日　○年９月１日

認定日　○年９月16日　認定の有効期間　○年10月１日　～　○年９月30日

要介護状態区分	要支援　・　要介護１　・　要介護２　・　要介護３　・　要介護４　・　要介護５
利用者及び家族の生活に対する意向	本人：お父さんはよくやってくれる。心配ばかりかけているが，自宅での生活を続けたい。腰が痛い時もあるが，大丈夫。 夫　：妻が自分の親を最期まで介護してくれたことにとても感謝している。その分，息子や娘に迷惑をかけないよう，自分ができる限り自宅で看てやりたい。最近，認知症の進行に伴い対応に困ることがある。 退院して１カ月経ったが，入院前より歩けなくなっているので，また転んで骨折しないかと心配。
介護認定審査会の意見及びサービスの種類の指定	なし
総合的な援助の方針	・外出の機会を持ち，好きなおしゃべりや編み物（手芸）ができるようにしていきましょう。 ・転倒による骨折を防ぎ，以前のようにご夫婦で近所へ散歩に行けるように支援していきます。 ・ご主人と一緒に自宅での生活が長く続けられるように，良い方法を一緒に考えていきましょう。 緊急連絡先：夫　○○○－○○○○－○○○○ 長男　○○○－○○○○－○○○○ 緊急搬送先：M病院　○○○○－○○○－○○○○ T訪問看護ステーション（24時間対応）○○○－○○○－○○○○
生活援助中心型の算定理由	1．一人暮らし　2．家族が障害，疾病等　3．その他（　　）

居宅サービス計画書（2）

利用者名　A　様　　　　作成年月日　○年4月3日　　No. 1

生活全般の解決すべき課題（ニーズ）	目標				援助内容					
	長期目標	期間	短期目標	期間	サービス内容	※1	サービス種別	※2	頻度	期間
夫と歩いて散歩に行き，好きな会話や手芸を楽しみたい。	週1回ぐらいのペースで，夫と一緒に歩いて近所に出かけることができる。	○.4 〜 ○.9	①伝い歩きで自宅内を転ばずに移動することができる。	○.4 〜 ○.6	足をしっかり上げて歩く，いすに座って足上げ運動 移動時の見守り，介助		本人 家族	本人 夫	3回/日	○.4 〜 ○.6
					転倒しないように移動時の見守り，介助 他者との交流を図る	○	通所介護	Dデイサービスセンター	3回/週	
					腰痛の程度の観察 リハビリ体操や手芸などのレクリエーションへの参加を促し一緒に行う	○	短期入所生活介護	Sショートステイ	2回（6日)/月	
					身体機能評価，腰痛の程度の観察，関節可動域・下肢筋力強化訓練ストレッチ，歩行訓練 適切な福祉用具の選定 転倒予防，家族指導	○	訪問看護（理学療法士）	T訪問看護ステーション	1回/週	
			②外出の機会をつくり，いろいろな人と話ができる。	○.4 〜 ○.6	散歩時に近所の人にあいさつをする 会話する機会を多く持つ		地域 家族	近所（薬局，美容院，近隣住民） 家族（夫，子ども） その他全スタッフ	外出時	

※1　「保険給付対象かどうかの区分」について，保険給付対象内サービスについては○印を付す。
※2　「当該サービス提供を行う事業者」について記入する。

利用者名　A　様　　　　作成年月日　○年4月3日　No. 2

生活全般の解決すべき課題（ニーズ）	目標				援助内容					
	長期目標	期間	短期目標	期間	サービス内容	※1	サービス種別	※2	頻度	期間
生活のリズムを整えて排便が毎日あり，すっきりしたい。	1日1回は排便があり，生活リズムをつくることができる。	○.4 〜 ○.9	③3食しっかり食べて毎日排便する習慣ができる。	○.4 〜 ○.6	診察・病状管理，処方 療養指導		医療機関	M病院	1回/月	○.4 〜 ○.6
					歯科治療・口腔ケア		居宅療養管理指導	J訪問歯科	随時	
					通院介助，服薬介助 調理・配膳・食事の見守り，介助，排泄介助，歯磨き介助，入浴・更衣介助 水分補給の介助		家族	夫	随時	
					病状観察・排便コントロール（マッサージ，下剤調整，食事内容指導） 服薬確認，緊急時の対応	○	訪問看護（看護師）	T訪問看護ステーション	1回/週	
					通院介助（通院時乗降介助）	○	訪問介護	Aタクシー	受診時	
					水分補給，栄養バランスの良い食事の提供，施設内の歩行や足上げ運動（個別機能訓練加算），腹部マッサージ，排便の有無をチェックし下剤調整，トイレに毎日座る	○ ○	通所介護 短期入所生活介護	Dデイサービスセンター Sショートステイ	3回/週 2回（6日)/月	
夫がイライラせず，笑顔で自分に接してほしい。	夫婦で穏やかに過ごせる。	○.4 〜 ○.9	④夫が笑顔で自分の介護を続けてくれる。	○.4 〜 ○.6	本人が理解できるように声かけを行い，できることは見守る。家族支援			全スタッフ	随時	○.4 〜 ○.6
					夫の不在時などの対応（身の回り全般の介助） 送迎加算（夫が運転しないため）	○	短期入所生活介護	Sショートステイ	2回/月	
					夫の困り事の相談，サービス調整 認知症家族支援事業などの情報提供	○	居宅介護支援	K居宅介護支援事業所 E地域包括支援センター	1回/月 必要時	

※1　「保険給付対象かどうかの区分」について，保険給付対象内サービスについては○印を付す。
※2　「当該サービス提供を行う事業者」について記入する。

週間サービス計画表

利用者名　A　様　　　　作成年月日　○年４月３日

		月	火	水	木	金	土	日	主な日常生活上の活動
深夜	4：00								
早朝	6：00								
									起床・洗面・おむつ交換
午前	8：00								朝食・服薬・トイレ誘導
		通所介護		通所介護		通所介護			9時半デイサービスのお迎え
	10：00		訪問看護（理学療法士）		訪問看護（看護師）				夫と近所を散歩
									トイレ誘導
午後	12：00								昼食・服薬
									トイレ誘導
	14：00								
									トイレ誘導
	16：00								16時半デイサービスから帰宅
夜間	18：00								夕食・服薬・トイレ誘導
									入浴
	20：00								
									おむつ交換・就寝
深夜	22：00								
	24：00								
	2：00								
	4：00								

週単位以外のサービス	定期受診：１回/月（M病院）　通院乗降介助：１回/月（A介護タクシー）　訪問看護：１回/週（緊急時訪問看護対応あり）（T訪問看護ステーション） 短期入所生活介護：２回/月（Sショートステイ）　居宅療養管理指導：随時（J訪問歯科）

サービス担当者会議の要点

利用者名　A　様　　居宅サービス計画作成者氏名　I　　作成年月日　○年４月３日

開催日　○年４月３日　　開催場所　利用者宅　　開催時間　13：30～14：30　　開催回数　３回目

<table>
<tr><td rowspan="4">会議出席者</td><td>所属（職種）</td><td>氏名</td><td>所属（職種）</td><td>氏名</td><td>所属（職種）</td><td>氏名</td></tr>
<tr><td>本人</td><td>A</td><td>T訪問看護ステーション
（看護師）</td><td>T</td><td>K居宅介護支援事業所
（介護支援専門員）</td><td>I</td></tr>
<tr><td>家族（夫）</td><td>A</td><td>T訪問看護ステーション
（理学療法士）</td><td>T</td><td>M病院（主治医）（照会）</td><td>H</td></tr>
<tr><td>Dデイサービスセンター
（介護福祉士）</td><td>F</td><td>Sショートステイ
（社会福祉士）</td><td>K</td><td></td><td></td></tr>
<tr><td>検討した項目</td><td colspan="6">【退院後１カ月経過（腰椎圧迫骨折にて入院），リハビリテーション導入について】
①退院後の状況
②本人および家族の意向
③訪問看護（理学療法士，看護師による訪問）の導入について
主治医の意見（照会）…H医師：リハビリテーションを続けた方がよい。老老介護で共倒れの危機があるので，介護負担の軽減が図れるよう相談に乗ってください。</td></tr>
<tr><td>検討内容</td><td colspan="6">①認知症が進行し，日常生活全般に見守り・介助が必要。指示動作が理解できないため，付き添っての介助が必要。腰痛の訴えはあいまいである。10日くらい前に自宅で転倒したが，けがはない。３月21日ショートステイ利用時より両下肢浮腫軽度あり。足の運びが悪く，さらに転倒リスクが高まった。
デイサービス・ショートステイを楽しく利用しており，笑顔で帰宅する様子に夫も満足している。回数を増やす希望はない。
②本人：はっきりした訴えはないが，夫と一緒に外出することが楽しみのようである。
夫：できるだけ家で過ごさせてやりたい。退院後足が弱り，外出先で歩けなくなることがあったので，最近は連れて行っていない。家でリハビリを受けたい。薬や体調のことなど，分からないことがたくさんあるので相談したい。自分もあちこち悪くて受診しているので忙しい。自分も物忘れをするので，用事を忘れないか心配しながら暮らしている。
③リハビリテーションの目標，サービス内容などについて，居宅サービス計画書原案に基づき検討する。理学療法士だけではなく，看護師による訪問も導入し，排便コントロールを含めた生活リズムを整えるための指導もしていく。</td></tr>
<tr><td>結論</td><td colspan="6">①腰痛圧迫骨折後疼痛の訴えは強くないが，足の運びが悪く転倒リスクが高くなっている。
②本人は夫と外出することを楽しみにしている。夫の負担が増えてきているが，在宅介護を強く希望しているため，夫の心身の状況にも配慮して支援していく。
③居宅サービス計画書に同意あり。
・入院前のように夫と近所を散歩できることを目標とする。
・訪問看護（理学療法士の訪問）…訪問回数：週１回（毎週火曜日10：30～）初回訪問：４月７日（火）10：30～
・訪問看護（看護師の訪問）…訪問回数：週１回：体調管理や内服管理を中心に，排便の習慣づくりのために助言をしていく。
・デイサービス，ショートステイでも活動機会を増やせるよう支援する。</td></tr>
<tr><td>残された課題
（次回の開催時期）</td><td colspan="6">〈夫への対応〉
・夫が毎日の予定を忘れることにかなり神経質になっている。通院やサービスのスケジュールは，分かりやすくサービス事業者共通のカレンダーに書き入れる。
・長男や長女の意向の確認（夫の了解のもと）
（認定更新時または状況変化時）</td></tr>
</table>

モニタリング総括表

評価者：　I
評価日：　○年４月27日

利用者名　A　様

目標	時期	確認方法	目標の達成度 ○：達成 △：一部達成されず ×：達成されず	サービスの実施状況 ○：実施 △：一部実施されず ×：実施されず	サービスの満足度 ○：満足 △：一部不満足 ×：不満足	今後の対応または新しい生活課題	ケアプラン修正の有無／終了
①伝い歩きで自宅内を転ばずに移動することができる。	4/27	訪問	△：夫の見守りのもと，すり足と伝い歩きで何とか一人でできている。	△：本人 ○：Dデイサービスセンター ○：Sショートステイ ○：T訪問看護ステーション ○：家族	○：本人 リハビリ時拒否なし。 △：夫 転ばないか目を離さないように注意している。	継続	無
②外出の機会をつくり，いろいろな人と話ができる。	4/27	訪問	△：４月24日理学療法士の訪問時に初めて自宅周囲を半周歩行できた。	△：本人 ○：Dデイサービス ○：Sショートステイ ○：T訪問看護ステーション ○：家族	○：本人 △：夫 足が少ししっかりしてきた。 話し好きで愛想がいいので，楽しそうにしているとうれしく感じる。 散歩に出るようになったら，近所の人と話をさせたい。	継続	無
③３食しっかり食べて毎日排便する習慣ができる。	4/27	訪問	△：３回の食事や排泄は夫の声掛けしできている。まだ生活リズムは整っていない。	○：M病院 ○：T訪問看護ステーション ○：Dデイサービスセンター ○：Sショートステイ ○：Aタクシー ○：家族 ○：K居宅介護支援事業所	○：本人 △：夫 １日１回，朝はトイレに座らせるようにしてきている。	継続	無
④夫が笑顔で自分の介護を続けてくれる。	4/27	訪問	○：サービス利用時に落ち着かない様子が見られることはなし。夫もイライラせず何とか介護している。	○：全事業所 ○：Sショートステイ ○：K居宅介護支援事業所 ○：E地域包括支援センター	○：本人 ○：夫 ショートステイを利用して休養ができている。	継続	無

・○，△，×で評価し，△，×の場合はその状況を簡潔に記入する。
・「目標」とは短期目標のことである（ただし，状況によっては長期目標でも可）。
・「サービスの実施状況」は，短期目標に位置付けられたすべてのサービスについて，プランどおり実施されているか評価する。
・「サービスの満足度」で，本人・家族で満足度が異なる場合は，別々に記入する。

認知症がある独居の母を近所に住む長男が介護

女性・87歳

要介護度：3

認知症：Ⅱb

ケース概要

23歳で結婚し，農業をしながら息子２人を育てた。

８年前から一人暮らしをしている。５年前から短期記憶障害などが目立ってきた。調理ができなくなり，２年前より介護保険サービスを利用すると共に，近所に住む長男が食事を運び，生活状況を見守ってきた。

○年７月22日

<table>
<tr><th>利用者</th><td>K</td><th>性別</th><td>女性</td><th>生年月日</th><td>○年○月○日</td></tr>
<tr><th>相談内容</th><td colspan="5">長男：一人暮らしの母の物忘れが激しくなってきた。今までできていたことがどんどんできなくなってきた。また，失禁も増えた。毎日見に行き，食事を運んでいるが，訪問できない日に熱中症になったことがあり，心配している。</td></tr>
<tr><th>生活歴・
生活状況</th><td colspan="2">農家に生まれ，農協に勤めていた時に兼業農家の跡取り息子と結婚。２人の息子を農業と主婦業をしながら育てた。民生委員をしていたこともある。
２人の息子が独立してからは夫と２人暮らし。８年前に夫が他界してからは一人暮らしとなる。</td><td colspan="3">〔家族状況〕
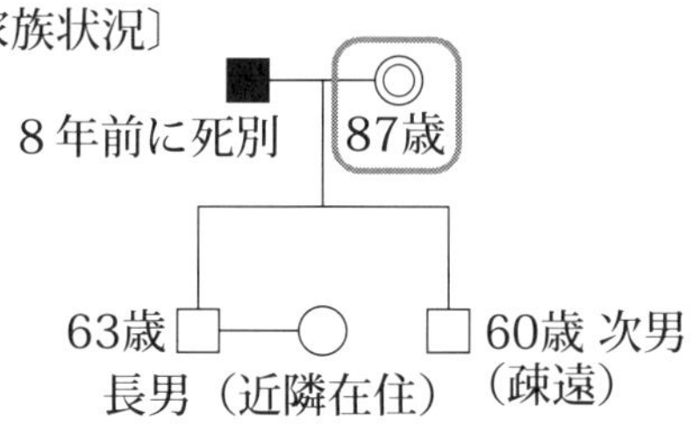
</td></tr>
<tr><th>健康状態</th><td colspan="5">両膝の変形と痛みがあり，両膝変形性膝関節症と診断されたことがある。日常は膝の痛みは訴えないが，時々朝の動作が行いにくく起きてこない時がある。長男が湿布薬を貼用しようとすると，冷たいと言って嫌がる。
現在治療中の疾患はなし。
物忘れが激しくなったため近所の物忘れ相談医に受診したところ，認知症と診断された。内服管理ができないことが予測されたため，内服薬は処方されていない。その後定期受診はしていない。</td></tr>
<tr><th>ADL</th><td colspan="5">起き上がり，寝返りは可能。杖を使用せず毎日近所を散歩している。
特に用事がなくても近所を歩いたり道端に座ったりしている。近所の人が「そろそろ息子さんが来る時間だよ」と声をかけると，自宅に帰ることが多い。
長男が着替えるものを用意するが，手や足を入れるよう促さないと着替えができない。声をかけないと入浴ができず，長男が洗身・更衣の一部を介助している。
尿失禁があっても本人は気がつかず着替えない。リハビリパンツを着用中。自分でトイレに行くが，排便後は上手に拭けないことがある。</td></tr>
</table>

IADL	２年前から一人で調理ができなくなった。掃除はできておらず，部屋は物があふれ，雑然としている。布団は敷きっぱなし。 小額の金銭管理が行えないため，食料品や生活用品の買い物を長男が行う。
コミュニケーション能力・認知	短期記憶障害，失見当識障害がある。昔のことや簡単な質問には答えられるが，勘違いも多い。視力・聴力は問題なし。
社会とのかかわり	自宅の他に本人所有の庭と畑がある。近所には親戚や顔なじみが多く住んでいる。近所の人にあいさつする程度で積極的にかかわる様子はない。夫が死亡したことは認識しているが，「20年前に死んだ」と話す。
排尿・排便	尿意・便意はありトイレで排泄をするが，尿失禁があり，リハビリパンツを使用している。排便後上手に拭けないため，便座やリハビリパンツに汚れがついていることがある。汚れていても着替えないので，長男が声かけをして着替えを促している。
褥瘡・皮膚・清潔	皮膚トラブルはない。長男の声かけ，介助で入浴している。
口腔衛生	口腔清掃の習慣がない。総義歯だが下の義歯は失くしている。上の義歯は装着したままで手入れができていない。
食事摂取	長男が弁当や総菜を買って食事の度に自宅を訪問する。長男が座卓の上に並べると一人で食べられる。昨年，熱中症になったことがあったため，水分摂取できるようにお茶も一緒に準備してもらっている。
BPSD	穏やかな性格で暴言はない。毎日特に用事はなくても畑周辺を歩いたり，知人の家の前や道端に座っていることがある。 以前火の不始末があったため，ガスコンロは使わないようにしている。 目の前に置いてある物は皆食べてしまう。バナナを１房食べてしまったこともある。
介護力	長男夫婦が近所に住んでいる。主介護者は63歳の長男。日用品の買い物，食事の配膳，更衣やシャワー浴などについて全般的に介助している。長男の妻はほとんどかかわっていない。
居住環境	広い敷地で大きな屋敷（平屋）に独居。庭に敷石があり，歩きにくいが転倒はない。近所には親戚が多く住んでいるので，近所全体に見守りがある。
特別な状況	知らない人も家に上げてしまうことがあり，訪問販売などの勧誘を心配して長男が金銭を管理している。

居宅サービス計画書（1）

作成年月日　○年７月24日

初回・紹介・継続　　認定済・申請中

利用者名　K　様　　生年月日　○年○月○日　　住所　N市○○区○○町

居宅サービス計画作成者氏名　S

居宅介護支援事業者・事業所及び所在地　T居宅介護支援事業所　N市○○区○○町

居宅サービス計画作成（変更）日　○年７月24日　　初回居宅サービス計画作成日　○年９月１日

認定日　○年７月18日　　認定の有効期間　○年８月１日　～　○年７月31日

要介護状態区分	要支援　・　要介護１　・　要介護２　・　要介護３　・　要介護４　・　要介護５
利用者及び家族の生活に対する意向	本人：外に出るのはあまり好きじゃないが，誰かが家に来てくれるのはいい。畑を見て回るのが好き。 長男：本人は結婚してからずっとここで生活しているので，ここでの生活を望んでいると思う。食事を運びながらシャワーの介助など何とか介護できている。自分がここに来られない時に本人が安全に過ごせるようにしたい。デイサービスに行って他人と交流することも良い刺激を受けるのではないかと思っている。
介護認定審査会の意見及びサービスの種類の指定	なし
総合的な援助の方針	住み慣れた自宅でこれからも生活できるように支援していきます。 訪問時に見慣れないものがあったり，見知らぬ人が訪ねているようでしたら，長男様に連絡をします。 緊急連絡先：長男（携帯）　○○○－○○○○－○○○○ 主治医（S医院）　○○○－○○○－○○○○
生活援助中心型の算定理由	1．一人暮らし　2．家族が障害，疾病等　3．その他（　　）

居宅サービス計画書（2）

利用者名　K　様　　　作成年月日　○年７月24日　　No. 1

生活全般の解決すべき課題（ニーズ）	目標				援助内容					
	長期目標	期間	短期目標	期間	サービス内容	※1	サービス種別	※2	頻度	期間
長男が世話に来てくれるので安心している。このまま，ここで生活を続けたい。	一人暮らしの生活を継続できる。	○.8〜○.7	①長男が不在の時も困ることなく生活が送れる。	○.8〜○.1	環境整備，居室の掃除片付け，洗濯 移動範囲の安全確認 見知らぬ人の訪問時長男への連絡	○	訪問介護	N訪問介護事業所	5回/週	○.8〜○.1
					食材・生活用品の買い物・補充，洗濯	○	訪問介護 家族	N訪問介護事業所 長男	5回/週 毎日	
			②身だしなみが整い，自宅でくつろぐことができる。	○.8〜○.1	更衣介助，排泄介助，入浴介助（入浴介助加算）	○	通所介護	Jデイサービスセンター	1回/週	○.8〜○.1
					排泄介助，口腔ケアの促し・介助	○	訪問介護	N訪問介護事業所	5回/週	
					入浴時声かけ，排泄介助，口腔の状況を介護支援専門員に報告		家族	長男	毎日	
必要な栄養や水分を過不足なくとることができ，体調が悪化しないようにしたい。	体調不良により物忘れが進むことなく，生活が続けられる。	○.8〜○.7	③必要な食事や水分をとることができ，脱水や熱中症などで体調を崩すことなく生活できる。	○.8〜○.1	診察，検査		診療	S医院	1回/3カ月	○.8〜○.1
					通院介助		家族	長男	1回/3カ月	
					食事の配膳，声かけ 水分補給，水分準備，後片付け	○	訪問介護 家族	N訪問介護事業所 長男	5回/週 3回/日	
					食事摂取時の声かけ，水分補給の促し	○	通所介護	Jデイサービスセンター	1回/週	
					体調の確認，部屋の温度調整 表情，体調不良の訴えの観察，活動範囲の把握	 ○ ○	家族 訪問介護 通所介護	長男 N訪問介護事業所 Jデイサービスセンター	毎日 5回/週 1回/週	

※1　「保険給付対象かどうかの区分」について，保険給付対象内サービスについては○印を付す。
※2　「当該サービス提供を行う事業者」について記入する。

利用者名　K　様　　　　作成年月日　○年7月24日　No.2

生活全般の解決すべき課題（ニーズ）	目標				援助内容					
	長期目標	期間	短期目標	期間	サービス内容	※1	サービス種別	※2	頻度	期間
なじみのある地域で人とかかわりを持って生活を続けたい。	畑を見て回ったり，近所の人との交流を続けたりしながら，長年住み慣れた家で生活できる。	○.8〜○.7	④家族以外の人と過ごしたり，長男と畑を見に行ったりすることができる。	○.8〜○.1	レクリエーション参加時に他の人と会話ができる配慮	○	通所介護	J通所介護事業所	1回/週	○.8〜○.1
					ケアを提供しながら昔の話や畑の話をする	○	訪問介護	N訪問介護事業所	5回/週	
					長男と一緒に畑を見に行く		家族	長男	毎日	
			⑤自分でできる家事を行う。	○.8〜○.1	食事の後片付けの声かけ・見守りできない場合一緒に行う	○	訪問介護	N訪問介護事業所	5回/週	○.8〜○.1
					自室の片付けを一緒に行う		家族	長男	適宜	

※1　「保険給付対象かどうかの区分」について，保険給付対象内サービスについては○印を付す。
※2　「当該サービス提供を行う事業者」について記入する。

週間サービス計画表

利用者名　K　様　　　　作成年月日　○年７月24日

	時間	月	火	水	木	金	土	日	主な日常生活上の活動
深夜	4：00								
早朝	6：00								
午前	8：00								起床・朝食　長男訪問
	10：00			通所介護					近所の散歩
午後	12：00	訪問介護	訪問介護		訪問介護	訪問介護		訪問介護	帰宅・昼食　長男訪問
									シャワー浴
	14：00								
	16：00								
夜間	18：00								夕食　長男訪問
	20：00								就寝
深夜	22：00								
	24：00								
	2：00								
	4：00								

週単位以外のサービス	通院：１回/３カ月（Ｓ医院） 長男が昼に訪問できない日の訪問介護の臨時利用あり（２回/月程度）。

サービス担当者会議の要点

利用者名　K　様　　居宅サービス計画作成者氏名　S　　作成年月日　○年７月24日

開催日　○年７月24日　　開催場所　自宅　　開催時間　14時30分～15時　　開催回数　３回目

会議出席者	所属（職種）	氏名	所属（職種）	氏名	所属（職種）	氏名
	家族（長男）	A	N訪問介護事業所 （サービス提供責任者）	C	S医院（主治医）	
	J通所介護事業所 （相談員）	B	T居宅介護支援事業所 （介護支援専門員）	D		
検討した項目	本人は，参加すると混乱するので，今回は欠席とした。 ①今回の要介護認定更新で要介護２から要介護３に変更された。排泄や更衣や洗身・食事摂取が一人でできなくなっている。 ②暑い日でもエアコンを切ってしまったり，日中に帽子をかぶらず散歩をしたりするので，熱中症が心配である。 ③以前は訪問介護員と一緒に調理ができたが，今は指示されてもできなくなっている。 ④近隣住民との交流はあるが，意図的な会話なく，あいさつをするのみ。 ⑤長男の知らない人や宗教団体の人が出入りしていることがあった。					
検討内容	食事摂取が一人でできなくなったり，見守りがあっても調理ができなくなってきていることから，認知症状が進行している可能性がある。 ①～③３度の食事の支度や声かけ，身支度を整える介助は継続して必要。長男は農作業の合間に見に来ているが，来られないこともあり心配である。 ⇒訪問介護の回数を週５回に変更：N訪問介護では対応可能。 定期受診でかかりつけ医に状況を伝えて，体調が悪化した時にはすぐに対処してもらえるようにしておく必要がある。元気がないなどの症状に注意していく。 ④会話などで意図的に刺激をしてもらえるし，連続した見守りもしてもらえるため，通所介護の増量を検討。⇒長男は慣れた家で慣れ親しんだ人たちとの交流を大事にしたいので，通所介護はこれまでどおり週に１回でよいと言う。 ⑤長男やサービス提供者のいる時間は避けて来ている様子もある。今後も本人の様子や見かけないものがないかなどに注意していく。					
結論	①～③訪問介護を増やし，見守りや声かけの機会を増やして対処する。 体調悪化のサインに注意し，すぐに主治医の診察で対処できるように観察や情報共有を強化する。３カ月に１回は定期的に通院する。 ④通所介護は増やさず，経過を見る。近所の見守り情報に期待する。 ⑤不審な人物を見かけたり見かけないものがあったりしたら情報を共有していく。					
残された課題 （次回の開催時期）	通所介護は定期的に利用できており，慣れつつある。連続した見守りや介護が必要となってくることを想定して，通所介護を増やすことも準備しておく。体調悪化を早く察知することが必要だが，自分で変調を十分表現できない恐れがあり，発見が遅れる可能性がある。今後は，訪問看護サービスの利用を検討していく。認知症の薬の服用についても，主治医と相談していく。成年後見制度の利用について，地域包括支援センターに相談。 （新サービス導入時，現行サービス追加時）					

モニタリング総括表

利用者名　K　様

評価者：　S
評価日：　○年８月25日

目標	時期	確認方法	目標の達成度 ○：達成 △：一部達成されず ×：達成されず	サービスの実施状況 ○：実施 △：一部実施されず ×：実施されず	サービスの満足度 ○：満足 △：一部不満足 ×：不満足	今後の対応 または 新しい生活課題	ケアプラン 修正の 有無／終了
①長男が不在の時も困ることなく生活が送れる。	8/25	訪問	○：長男に用事がある時もサービスにより困ることなく生活ができた。	○：訪問介護	○：家族 サービスにより，自分も安心できる。	今の状況の継続	無
②身だしなみが整い，自宅でくつろぐことができる。	8/25	訪問	△：リハビリパンツから漏れ出るほどの尿失禁が１～２回あった。 入浴は定期的にできている。	△：家族 ○：訪問介護 ○：通所介護	○：本人 ○：家族	忙しいと朝の訪問が遅くなり，おむつ交換が遅くなる時がある。 今はたまにだからよいが，家族が忙しい時にどうするか考えていく。	無 今後の状況により，訪問介護や通所介護を増やすことを視野に入れる。
③必要な食事や水分をとることができ，脱水や熱中症などで体調を崩すことなく生活できる。	8/25	訪問	△：準備された食事や水は声かけがある時は摂取できている。 訪問のない日は，水分が十分にとれていないことがある。	×：通院はできていない。 ○：家族 ○：訪問介護 ○：通所介護	○：家族 声かけをしなければ食べたり飲んだりしないのが心配であるが，サービスが入っている時は安心できる。	通院は，長男の時間ができる９月初めに予定。	無

・○，△，×で評価し，△，×の場合はその状況を簡潔に記入する。
・「目標」とは短期目標のことである（ただし，状況によっては長期目標でも可）。
・「サービスの実施状況」は，短期目標に位置付けられたすべてのサービスについて，プランどおり実施されているか評価する。
・「サービスの満足度」で，本人・家族で満足度が異なる場合は，別々に記入する。

評価者：　S
評価日：　○年８月25日

利用者名　K　様

目標	時期	確認方法	目標の達成度 ○：達成 △：一部達成されず ×：達成されず	サービスの実施状況 ○：実施 △：一部実施されず ×：実施されず	サービスの満足度 ○：満足 △：一部不満足 ×：不満足	今後の対応 または 新しい生活課題	ケアプラン 修正の 有無／終了
④家族以外の人と交流して過ごすことができる。	8/25	訪問	△：近所の人との会話ができているかどうかの確認はできない。昔話は通所介護の利用者や長男にはしている。	○：通所介護 ○：訪問介護 ○：長男 △：近隣住民	○：本人 寂しくなかった。 △：長男 誰かしらかかわってくれているので，安心している。	誰かとかかわることで寂しくなかったと表現している。今後も継続。 近所の人との交流の有無の確認をどうするか長男と相談していく。	無
⑤自分でできる家事を行う。	8/25	訪問	△：自らは行うことができず，たまに一緒にできた。	○：訪問介護	○：本人 △：長男 もう少し自分でやらせてみてほしい。	声かけのタイミングなどを考えながら行うが，一緒にやりながら手伝ってもらうことを主にしていく方がよいと考える。	無

・○，△，×で評価し，△，×の場合はその状況を簡潔に記入する。
・「目標」とは短期目標のことである（ただし，状況によっては長期目標でも可）。
・「サービスの実施状況」は，短期目標に位置付けられたすべてのサービスについて，プランどおり実施されているか評価する。
・「サービスの満足度」で，本人・家族で満足度が異なる場合は，別々に記入する。

●息子からの支援が難しい認知症の老夫婦

女性・86歳

要介護度：3

認知症：Ⅱb

ケース概要

85歳の認知症（認知度Ⅱｂ，要介護２）の夫と２人暮らし。昨年３月に民生委員から地域包括支援センターに「認知症の夫婦がごみを片付けられずネズミが発生し，困っている」と相談があった。行政福祉担当者，地域包括支援センター，社会福祉協議会の職員の介入によって，足の踏み場がない状況からごみなどの不要物を処分すると共に，掃除をして人の出入りが可能になり，約１年が経過した。

本人は買い物や調理が大好きだったが，認知症の進行により，家事全般に支援が必要になってきている。夫に対し気にいらないことがあると暴言を吐き，夫は困っている。いつもと違うことがあると落ち着かなくなり，頻繁に遠方に住む次男に電話をする。その都度，次男から電話で介護支援専門員に細かく要求があり，関係者が連携して支援している。

○年４月24日

<table>
<tr><th>利用者</th><td>E</td><th>性別</th><td>女性</td><th>生年月日</th><td>○年○月○日</td></tr>
<tr><th>相談内容</th><td colspan="5">本人：最近は体力がなくなり，いろいろなことができなくなってきた。買い物に行きたいが，一人で行くのは心配。食事を作るのが億劫になってきたので，手伝ってもらいたい。夫とこの家で過ごしたい。施設に入っている長男に会いに行きたい。</td></tr>
<tr><th>生活歴・
生活状況</th><td colspan="3">大学卒業後，Ｎ市に移り住み，私立高校の教師をしていた。28歳で結婚し，30歳で第１子，34歳で第２子を出産。出産後も仕事を続け，60歳で退職した。退職後は趣味の書道，絵手紙などを楽しんでいた。</td><td colspan="2">〔家族状況〕
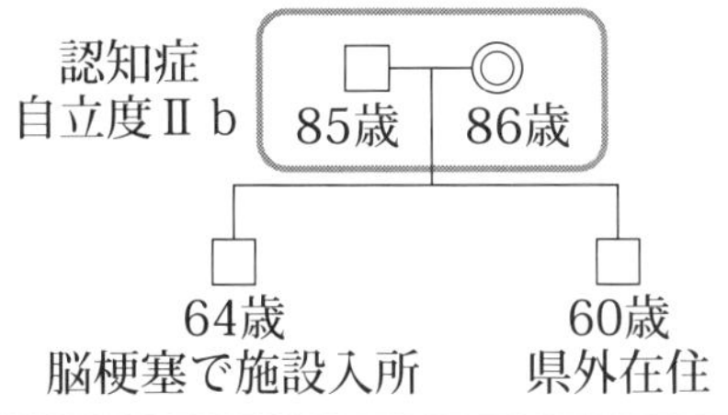
</td></tr>
<tr><th>健康状態</th><td colspan="5">主病名：アルツハイマー型認知症，高血圧症
既往歴：不明
症状，痛み：短期記憶障害著明，物盗られ妄想，夫に対する暴言，時々腰痛の訴えあり。
血圧は130～140／70～80mmHg。</td></tr>
<tr><th>ADL</th><td colspan="5">歩行は，時々ふらつきがあるが自立している。入浴は見守り，背部洗身時に介助が必要。排泄はリハビリパンツを使用し，トイレでの排泄動作は見守り。時々失禁がある。リハビリパンツの交換は介助が必要。更衣は見守り。</td></tr>
</table>

IADL	買い物や調理が大好きだったが，調理，掃除，洗濯ができなくなり，訪問介護員の介助を受けている。買い物は数カ月前までは一人で行けたが，家に戻ってこれなくなったことがあり，今は行っていない。次男が通帳を管理し，訪問時に３万円ずつ本人の財布に入れる。服薬は，毎回訪問介護員が手渡しで介助している。
コミュニケーション能力・認知	会話は可能だが，すぐ忘れて同じことを繰り返し話す。本人の話を否定すると興奮してしまう。視力，聴力は特に問題ない。
社会とのかかわり	以前は近隣住民と仲が良かったが，ごみやネズミの件でもめてからは，かかわりを持っていない。民生委員や地域包括支援センター職員が必要時に訪問している。親戚とも疎遠。
排尿・排便	尿意はあるが，時々リハビリパンツ内で失禁する。自分でトイレへ行くが，うまくできず，床などを汚してしまうこともある。
褥瘡・皮膚・清潔	デイサービスで週１回入浴介助を受けている。皮膚は乾燥気味。
口腔衛生	歯磨きは自分で行うが，十分ではなく確認が必要である。
食事摂取	食事は訪問介護員の支援と配食サービスを利用している。夫が２人分食べてしまうことがあり，補食にアイスクリームを摂取している。
BPSD	夫に対して暴言あり。履いていたリハビリパンツを玄関に重ねて置くことがある。「家に誰か知らない人がいて，冷蔵庫の物を持っていった」などの物盗られ妄想がある。
介護力	長男は，脳梗塞の後遺症で右片麻痺があり，施設に入所中。 次男は県外に住み，月３～４回日帰りで訪問している。両親の認知症を受け入れられず，まだ２人での生活を続けてほしいと考えている。
居住環境	訪問介護員が毎日掃除をしているが，物が多く，すぐ散乱してしまう。最近，コンセントから煙が出ているのを訪問介護員が発見した。
特別な状況	なし

居宅サービス計画書（1）

作成年月日　○年４月24日

初回・紹介・継続　　認定済・申請中

利用者名　E　様　　生年月日　○年○月○日　　住所　N市○○区○○町

居宅サービス計画作成者氏名　Y

居宅介護支援事業者・事業所及び所在地　K居宅介護支援事業所　N市○○区○○町

居宅サービス計画作成（変更）日　○年４月24日　　初回居宅サービス計画作成日　○年４月17日

認定日　○年４月20日　　認定の有効期間　○年５月１日　～　○年４月30日

要介護状態区分	要支援　・　要介護１　・　要介護２　・　要介護３　・　要介護４　・　要介護５
利用者及び家族の生活に対する意向	本人：最近体力がなくなって，いろいろできなくなってしまった。食事を作るのも億劫で困るが，できることは自分でやっていきたい。夫の世話も十分にできないが，家で一緒に過ごしたい。長男に会いたい。 夫　：妻が家のことができなくなり，急に怒り出すこともあり，困っている。ずっとこの家で暮らしたい。 次男：２人で生活しているので心配。週１回くらいは時間をつくって来るようにしたい。母は困るとすぐに電話をしてくる。離れていて状況が分からないことが多いので，こちらから連絡した時にはすぐに対応してほしい。兄は施設にいるので心配ないが，月１回は訪問するようにしている。
介護認定審査会の意見及びサービスの種類の指定	なし
総合的な援助の方針	①定期的に外出し，自分でできることを続けて，心身機能が低下しないようにしましょう。 ②夫と２人で穏やかにできる限り長く自宅で生活できるよう，近隣住民の協力も得ながら支援していきます。 ③遠方に住む次男の心配が減るように，サービス提供時の状況や対応を定期的にメールで報告し，関係者で連絡を取り合って対応します。 緊急時の連絡先：次男　○○○－○○○○－○○○○ 緊急時の対応：N医院（N医師）　○○○－○○○－○○○○
生活援助中心型の算定理由	１．一人暮らし　２．家族が障害，疾病等　３．その他（　　）

居宅サービス計画書（2）

利用者名　E　様　　　　作成年月日　○年４月24日　　No. 1

生活全般の解決すべき課題（ニーズ）	目標				援助内容					
	長期目標	期間	短期目標	期間	サービス内容	※1	サービス種別	※2	頻度	期間
自分でできることを行い，夫と２人で自宅で過ごしたい。	夫と穏やかに２人暮らしを続けられる。	○.5 ～ ○.4	①衛生的な環境で，３食きちんと食べることができる。	○.5 ～ ○.10	訪問介護員と一緒に簡単な調理，ごみの分別などできることを行う			本人	適宜	○.5 ～ ○.10
					本人ができることを見つけて一緒に行う 調理，片付け，買い物 ごみの分別，掃除 環境整備，洗濯 おむつ交換，清潔援助，口腔ケア	○	訪問介護	A訪問介護事業所	毎日	
					昼食の配達，安否確認		配食サービス（市町村特別給付）	B配食サービス業者	毎日	
			②夫といつも穏やかに話ができる。	○.5 ～ ○.10	困ったことを相談する		家族	夫	随時	○.5 ～ ○.10
					病状管理，内服処方，療養に関する相談・指導		医療機関	N医院	１回/月	
					夫への態度や変化を観察（どのような状況が暴言になるのか） ２人の共通の話題を話す		家族	次男 全事業所	随時	
					服薬確認，状況報告，認知症状に合わせた精神的ケア	○	訪問介護	A訪問介護事業所	毎日	
					家族支援（認知症に対する情報提供）			地域包括支援センター	適宜	
					家族支援（次男との連絡）			全事業所	随時	
					相談，必要な調整，サービス提供者間の連携 次男への連絡窓口	○	居宅介護支援	K居宅介護支援事業所	随時	
					声かけ，見守り，状況変化時の連絡		地域	民生委員，近隣住人	随時	

※１　「保険給付対象かどうかの区分」について，保険給付対象内サービスについては○印を付す。
※２　「当該サービス提供を行う事業者」について記入する。

利用者名　E　様　　　　　作成年月日　○年４月24日　No. 2

生活全般の解決すべき課題（ニーズ）	目標				援助内容					
	長期目標	期間	短期目標	期間	サービス内容	※１	サービス種別	※２	頻度	期間
転ばないように生活したい。	転ばずに活動でき，これ以上心身機能が低下しない。	○.５〜○.４	③ふらつかずに歩くことができる。	○.５〜○.10	玄関の環境整備（門扉，玄関出入り口）	○	住宅改修	D福祉用具事業所	至急	○.５〜○.10
					上がり框を危険なく昇り降りできるよう手すり貸与 屋外移動用の歩行器貸与	○	福祉用具貸与	D福祉用具事業所	毎日	
					浴槽手すり購入，福祉用具の相談	○	特定福祉用具購入	D福祉用具事業所		
			④気持ち良く入浴ができる。	○.５〜○.10	入浴介助，皮膚の観察，通所介護の準備	○	訪問介護	A訪問介護事業所	２回/週	○.５〜○.10
					定期的な活動の場の提供（体操・レクリエーションへの参加） 体調チェック，入浴介助（入浴介助加算）	○	通所介護	Cデイサービスセンター	１回/週	
大好きな買い物など自分の行きたいところに外出できる。	買い物に外出し，自分の好きな物を選ぶことができる。	○.５〜○.４	⑤体調を崩さず外出できる。	○.５〜○.10	皮膚観察，診察，病状管理		医療機関	N医院	１回/月	○.５〜○.10
					長男の面会への同行		家族	次男	１回/月	
					服薬介助，外出介助（買い物）	○	訪問介護	A訪問介護事業所	１回/週	
					通院介助（次男が困難な時のみ院内介助は保険外）	○	訪問介護 家族	A訪問介護事業所 次男	１回/月	

※１　「保険給付対象かどうかの区分」について，保険給付対象内サービスについては○印を付す。
※２　「当該サービス提供を行う事業者」について記入する。

週間サービス計画表

利用者名　E　様　　　　作成年月日　○年４月24日

		月	火	水	木	金	土	日	主な日常生活上の活動
深夜	4：00								
早朝	6：00								
午前	8：00								起床，近隣者の見守り
		通所介護							朝食
	10：00		訪問介護	訪問介護	訪問介護　（買い物）	訪問介護	訪問介護	訪問介護	（月）９時デイサービスお迎え
									11時　配食サービス
午後	12：00								
									昼食（Ｂ弁当）
	14：00								
	16：00							次男訪問	（月）16時30分デイサービスより帰宅
		訪問介護	訪問介護	訪問介護	訪問介護	訪問介護	訪問介護		
夜間	18：00								夕食
	20：00								
深夜	22：00								就寝
	24：00								
	2：00								
	4：00								

週単位以外のサービス	福祉用具貸与：歩行器，手すり（Ｄ福祉用具事業所） 定期受診：Ｎ医院（１回/月）（通院介助：基本的には次男が対応し，次男が対応困難な場合はＡ訪問介護事業所）　民生委員の訪問

サービス担当者会議の要点

利用者名　E　様　　居宅サービス計画作成者氏名　Y　　作成年月日　○年４月24日

開催日　○年４月24日　　開催場所　利用者宅　　開催時間　10：00〜10：45　　開催回数　５回目

	所属（職種）	氏名	所属（職種）	氏名	所属（職種）	氏名
会議出席者	家族（夫）	E	Cデイサービスセンター （介護福祉士）	A	民生委員	T
	家族（次男）	E	D福祉用具事業所 （福祉用具専門相談員）	I	K居宅介護支援事業所 （介護支援専門員）	Y
	A訪問介護事業所 （介護福祉士）	A	地域包括支援センター （社会福祉士）	O	N医院 （主治医）（照会）	N
検討した項目	【要介護認定更新（要介護３）に伴う居宅サービス計画書の見直し】 １．本人の状態 ２．本人，家族の意向 ３．今後の支援 ①夫への暴言に対する対応 ②遠方の次男に対する支援（本人から次男への電話連絡が頻繁になっている。本人のできないことが増えているため，次男の不安に対する支援） ③外出支援について					
検討内容	１．（照会）N医師：認知症が進み，幻覚・妄想が激しく，生活全般に見守りや介助が必要な状態。何とか自宅で生活できているが，施設入所も検討した方がよい。認知症状が進み，買い物から帰宅できなくなってきたことをきっかけに外出の頻度が減り，最近腰痛を訴え，さらに活動量が減っている。夫に対する暴言や次男への電話も増えている。 ２．本人：「まだ何とか自分でできるから，この家にいたい」と言う。 夫：妻がすぐに怒るので困る。 次男：いずれは入所を考えているが，今はサービスを受けながら父親と自宅での生活を続けてほしい。 ３．居宅サービス計画書原案を基に検討する。 ①夫への暴言や混乱を少なくするためにはどう対応したらよいか。 ②次男が安心できるようにするにはどう支援したらよいか。サービス提供時の状況を定期的に報告したらどうか。 ③外出や活動の機会を増やすためにどう支援するか（自宅環境の整備，デイサービスの追加，訪問介護員との買い物，長男の面会など）。					
結論	１．２．認知症の症状の進行，腰痛による活動量の低下に対する支援を行い，自宅で夫と穏やかに過ごせるように支援していく。 ３．①夫への暴言に対する対策：夫への態度が変化する状況を把握し，暴言が生じる原因を探る。２人の共通の話題で会話をするように心がける。夫と離れる時間をつくる（定期的な外出，近隣住民との会話）。近隣者には次男と民生委員が一緒に協力をお願いする。 ②次男の不安が軽減するように，各サービス事業所が週に１回，メールで状況報告をする。月１回の受診時は次男が受診介助し，主治医からの説明をきちんと聞く（ただし，次男の都合がつかない場合は訪問介護員が介助する）。 ③玄関と浴室の環境整備（手すり設置）を早急に行う。外出用の歩行器を試用してみる。 週１回（月）のデイサービスを休まないように促し，１カ月様子を見て，慣れてきたら週２回へ増やす。 週１回（木）訪問介護員の介助で近所のスーパーへ買い物に行く（その日の歩行状態を見て，歩行器を使用する）。 週２回（水・金）浴室の環境が整ったら，訪問介護員による入浴介助を行う。 次男が長男に面会する時には一緒に連れて行く。 ※その他のサービスは今までどおり，居宅サービス計画書を一部修正し，同意を得た。					
残された課題 （次回の開催時期）	デイサービス利用追加について，入所の時期について （５月27日15：00〜次男受診介助後）					

モニタリング総括表

利用者名　E　様

評価者：　Y
評価日：　○年５月27日

目標	時期	確認方法	目標の達成度 ○：達成 △：一部達成されず ×：達成されず	サービスの実施状況 ○：実施 △：一部実施されず ×：実施されず	サービスの満足度 ○：満足 △：一部不満足 ×：不満足	今後の対応 または 新しい生活課題	ケアプラン 修正の 有無／終了
①衛生的な環境で，３食きちんと食べることができる。	5/27	訪問	△：毎日訪問介護員訪問時に片付けるが，本人がいろいろなものを触り，室内が散乱していることが多い。	○：訪問介護 ○：配食サービス	○：本人 訪問介護員と一緒に家事をやれるようになった。	継続	無
②夫といつも穏やかに話ができる。	5/27	訪問	△：サービス提供時に暴言を吐くことは減っている。	○：訪問介護 ○：地域包括支援センター ○：次男 ○：近隣住民	○：本人 夫が何もやらないから怒れてくる。 △：夫 前よりも怒ることが減ってきてよかった。 ○：次男 皆が連絡してくれるので，２人の様子がよく分かるようになった。今日主治医にも認知症の症状について詳しく聞くことができた。支援に感謝している。	継続	無
③ふらつかずに歩くことができる。	5/27	訪問	△：手すりや歩行器を利用し安全に移動できている。ふらつきは減ったが，見守りは必要。	○：住宅改修 ○：福祉用具	○：本人 玄関は楽に昇り降りができるようになった。	継続	無
④気持ち良く入浴ができる。	5/27	訪問	○：浴室に手すりが設置され，訪問介護でも介助している。週３回は入浴できている。	○：通所介護 ○：訪問介護	○：本人 デイサービスは大きいお風呂で気持ちが良い。	デイサービスに慣れてきたので週２回へ増やしてみる。	デイサービス（月・金） （金）訪問介護なし
⑤体調を崩さず外出できる。	5/27	訪問	△：体調が良い時には訪問介護員と買い物に行くことができた。	○：医療機関 ○：次男 ○：訪問介護	○：本人 買い物に行けるようになってうれしい。	継続	無

・○，△，×で評価し，△，×の場合はその状況を簡潔に記入する。
・「目標」とは短期目標のことである（ただし，状況によっては長期目標でも可）。
・「サービスの実施状況」は，短期目標に位置付けられたすべてのサービスについて，プランどおり実施されているか評価する。
・「サービスの満足度」で，本人・家族で満足度が異なる場合は，別々に記入する。

●長期入院後，在宅療養を希望する老夫婦

男性・87歳

要介護度：3

認知症：Ⅱa

ケース概要

85歳の妻と２人暮らし。県外に住む長女は，２カ月に１度帰省する。３年前に脳梗塞を発症し，軽度の左片麻痺が残ったが，日常生活に大きな支障はなく生活できていた。昨年９月に大腿骨転子部骨折で入院し，リハビリ目的で転院。転院先のリハビリテーション病院（回復期リハビリテーション病棟）で誤嚥性肺炎を発症，認知機能の低下もあり，十分にリハビリ効果が出ないまま，本人の強い希望により在宅生活を開始することとなった。

○年３月28日

<table>
<tr><th>利用者</th><td>K</td><th>性別</th><td>男性</td><th>生年月日</th><td>○年○月○日</td></tr>
<tr><th>相談内容</th><td colspan="5">長女：私は県外に住んでおり，高齢の両親だけで生活している。母は父の世話は自分でやると言って頑張りすぎ，その結果体調を崩し，帯状疱疹になったり圧迫骨折を起こしたりしている。２人の生活を継続するには父が元気になり，自力でできることが増えてほしい。また，父は食べることが好きなので，誤嚥性肺炎を再発しないようにしてほしい。</td></tr>
<tr><th>生活歴・生活状況</th><td colspan="3">27歳で結婚。転勤の多い公務員であった。55歳で定年退職。退職後は，夫婦で海外旅行やカラオケを楽しんでいた。</td><td colspan="2">〔家族状況〕
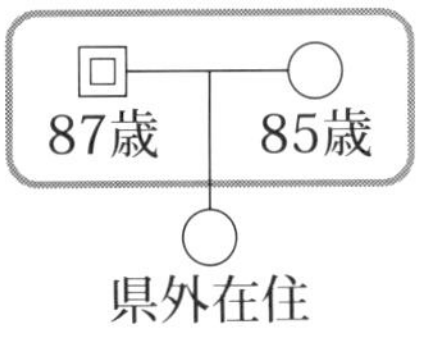</td></tr>
<tr><th>健康状態</th><td colspan="5">既往歴：胃がん（術後治癒），脳梗塞，前立腺がん（内分泌療法後経過観察中）</td></tr>
<tr><th>ADL</th><td colspan="5">起き上がり・移乗：見守り
歩行：室内は杖または歩行器
排泄：トイレ一部介助
入浴：入院中は職員が介助，更衣は妻が一部介助</td></tr>
<tr><th>IADL</th><td colspan="5">もともと，家事は妻がすべて行っていた。入院中の服薬は看護師が手渡していた。</td></tr>
<tr><th>コミュニケーション能力・認知</th><td colspan="5">構音障害があり，聞き取りにくいことがある。その場の思いを訴えることはできるが，すぐに忘れてしまい，同じことを繰り返し訴えることがある。
難聴はない。理解力は日によって変動がある。</td></tr>
</table>

社会とのかかわり	脳梗塞後，近所との交流は減っているが，勤務していた時の後輩が隣町から時々訪ねてくる。元気な時は，釣りやカラオケ・旅行を楽しんでいた。
排尿・排便	尿意・便意あり。見守りが必要。夜間は尿器を使用。日中はトイレまで手すりを伝って行くが，時々間に合わないことがあり，リハビリパンツを使用。
褥瘡・皮膚・清潔	一人で入浴するのは困難。入院前は妻の見守りでシャワー浴ができていた。 皮膚のトラブルはない。
口腔衛生	準備をすれば，自力で歯磨きができる。
食事摂取	一口大に切り，水分はとろみを付けている。むせが時々見られる。 栄養状態は問題ない。
BPSD	ない。短期記憶障害があり，同じことを何度も尋ねる。介護に対する抵抗はないが，認知機能が低下しており，複雑な指示は理解できない。
介護力	85歳の妻が主介護者。妻には年齢相応の物忘れや理解力の低下が見られ，帯状疱疹や圧迫骨折の既往がある。介護に意欲的ではあるが，介護の協力者がなく介護負担が大きい。 県外に住む長女は，２カ月に１度（５日間）帰省する。帰省時は妻の代行ができる。
居住環境	２階建ての持ち家。居室は１階，築40年で室内に段差がある。トイレは洋式で手すりが設置されている。
特別な状況	身体障害者手帳３級。年金は月25万円あり，経済的な問題はない。

居宅サービス計画書（1）

作成年月日　○年３月28日

初回・紹介・継続　　認定済・申請中

利用者名　K　様　　生年月日　○年○月○日　　住所　N市○○区○○町

居宅サービス計画作成者氏名　H

居宅介護支援事業者・事業所及び所在地　S居宅介護支援事業所　N市○○区○○町

居宅サービス計画作成（変更）日　○年３月28日　　初回居宅サービス計画作成日　○年３月28日

認定日　○年３月10日　　認定の有効期間　○年１月20日　～　○年１月31日

要介護状態区分	要支援　・　要介護１　・　要介護２　・　要介護３　・　要介護４　・　要介護５
利用者及び家族の生活に対する意向	本人：長く入院していたので，自宅でのんびり妻と過ごしたい。 妻　：夫がのんびり自宅で過ごしたいという気持ちは大切にしてあげたい。でも，自分も年だし，体力的にもきつくなっている。 介護は自分が頑張るが，夫も入院前ぐらいに動けるようになってほしい。 長女：県外に住んでいるので，２カ月に１度程度の帰省になる。帰省中は手伝うことができるが，普段は母が一人で介護するので大変そう。 父に自分の身の回りのことをできるようになってもらい，共倒れにならないようにしてほしい。
介護認定審査会の意見及びサービスの種類の指定	なし
総合的な援助の方針	誤嚥性肺炎を再発しないように飲み込みの練習を行っていきましょう。入院中に足腰が弱って自分で動くことが困難になっていますが，入院前の状況に戻せるように，支援していきます。 ご夫婦で仲良く過ごせるように，妻の体への負担が軽くなる方法を考えていきましょう。入院や施設に入所することなく生活できるように支援していきます。 緊急時連絡先：主治医（○クリニック）　○○○－○○○○ 長女（携帯）　○○○－○○○○－○○○○
生活援助中心型の算定理由	1．一人暮らし　　2．家族が障害，疾病等　　3．その他（　　　）

居宅サービス計画書（2）

利用者名　K　様　　　　作成年月日　○年３月28日　　No. 1

生活全般の解決すべき課題（ニーズ）	目標				援助内容					
	長期目標	期間	短期目標	期間	サービス内容	※1	サービス種別	※2	頻度	期間
自分の身の回りのことが一人でできるようになり，妻とのんびりした生活を続けたい。	月１回妻と外出できる。	○.4 ～ ○.9	①一人でトイレに行き，リハビリパンツに履き替えることができる。	○.4 ～ ○.6	訪問診療，病状管理，内服処方，療養相談・指導	○	居宅療養管理指導	Kクリニック	1回/月	○.4 ～ ○.6
					全身状態の観察 服薬状況の確認 ストレッチ，上下肢筋力増強訓練，移動歩行訓練，発声および生活動作訓練，自主トレ指導・確認 分かりやすい言葉で説明・繰り返し実施	○	訪問看護（看護師，理学療法士）	S訪問看護ステーション	3回/週	
			②1日3回足上げ訓練を行い，朝夕の新聞を門の新聞受けまで取りに行くことができる。	○.4 ～ ○.6	ストレッチ，下肢筋力増強訓練，移動歩行 理解できる説明の工夫 訓練，生活動作訓練	○	通所リハビリ（短期集中リハビリマネジメント加算）	Hデイケアセンター	2回/週	
					下肢訓練と声かけ，見守り，状況報告		本人 家族	本人 妻	3回/日	
					特殊寝台・特殊寝台付属品貸与 車いす・スロープ・歩行器貸与 手すり貸与	○	福祉用具貸与	O福祉用具事業所	毎日	
	誤嚥性肺炎を起こさずに過ごすことができる。	○.4 ～ ○.9	③むせずに食事がとれる。	○.4 ～ ○.6	食事摂取状況の観察・飲み込みやすい形態で食事を提供 食事前に嚥下訓練	○	通所リハビリ	Hデイケアセンター	2回/週	○.4 ～ ○.6
					呼吸状態の観察，食事内容・嚥下状況の確認 口腔ケア・口腔機能向上訓練の実施 本人・妻・長女への指導	○	訪問看護（看護師，理学療法士）	S訪問看護ステーション	3回/週	
					飲み込みやすい食事づくり，とろみ食の提供		家族	妻，長女	毎日	

※1　「保険給付対象かどうかの区分」について，保険給付対象内サービスについては○印を付す。
※2　「当該サービス提供を行う事業者」について記入する。

利用者名　K　様　　　　作成年月日　○年3月28日　　No. 2

生活全般の解決すべき課題（ニーズ）	目標				援助内容					
	長期目標	期間	短期目標	期間	サービス内容	※1	サービス種別	※2	頻度	期間
カラオケなどをして楽しい時間を過ごしたい。	同年代の人と昔話ができる。	○.4～○.9	④同じ趣味の人とカラオケを披露し，採点し合う。	○.4～○.6	カラオケ，創作活動などへの参加勧奨 脳リハビリ，精神活動活性化への働きかけ 回想療法，認知症予防療法	○	通所リハビリ	Hデイケアセンター	2回/週	○.4～○.6
体をさっぱりと清潔にしたい。	体を洗い，湯船につかることができる。	○.4～○.9	⑤週に2回入浴できる。	○.4～○.6	入浴介助	○	通所リハビリ	Hデイケアセンター	2回/週	○.4～○.6
					皮膚の観察・必要時シャワー浴介助	○	訪問看護（看護師）	S訪問看護ステーション	1回/週	
長女の帰宅時は，一緒に親子で外出をして昔のように楽しみたい。	認知症をこれ以上悪化させずに自宅で過ごせる。	○.4～○.9	⑥2カ月に1回は，妻や長女と外食ができる。	○.4～○.6	喫茶店巡り，お店探し		家族 本人	妻，長女 本人	適時	○.4～○.6
			⑦認知症カフェで同年代の人と話ができる。	○.4～○.6	認知症カフェへの参加		家族 本人	家族 本人	1回/月	○.4～○.6
					家族同士の交流		家族 本人	家族 本人	1回/月	
					認知症カフェ参加勧奨 相談支援	○	居宅介護支援	S居宅介護支援事業所	1回/月	

※1　「保険給付対象かどうかの区分」について，保険給付対象内サービスについては○印を付す。
※2　「当該サービス提供を行う事業者」について記入する。

週間サービス計画表

利用者名　K　様　　　　作成年月日　○年３月28日

		月	火	水	木	金	土	日	主な日常生活上の活動
深夜	4：00								
早朝	6：00								
午前	8：00								起床・朝食
	10：00								
午後	12：00		通所リハビリ		通所リハビリ				昼食
		訪問看護				訪問看護			
	14：00			訪問看護					
	16：00								
夜間	18：00								夕食
	20：00								
深夜	22：00								就寝
	24：00								
	2：00								
	4：00								

週単位以外のサービス	訪問診療：１回/月（Kクリニック） 福祉用具貸与：特殊寝台・特殊寝台付属品，車いす，手すり，スロープ，歩行器（O福祉事業所）

サービス担当者会議の要点

利用者名　K　様　　居宅サービス計画作成者氏名　H　　作成年月日　○年３月28日

開催日　○年３月28日　　開催場所　自宅　　開催時間　14：00～15：00　　開催回数　１回目

	所属（職種）	氏名	所属（職種）	氏名	所属（職種）	氏名
会議出席者	本人	K	O福祉用具事業所 （福祉用具専門相談員）	T	S居宅介護支援事業所 （介護支援専門員）	H
	家族（妻）	K	S訪問看護ステーション （管理者）	O	Kクリニック（看護師）	K
	Hデイケアセンター （管理者）	Y	同上（理学療法士）	I		

検討した項目	入院前・入院中の状態の共有 退院後の生活についての調整・居宅サービス計画書の内容についての検討 ＊本人，家族の思いと生活の目標，生活上のリスク，サービス提供時の留意事項などの確認
検討内容	①本人・妻の退院後の生活の希望：本人の希望に沿って，在宅生活が続けられる方法。 ②入院中の病状と療養上での医療的な問題：嚥下能力がやや低下していること，下肢の筋力低下が見られ，誤嚥や転倒事故のリスクがある。 ③認知症に伴う問題：リハビリに関する指示を覚えられないとのこと。同じことを繰り返して聞いてくることについての妻の精神的な負担について。
結論	居宅介護サービス計画書原案の内容で実施していく。 肺炎の再発防止については，誤嚥を防ぐために食事の形状の工夫やとろみ剤の使用，口腔機能向上訓練を実施。口腔ケアを実施することで予防する。 下肢筋力をつけるためのリハビリについては，本人が理解できるように分かりやすい言葉で繰り返し説明する。また，音楽をかけるなど楽しくできるように工夫する。 通院は家族の負担が大きいため，訪問診療を利用する。 認知症に関しては，妻と長女に基本的な知識を身につけてもらう。対応に困るようであれば，認知症家族教室への参加を勧める。 認知症カフェに参加したり，他者と交流したりすることで脳を活性化させ，認知症の進行を遅らせる。
残された課題 （次回の開催時期）	（次回更新時または新たな問題発生時）

モニタリング総括表

利用者名　K　様

評価者：　H
評価日：　○年４月27日

目標	時期	確認方法	目標の達成度 ○：達成 △：一部達成されず ×：達成されず	サービスの実施状況 ○：実施 △：一部実施されず ×：実施されず	サービスの満足度 ○：満足 △：一部不満足 ×：不満足	今後の対応 または 新しい生活課題	ケアプラン 修正の 有無／終了
①一人でトイレに行き，リハビリパンツに履き替えることができる。 ②１日３回足上げ訓練を行い，朝夕の新聞を門の新聞受けまで取りに行くことができる。	4/27 4/27	訪問 訪問	△：トイレが間に合わない時がある。パンツを下ろしたり上げたりする際に妻に手伝ってもらう。 △：１日２回は何とかできている。	○：居宅療養管理指導 ○：訪問看護 トイレを失敗する時の状態を確認する。 △：通所リハ	△：本人 トイレが間に合わない，腰をかがめてパンツを上げ下ろしするのは腰がつらい。	継続 居室からトイレまで歩行器を使用し，移動練習をする。 腰をかがめてパンツを上げ下ろしするリハビリメニューを実施。	無
③むせずに食事がとれる。	4/27	訪問	○：むせの増加はない。	○：通所リハ ○：訪問看護	○：本人 妻が一緒に口の体操をやってくれる。	継続 嚥下状態，全身状態観察を続ける。	無
④同じ趣味の人とカラオケを披露し，採点し合う。	4/27	訪問	△：自分の点数が低いとおもしろくない。	○：通所リハ	△：本人 歌いはじめが分からなくなる。	継続 カラオケの歌いはじめが分かるように職員が支援する。	無
⑤週に２回入浴できる。	4/27	訪問	○：職員が促すと嫌がるが，カラオケ仲間の誘いは拒否しない。	○：通所リハ 無理なく入浴できている。 ○：訪問看護	○：本人，家族 カラオケ仲間と一緒にお風呂に入るのは楽しい。	継続 利用者同士のつながりができ，今後は本人の役割が持てるように支援する。	無
⑥２カ月に１回は，妻や長女と外食できる。	4/27	訪問	○：長女の来訪を楽しみにしている。	○：家族	○：本人 何度も長女の来訪の確認の話をする。	継続	無
⑦認知症カフェで同年代の人と話ができる。	4/27	訪問	△：認知症カフェに１回行った。初めてで緊張気味だが，楽しかったと話す。	○：本人 ○：家族	○：本人 来月も参加したいと笑顔を見せる。	継続	無

・○，△，×で評価し，△，×の場合はその状況を簡潔に記入する。
・「目標」とは短期目標のことである（ただし，状況によっては長期目標でも可）。
・「サービスの実施状況」は，短期目標に位置付けられたすべてのサービスについて，プランどおり実施されているか評価する。
・「サービスの満足度」で，本人・家族で満足度が異なる場合は，別々に記入する。

左片麻痺で閉じこもりがちな男性

男性・87歳

要介護度：3

認知症：Ⅰ

ケース概要

妻と２人暮らしで，近所に長男家族が住んでる。84歳の時に脳梗塞を発症し，左片麻痺となる。転倒したことが原因で外出に消極的となる。まずは，外出の機会をつくることからと，近くのスーパーに行き買い物できることを目標にしてリハビリを頑張っている。

○年３月20日

利用者	H	性別	男性	生年月日	○年○月○日
相談内容	本人：病気になるまでは，車を運転して100坪ある畑に行き，野菜を作るのが楽しみだった。２年間デイケアに通って頑張ってきた。もっと回復して近くのスーパーまで行けるようになりたいし，ひ孫を遊園地に連れて行ってもやりたい。 妻：介護もするが，今まで続けてきたダンスは続けていきたい。				
生活歴・生活状況	60歳まで公務員として働いていた。定年後も嘱託職員として65歳まで働いた。近所との交流はあまりなかった。	〔家族状況〕 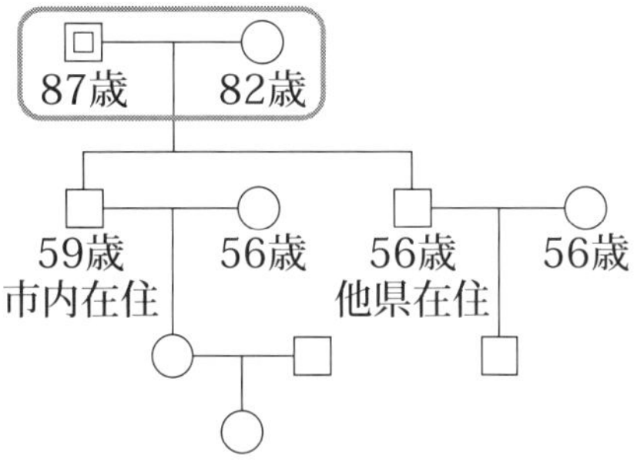 			
健康状態	77歳の時，前立腺肥大症。84歳の時に左肺がんにて手術をする。早期がんのため，現在は経過観察のみ。術後に脳梗塞を発症し，左片麻痺となる。				
ADL	寝返り・起き上がり・移乗：自立 歩行：室内はつかまりながら杖歩行にて可能。外は車いすを使用。 着衣：妻がボタンをとめたり袖を通したりして介助している。 入浴：デイケアや妻の介助で自宅で入浴している。 排泄：尿意なく失禁。常時紙パンツ使用。				
IADL	家事一般は妻がしている。 金銭管理：本人 服薬状況：妻がシートから出して手渡ししている。				

コミュニケーション能力・認知	意思伝達：良好　視力：めがねをかければ新聞などは読める。 聴力：良好 感情失禁があり，涙ぐむことが多い。
社会とのかかわり	公務員として働いていた時の友人とは，片麻痺になってからは付き合っていない。今は，４歳のひ孫と一緒に遊ぶことが唯一の楽しみ。
排尿・排便	尿道狭窄。定期的に泌尿器科を受診し，処置を行っている。尿意がなく失禁するため，紙おむつを使用。誘導しても尿漏れがあり，紙おむつの交換やズボンの上げ下げに介助が必要。便意はある。排便はトイレで行えるが，後始末ができているか確認が必要である。
褥瘡・皮膚・清潔	定期的に入浴しているが，左片麻痺があり，十分に洗身できず介助が必要。
口腔衛生	１日１回，妻が義歯を洗浄している。食後にうがいをすることはできる。
食事摂取	水分摂取は，あわてるとむせ込むため，ゆっくり摂取するように妻が声かけしている。外食に誘うが，本人が乗り気でないため，妻が作った食事を食べている。セッティングすれば右手で摂取できるが，見守りが必要。
BPSD	なし
介護力	主介護者は妻。病院受診は，近所に住む長男の妻が協力してくれる。
居住環境	持ち家。退院時に玄関アプローチに手すりを設置済み。
特別な状況	身体障害者手帳３級

居宅サービス計画書（1）

作成年月日　○年３月20日

初回・紹介・継続　　認定済・申請中

利用者名　H　様　　生年月日　○年○月○日　　住所　N市○○区○○町

居宅サービス計画作成者氏名　K

居宅介護支援事業者・事業所及び所在地　N居宅介護支援事業所　N市○○区○○町

居宅サービス計画作成（変更）日　○年３月20日　　初回居宅サービス計画作成日　○年12月25日

認定日　○年３月15日　　認定の有効期間　○年４月１日　～　○年３月31日

要介護状態区分	要支援　・　要介護１　・　要介護２　・　要介護３　・　要介護４　・　要介護５
利用者及び家族の生活に対する意向	本人　：近所のスーパーまで杖で行けるようになりたいと思っているが，転倒が心配で車いすを使っている。最初は病気のことが心配だったが，ひ孫を遊園地に連れて行ってやりたいので，まずは，スーパーまで行けるようになりたい。 妻　：リハビリのおかげで少しずつ元気になってきたように感じる。リハビリを続けてひ孫と外出できるようになってほしい。私自身は週２回の習い事（ダンス）を続けていきたい。 長男の妻：義父・義母が家で元気で楽しく過ごしてほしいと思っている。ひ孫をかわいがってくれるので，一緒に外出できるようになってほしい。
介護認定審査会の意見及びサービスの種類の指定	なし
総合的な援助の方針	脳梗塞の後遺症で左片麻痺。転倒したのをきっかけに外出の機会が減っているようです。脳梗塞が再発したり前立腺肥大症が悪化しないように健康管理をしていきましょう。 奥様と近所のスーパーへ買い物に行くことやひ孫さんとの外出が実現するように支援していきます。 緊急連絡先：長男（携帯）　○○○－○○○○－○○○○ 主治医（M内科）　○○○－○○○○－○○○○
生活援助中心型の算定理由	1．一人暮らし　2．家族が障害，疾病等　3．その他（　　）

居宅サービス計画書（2）

利用者名　H　様　　　作成年月日　○年3月20日　　No. 1

生活全般の解決すべき課題（ニーズ）	目標 長期目標	期間	短期目標	期間	援助内容 サービス内容	※1	サービス種別	※2	頻度	期間
孫を遊園地に連れて行きたい。	近所のスーパーに歩いて行ける。	○.4 〜 ○.9	①自宅の周囲を杖を使いながら2周できる。	○.4 〜 ○.7	個別リハビリ／転倒防止，下肢筋力の維持 上肢のバランスの取れた歩行訓練 拘縮予防のためのリハビリ 自主トレメニューの提案・評価	○	通所リハビリ	Hデイケアセンター	2回/週	○.4 〜 ○.7
			②室内の移動時に転倒することなく生活できる。	○.4 〜 ○.7	室内移動時の動作確認と動作訓練 動き方の指導，自主トレチェック 玄関から外に出る動作指導，デイケアの作業療法士，言語聴覚士との連携	○	訪問看護	R訪問看護ステーション	1回/週	○.4 〜 ○.7
					特殊寝台・特殊寝台付属品貸与／ 起居動作時の使用方法の確認・指導・相談	○	福祉用具貸与	T福祉用具事業所	毎日	
これ以上病気の事で気持ちが落ちこむことがないようにしたい。	脳梗塞の再発や前立腺肥大症等の病気が悪化せず生活できる。	○.4 〜 ○.9	③身体の異変を訴えることができる。	○.4 〜 ○.7	病状管理，治療・処置，内服処方，療養相談・指導	○	主治医	K医院	1回/月	○.4 〜 ○.7
					服薬管理，生活指導，病状管理 主治医との連携，介護相談・指導	○	訪問看護	R訪問看護ステーション	1回/週	
					忘れずに服薬する，服薬の見守り・介助		本人 家族	本人 家族	毎日	
					通院介助 車いす（通院および長時間外出）貸与	 ○	家族 福祉用具貸与	妻，長男の妻 T福祉用具事業所	1回/月	
			④身体を清潔に保て，皮膚トラブルを起こさない。	○.4 〜 ○.7	入浴・更衣時介助，皮膚の観察	○	通所リハビリ	Hデイケアセンター	2回/週	○.4 〜 ○.7
					紙パンツの交換 排泄後の後始末の確認・介助，入浴介助		家族	妻	必要時	

※1　「保険給付対象かどうかの区分」について，保険給付対象内サービスについては○印を付す。
※2　「当該サービス提供を行う事業者」について記入する。

利用者名　H　様　　　　作成年月日　○年3月20日　No. 2

生活全般の解決すべき課題（ニーズ）	目標				援助内容					
	長期目標	期間	短期目標	期間	サービス内容	※1	サービス種別	※2	頻度	期間
	妻や孫と外で食事を楽しむことができる。	○.4～○.9	⑤むせ込まずに食事がとれ，誤嚥性肺炎を起こさない。	○.4～○.7	言語聴覚士による嚥下リハビリ 食後の口腔ケア 本人・家族への指導，自主トレメニューの提案・評価	○	通所リハビリ	Hデイケアセンター	2回/週	○.4～○.7
					ゆっくりを意識した食事の摂取，うがいの実施		本人	本人	3回/日	
					義歯の洗浄，うがいの準備		家族	妻	必要時	
			⑥必要な情報を収集できる。	○.4～○.7	介護・社会資源などの情報提供，各担当者との連携	○	居宅介護支援	N居宅介護支援事業所	1回/月	○.4～○.7

※1　「保険給付対象かどうかの区分」について，保険給付対象内サービスについては○印を付す。
※2　「当該サービス提供を行う事業者」について記入する。

週間サービス計画表

利用者名　H　様　　　　作成年月日　○年３月20日

		月	火	水	木	金	土	日	主な日常生活上の活動
深夜	4：00								
早朝	6：00								
									起床・朝食
午前	8：00								
	10：00	通所リハビリ			通所リハビリ	訪問看護			
午後	12：00								昼食
	14：00								
	16：00								
夜間	18：00								夕食
	20：00								妻の介助で入浴（デイケアのない日）
深夜	22：00								就寝
	24：00								
	2：00								
	4：00								

週単位以外のサービス	定期受診：１回/月（M内科）　福祉用具貸与：特殊寝台・特殊寝台付属品，車いす（T福祉事業所）

サービス担当者会議の要点

利用者名　H　様　　居宅サービス計画作成者氏名　K　　作成年月日　○年３月20日

開催日　○年３月20日　　開催場所　ご自宅にて　　開催時間　14：00～16：00　　開催回数　４回目

	所属（職種）	氏名	所属（職種）	氏名	所属（職種）	氏名
会議出席者	本人	H	T福祉用具事業所 （福祉用具専門相談員）	Y	主治医（書面にて）	K医師
	家族（妻）	Y	Hデイケアセンター （作業療法士）	T		
	家族（長男の妻）	H	N居宅介護支援事業所 （介護支援専門員）	K		

検討した項目	更新時のためのサービス担当者会議 現在の状況について情報共有を行う。また，新たなサービスの導入についての検討。
検討内容	現在の状況：通所リハビリを週２回利用しリハビリを行っている。左片麻痺があるため特殊寝台付属品の貸与によって起居動作時の自立につながっている。通院時は車いすを利用し，広い院内の移動は助かっている。ひ孫との関係も良好だが，本人の身体機能の維持と意欲の向上のために，次のサービス導入を検討する。 ①訪問看護を利用し，自宅内での動作確認や安全な動作を指導する。服薬時には誤嚥の恐れがあるため確認して行う。 ②通所リハビリでの嚥下リハビリに関して，導入の要否と目標設定について検討する。 ③主治医より意見：脳梗塞の後遺症により，左片麻痺と構音障害あり。転倒および誤嚥性肺炎の危険があるため，注意が必要。リハビリをすれば改善の可能性がある。
結論	①妻の介護負担の軽減，本人の病状管理（脳梗塞，前立腺肥大症について異常の早期発見に努める），服薬管理，自宅内でのリハビリ，主治医と連携して本人の状況をより理解してもらうために訪問看護の導入を提案し，妻から了承を得た。→４月より週１回利用予定。 ②むせ込みと軽度の構音障害がある。誤嚥性肺炎を予防し，妻とや孫と外で食事をすることに楽しみを見いだせるように，当面は通所リハで週１回言語聴覚士によるリハビリを行う。
残された課題 （次回の開催時期）	（特に問題がなければ次回更新時）

モニタリング総括表

利用者名　H　様

評価者：　K
評価日：　○年4月25日

目標	時期	確認方法	目標の達成度 ○：達成 △：一部達成されず ×：達成されず	サービスの実施状況 ○：実施 △：一部実施されず ×：実施されず	サービスの満足度 ○：満足 △：一部不満足 ×：不満足	今後の対応 または 新しい生活課題	ケアプラン 修正の 有無／終了
①自宅の周囲を杖を使いながら2周できる。	4/25	訪問	△：積極的にリハビリできている。塀までは杖で行けた。	○：通所リハビリ	○：本人 △：妻 孫が良い刺激になって頑張っているようだ。	少しずつ効果が出ているため，もう少し同じ内容で実施。	継続
②室内の移動時に転倒することなく生活できる。	4/25	訪問	△：転倒はしなかったが，ふらついて危ない時があった。	○：訪問看護 ○：福祉用具貸与	○：本人。 転倒は心配。	少しずつ効果が出ているため，もう少し同じ内容で実施。	継続
③身体の異変を訴えることができる。	4/25	訪問	○：妻の支援で薬を飲み，今のところ不調の訴えはない。本人も忘れないで服薬している。	○：主治医 ○：訪問看護 ○：妻 ○：福祉用具	○：本人 妻が気をつけてくれていてありがたい。 ○：妻 看護師からその都度指導をしてもらえるので，何とか忘れずに薬を飲んでもらえる。	訪問看護にて病状管理・服薬管理はできるようになってきているが，妻や本人に不安があるためサービスは継続する必要がある。	継続
④身体を清潔に保て，皮膚トラブルを起こさない。	4/25	訪問	○：入浴や紙パンツの交換は，介助を受けて実施。皮膚にトラブルはない。	○：通所リハビリ ○：妻	○：本人 入浴や紙パンツの交換を手伝ってもらえるので安心だが，自分でもできるようになりたい。 ○：妻 デイケアで必ず週2回入浴しているので，私は必要な日だけの入浴介助なので助かっている。	本人ができるところは見守りながら支援していく。 →デイケアと訪問看護に本人の意欲を伝える。	継続

・○，△，×で評価し，△，×の場合はその状況を簡潔に記入する。
・「目標」とは短期目標のことである（ただし，状況によっては長期目標でも可）。
・「サービスの実施状況」は，短期目標に位置付けられたすべてのサービスについて，プランどおり実施されているか評価する。
・「サービスの満足度」で，本人・家族で満足度が異なる場合は，別々に記入する。

モニタリング総括表

利用者名　H　様

評価者：　K
評価日：　○年４月25日

目標	時期	確認方法	目標の達成度 ○：達成 △：一部達成されず ×：達成されず	サービスの実施状況 ○：実施 △：一部実施されず ×：実施されず	サービスの満足度 ○：満足 △：一部不満足 ×：不満足	今後の対応 または 新しい生活課題	ケアプラン 修正の 有無／終了
⑤むせ込まずに食事がとれ，誤嚥性肺炎を起こさない。	4/25	訪問	△：まだむせ込むことがある。	○：通所リハビリ	○：本人 訓練をして少しは良くなっている。	言語聴覚士の嚥下リハビリを開始して，自主トレも提案してもらい，意欲向上につなげる。	継続
⑥必要な情報を収集できる。	4/25	訪問	○：情報は必要時収集できるようになっている。	○：居宅介護支援	○：本人・妻 その都度情報を提供してもらえるのでありがたい。		継続

・○，△，×で評価し，△，×の場合はその状況を簡潔に記入する。
・「目標」とは短期目標のことである（ただし，状況によっては長期目標でも可）。
・「サービスの実施状況」は，短期目標に位置付けられたすべてのサービスについて，プランどおり実施されているか評価する。
・「サービスの満足度」で，本人・家族で満足度が異なる場合は，別々に記入する。

●日中独居となる病識の低いパーキンソン病の男性

男性・63歳

要介護度：3

認知症：自立

ケース概要

弟と２人暮らし。弟は仕事のため，日中独居である。10年前にパーキンソン病と診断され，治療中（皮下への自己注射を含む）であるが，薬の飲み忘れや注射の打ち忘れが多い。３年前より医療保険で訪問看護を利用していた。自宅には浴室がなく銭湯を利用していたが，室内での転倒も増え，銭湯へ行くことができなくなった。介護保険で入浴サービスを希望している。

○年５月29日

利用者	M	性別	男性	生年月日	○年○月○日
相談内容	弟より相談。薬を飲み忘れることもあるが，薬を飲んだ後でもあまり動きがよくない。気ままな性格で，きちんと薬を飲むことができない。室内で転倒を繰り返している。自宅に浴室がないため銭湯に行っていたが，よく転倒するようになったため，銭湯での入浴が難しくなってきた。介護保険サービスを使って，入浴などができるようにしてほしい。				
生活歴・生活状況	パーキンソン病発症前は職を転々としており，１年続けば長い方であった。発症後は無職。20代で結婚，離婚。子どももはいない。離婚後，独身の弟と２人暮らし。賭け事が好きで，生活費まで使い込むこともあったが，最近は一人で出かけることが困難になったため，生活費がなくなるほど賭け事にお金を費やすことはない。	〔家族状況〕 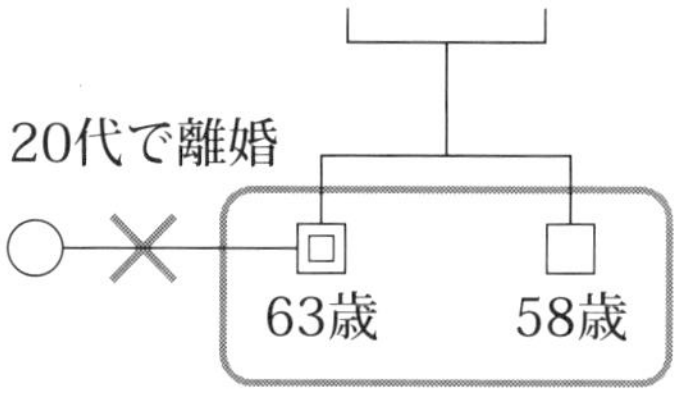			
健康状態	53歳ごろにパーキンソン病を発症。昨年より糖尿病にて皮下注射を１日３回自己注射している（忘れることが多い）。 糖尿病（発症時期は不明）は治療薬を内服しており，大きな低血糖発作は起こしたことはない。				
ADL	寝返り，起き上がりはつかまりながらゆっくり時間をかけて行う。調子が良い時は杖歩行が可能だが，１年ほど前から外出先で突然動けなくなることがあり，近所の人に助けられ，何とか帰宅することが数回あった。入浴は介助が必要。				
IADL	家事は同居している弟がすべて行っている。金銭は年金を自分で管理している。生活費は弟に渡している。 服薬に関しては無頓着なため，弟が１日分ずつセットしているが，飲み忘れが多い。				

コミュニケーション能力・認知	意思決定能力はあるが，構語障害があり，発語が不明瞭で言いたいことをうまくまとめてしゃべることができない。何を言いたいのか分からないことがある。
社会とのかかわり	趣味は競馬，麻雀。賭け事を通じての友人と今も付き合いがあり，馬券や競馬新聞を買ってきてもらったり，調子の良い時は一緒に買いに行ったりする。以前のように毎日一人で自由に外出できないため，ストレスがたまっている。
排尿・排便	排泄面は自立しているが，パーキンソン症状が強い時には間に合わないことがあるため，夜間はリハビリパンツを利用している。
褥瘡・皮膚・清潔	自宅に浴室がなく，訪問看護による清拭のみ。
口腔衛生	自立
食事摂取	調理は弟が行うが，糖尿病を考慮して作ることはできない。しかし，たくさん食べる方ではないので，特にカロリー制限の指示はない。昼食は，用意してあるものを自分で温めて食べている。水分は手の届くところに常に弟が用意しておいてくれる。
BPSD	日時や予定は十分理解し把握しているにもかかわらず，訪問看護サービス予定日に外出し，開始時間に不在であることが週に１回程度ある。
介護力	弟は就労しており，平日８～17時半は不在。２人で暮らしはじめてから，家事は全面的に弟が担ってきた。服薬管理以外の身体的な介護は行っていないため，今のところ介護負担の訴えはない。
居住環境	２階建ての弟の持ち家には，１階に居室，トイレがある。居住スペースには必要最小限のものしか置いていない。整然としているが，自宅内で転倒した時は，頭からガラスに突っ込み，顔面を打撲し，ガラスを破損した。弟が廊下に白線の目印をつけ，すくみ足を軽減させる工夫をしている。
特別な状況	パーキンソン病：ホーエンヤールⅢ度，生活機能障害度２度。特定疾患医療受給者証，身体障害者手帳，福祉給付金受給者証を持っている。介護保険サービス利用は自己負担額２万円まで可能。

居宅サービス計画書（1）

作成年月日　○年５月29日

初回・紹介・継続　　認定済・申請中

利用者名　M　様　　生年月日　○年○月○日　　住所　N市○○区○○町

居宅サービス計画作成者氏名　N

居宅介護支援事業者・事業所及び所在地　S居宅介護支援事業所　N市○○区○○町

居宅サービス計画作成（変更）日　○年５月29日　　初回居宅サービス計画作成日　○年５月29日

認定日　○年５月25日　　認定の有効期間　○年４月25日　～　○年10月31日

要介護状態区分	要支援　・　要介護１　・　要介護２　・　要介護３　・　要介護４　・　要介護５
利用者及び家族の生活に対する意向	本人：パーキンソン病で，薬が効いている時はある程度動けるが，あまり効かない時はすくみ足があり，足が前に出なくなって転倒してしまうこともある。リハビリを行って一人で外出できるようになりたい。銭湯に行けなくなったが，風呂には入りたい。 弟　：平日は仕事があるので兄は一人になってしまうが，最近よく転倒するので心配している。動けなくならないようにしっかり治療をしてほしい。薬もちゃんと飲んでほしい。一人での入浴は危ないので，介護保険サービスを使って入浴してほしい。
介護認定審査会の意見及びサービスの種類の指定	なし
総合的な援助の方針	①病状の悪化を防ぎ，自宅での生活を続けるために，服薬を指示どおり守っていけるよう支援させていただきます。 ②転倒回数を減らし，自宅内の移動がスムーズにできるよう工夫していきます。 緊急連絡先：D病院　○○○－○○○－○○○○ N医院　○○○－○○○－○○○○ 弟（携帯）　○○○－○○○○－○○○○
生活援助中心型の算定理由	1．一人暮らし　　2．家族が障害，疾病等　　3．その他（　　）

居宅サービス計画書（2）

利用者名　M　様　　　　作成年月日　○年５月29日　　No. 1

生活全般の解決すべき課題（ニーズ）	目標				援助内容					
	長期目標	期間	短期目標	期間	サービス内容	※１	サービス種別	※２	頻度	期間
病気になる前のようにいろいろな所に行って楽しみを見つけたい。	病気の進行・悪化を防ぐことができる。	○.６〜○.10	①薬の飲み忘れや自己注射忘れをなくすことができる。	○.６〜○.８	病状管理，内服処方 治療・療養指導	医	主治医	Ｄ病院 Ｎ医院	１回/月 １回/月	○.６〜○.８
					病状の観察・服薬管理（薬のセット・自己注射の確認など），食事摂取量の確認 身体の状態に関する不安の傾聴・助言 生活指導		訪問看護(医療)	Ｓ訪問看護ステーション	２回/週	
					通院介助・夜間休日の見守り・内服・自己注射への声かけ		家族	弟	随時	
					お薬カレンダーから取り出し，服用と自己注射する		本人	本人	３回/日	
	転倒することなく外出ができる。		②室内の移動がスムーズにできる。	○.６〜○.８	歩行訓練・上下肢筋力向上訓練・バランス訓練・室内の環境の評価・指導		訪問看護(医療) 理学療法士	Ｓ訪問看護ステーション	１回/週	○.６〜○.８
					マシンを使っての筋力向上訓練・歩行時の見守り・すくみ足時の声かけ （個別機能訓練加算Ⅰ）	○	通所介護	Ｔデイサービスセンター	２回/週	
銭湯に行けないが，湯船にゆっくりつかって身体を温めたい。	湯船につかって入浴ができ，身体を清潔にできる。	○.６〜○.10	③湯船をまたぎ，湯につかることができる。	○.６〜○.８	入浴介助／浴槽出入り時の見守り，必要時介助，傷など皮膚症状の観察	○	通所介護	Ｔデイサービスセンター	２回/週	○.６〜○.８
					デイサービスで入浴ができなかった場合の清拭		訪問看護(医療)	Ｓ訪問看護ステーション	２回/週	
友人と趣味の話をし，助けてくれている人にきちんとお礼を言いたい。	発語が明瞭になり，会話がスムーズにできる。	○.６〜○.10	④友人や介護者と話をする機会を増やす。	○.６〜○.８	麻雀などを通じての他利用者との交流の場を設定 口腔体操の指導，積極的なコミュニケーションやレクリエーションへの参加を促す	○	通所介護	Ｔデイサービスセンター	２回/週	○.６〜○.８

※１　「保険給付対象かどうかの区分」について，保険給付対象内サービスについては○印を付す。
※２　「当該サービス提供を行う事業者」について記入する。

週間サービス計画表

利用者名　M　様　　　　作成年月日　○年５月29日

		月	火	水	木	金	土	日	主な日常生活上の活動
深夜	4：00								
早朝	6：00								
									起床
午前	8：00	内服・自己注射の声かけ	内服・自己注射の声かけ	内服・自己注射の声かけ	内服・自己注射の声かけ	内服・自己注射の声かけ	内服・自己注射の声かけ	内服・自己注射の声かけ	朝食・弟出勤
		通所介護		通所介護					
	10：00								
午後	12：00								昼食
			訪問看護（医療）		訪問看護（理学療法士）（医療）	訪問看護（医療）			
	14：00								
	16：00								
									弟帰宅
夜間	18：00								
									夕食
	20：00								
深夜	22：00								就寝
	24：00								
	2：00								
	4：00								

週単位以外のサービス	定期受診：１回/月（D医院，N病院）

サービス担当者会議の要点

利用者名　M　様　　居宅サービス計画作成者氏名　N　　作成年月日　○年５月29日

開催日　○年５月29日　　開催場所　利用者宅　　開催時間　　開催回数　１回目

会議出席者	所属（職種）	氏名	所属（職種）	氏名	所属（職種）	氏名
	本人	M	S訪問看護ステーション（看護師）	B	Tデイサービスセンター（相談員）	E
	家族（弟）	N	S訪問看護ステーション（理学療法士）	C	N医院（在宅医／糖尿病管理医）（照会）	N
	S居宅介護支援事業所（介護支援専門員）	A	D病院（主治医／パーキンソン病の管理）（照会）	D		
検討した項目	①パーキンソン病の進行状況，今後の治療方針，注意点について。糖尿病の治療，留意点について。 ②現在の日常動作確認と今後のリハビリに必要な内容の検討，転倒防止について。 ③サービスを開始するに当たってのサービス計画書，原案の確認。					
検討内容	①主治医より今後の病状についての情報提供（書面にて）。 ②パーキンソン病で通院中。弟と２人暮らし。弟が仕事で不在の間は一人で過ごしているため，転倒が多い。病気によるADLの変動が大きい。医療保険の訪問看護で，服薬確認とリハビリを行っている。自宅に浴室がないため，弟が銭湯に連れて行っていたが，ここ１カ月は体調が悪く入浴できていない。デイサービスでの入浴を希望している。入浴時の安全な介助。訪問看護のリハビリに加え，デイサービスでも機能訓練を行うことができるため，S訪問看護ステーションと連携し歩行能力を向上させる。また，転倒の状況から，環境の評価も随時行うようにする。					
結論	①パーキンソン病の進行状況，治療方針を確認し，服薬確認，指導，リハビリを継続する。糖尿病についても，低血糖症状などの観察と食事摂取量などに注意する。転倒することなく外出ができることを目標にし，本人の思いを傾聴しながら，治療の必要性が理解できるように説明を続けていく。 ②デイサービスの利用を週２回開始。入浴時には転倒に注意。歩行訓練・転倒予防で個別機能訓練加算Ⅰを算定する。構語障害があることを念頭に置き，レクリエーション参加時にほかの利用者との交流がスムーズにできるようにサポートする。					
残された課題（次回の開催時期）	病状の進行状況，ADLの変動を確認，随時サービス内容の見直しを行う。					

モニタリング総括表

利用者名　M　様

評価者：　N
評価日：　○年6月27日

目標	時期	確認方法	目標の達成度 ○：達成 △：一部達成されず ×：達成されず	サービスの実施状況 ○：実施 △：一部実施されず ×：実施されず	サービスの満足度 ○：満足 △：一部不満足 ×：不満足	今後の対応または新しい生活課題	ケアプラン修正の有無／終了
①薬の飲み忘れや自己注射忘れをなくすことができる。	6/27	訪問	△：自己注射をしていないこともあり，看護師が指導した。弟が自己注射を支援している。	○：主治医 △：訪問看護 病識が低く，訪問日を忘れ不在があり，時間変更して再度訪問した。	○：本人 体の調子はよくないが，注射をしてない。	継続 自己注射の判断ができない。指導，観察を続けていく必要がある。	無
②室内の移動がスムーズにできる。	6/27	訪問	×：すくみ足が強く，歩行は不安定。室内で1回転倒，大きなけがにはならなかった。	△：訪問看護 △：通所介護 ○：家族	△：本人 夜中に立つ時に転んだ。	継続 理学療法士に起き上がり・立ち上がりの訓練やリハビリのメニューを考案してもらい，実施する。	無
③湯船をまたぎ，湯につかることができる。	6/27	訪問	○：デイサービスで入浴を実施している。	△：通所介護	○：本人	継続 自宅で入浴できないため，入浴は楽しみにしている。	無
④友人や介護者と話をする機会を増やす。	6/27	訪問	△：デイサービスでのレクリエーションに参加しているが，利用者と口論になることあり。	△：通所介護	△：本人 言いたいことがうまく言えないことがある。	継続 職員が様子を見ながら，利用者との間に入って意思疎通がスムーズになるように配慮する。 レクリエーション参加時の様子を確認するため，デイを訪問する。口腔体操を自ら行えるように，デイサービスで声かけをしてもらう。	無 無

・○，△，×で評価し，△，×の場合はその状況を簡潔に記入する。
・「目標」とは短期目標のことである（ただし，状況によっては長期目標でも可）。
・「サービスの実施状況」は，短期目標に位置付けられたすべてのサービスについて，プランどおり実施されているか評価する。
・「サービスの満足度」で，本人・家族で満足度が異なる場合は，別々に記入する。

男性・68歳

要介護度：3

認知症：Ⅱa

●独居だが，自宅での看取りを望む大腸がんターミナル期の男性

ケース概要

横行結腸がん末期による腸閉塞のため入退院を繰り返すが，たびたび治療を拒否し自己判断で退院していた。本人は病気の告知を受けており，今後の意向を確認すると，「自宅で死にたい」と訴えたため，独居での在宅看取りの態勢を整えることになった。

○年○月○日

利用者	M	性別	男性	生年月日	○年○月○日
相談内容	区役所より相談。ターミナル期であるが，病院生活を嫌がり２週間前に退院した。生活保護を受給しており一人暮らしであるが，在宅サービスを整えることで自宅での療養ができないか。				
生活歴・生活状況	地元の高校を卒業後，大学に進学。大学卒業後は，就職するが長続きせず，職を転々とする。現在は無職で生活保護を受けている。結婚歴はなし。兄弟とは音信不通。	〔家族状況〕  68歳 身寄りなし			
健康状態	66歳の時に横行結腸がんと診断され，告知を受ける。本人が拒否したため，治療は行われず。２年後，腸閉塞による嘔吐と腹痛のためM病院に入院。腫瘍による腸閉塞状態で，腸管破裂の恐れがあり，余後１～２カ月と診断されている。治療を拒否したため，嘔気・嘔吐，腹痛が続いている。				
ADL	下肢の浮腫が著明である。退院直後は伝い歩きで自宅内の移動はできていたが，現在自力での移動はできない。				
IADL	下肢の浮腫が著明で，移動が困難であるため，掃除や洗濯ができず，室内が散乱している。治療拒否の影響で内服の残薬が多くある。金銭は自分で管理できている。食事は準備すれば自立しているが，吐き気があり摂取は困難。買い物は訪問介護員に依頼。				
コミュニケーション能力・認知	会話は成立し理解できる。自分の思いどおりにならないことは拒否する。視力，聴力に問題はない。				
社会とのかかわり	家族とのかかわりはない（音信不通）。同じ集合住宅の中に友人が複数いて，面倒を見てくれる。				

排尿・排便	尿意・便意はある。完全な腸閉塞ではないため，下剤を使用し水様便になるよう調整している。水様便が頻回のため，衣服・シーツの汚染がたびたびある。尿は１日７回尿器で取っている。
褥瘡・皮膚・清潔	自宅に浴室がないために，入院前は２カ月間入浴していなかった。何とかお風呂に入れないかと思っている。
口腔衛生	吐き気もあり，不十分な部分がある。
食事摂取	食欲はあるが，食べると吐き気・嘔吐が出現する。狭窄部位に負担がかからないよう低残渣の補助栄養剤が処方されている。水分摂取はできる。
BPSD	入院中は治療や指導に対する拒否が強く，看護師に大声で怒ることがあった。自宅で過ごすためには在宅での医療が必要であることを説明し，理解を得ることができた。
介護力	独居。インフォーマルの支援で，同じ集合住宅に住む友人が交代で毎日訪問。日中は一人で過ごす時間があまりないように配慮している。
居住環境	４階建ての集合住宅の１階。浴室はない。車いすで移動しやすいように，出入り口にはスロープがある。
特別な状況	横行結腸がん末期（予後１～２カ月）。

居宅サービス計画書（1）

作成年月日　〇年4月10日

(初回)・紹介・継続　　　(認定済)・申請中

利用者名　M　様　　生年月日　〇年〇月〇日　　住所　N市〇〇区〇〇町

居宅サービス計画作成者氏名　K

居宅介護支援事業者・事業所及び所在地　M居宅介護支援事業所　N市〇〇区〇〇町

居宅サービス計画作成（変更）日　〇年4月10日　　初回居宅サービス計画作成日　〇年4月10日

認定日　〇年4月4日　　認定の有効期間　〇年3月16日　～　〇年3月31日

要介護状態区分	要支援　・　要介護1　・　要介護2　・　(要介護3)　・　要介護4　・　要介護5
利用者及び家族の生活に対する意向	本人：自分の命は長くないと思うので、自分のペースで過ごせない入院は嫌だ。自宅で死にたい。だんだん動けなくなってきたので、手伝ってもらえると助かる。知人に看取られて穏やかに最期を迎えたい。
介護認定審査会の意見及びサービスの種類の指定	なし
総合的な援助の方針	一人暮らしで、大腸がんによる腸閉塞やそれに伴うさまざまな危険がある中で、「自宅で死にたい」とのご本人の思いを支えるため、以下のように支援をしています。 ①病気のことで不安な時はいつでも相談ができ、また24時間連絡対応が可能な体制を整え、状態変化時に対応していきます。 ②体への負担を最小限にするために、嘔吐、嘔気、痛みの軽減に努めていきます。 ③一人暮らしの生活を多方面からサポートできるよう体制を整えていきます。知人の方々の協力で毎日交代でサポートをしていただきます。 緊急時連絡体制：M訪問看護ステーション　〇〇〇-〇〇〇〇-〇〇〇〇 　　　　　　　　M訪問診療　〇〇〇-〇〇〇〇-〇〇〇〇 　　　　　　　　M居宅介護支援事業所　〇〇〇-〇〇〇〇-〇〇〇〇 　　　　　　　　生活保護担当者　〇〇〇-〇〇〇〇-〇〇〇〇
生活援助中心型の算定理由	1．(一人暮らし)　　2．家族が障害、疾病等　　3．その他（　　　　）

居宅サービス計画書（2）

利用者名　M　様　　　　作成年月日　○年4月10日　　No. 1

生活全般の解決すべき課題（ニーズ）	目標				援助内容					
	長期目標	期間	短期目標	期間	サービス内容	※1	サービス種別	※2	頻度	期間
急激に体調を崩しても再入院しないで自宅で友人に看取られたい。	痛みや苦痛がなく，自宅で療養生活が送れる。	○.4 〜 ○.10	①嘔気・嘔吐，腹痛などの症状が少しでも軽減する。	○.4 〜 ○.6	病状管理，処方 24時間対応 疼痛管理・療養指導	○	居宅療養管理指導	M診療所	1回/週〜必要時	○.4 〜 ○.6
					緊急時連絡体制 医療連携 病状・服薬管理と指導，苦痛の緩和，精神的支援	医	訪問看護	M訪問看護ステーション	5回/週〜緊急時	
					臥床時の安楽／特殊寝台・特殊寝台付属品 床ずれ防止用具	○	福祉用具貸与	R福祉用具事業所	毎日	
					安否確認・内服確認 水分・栄養の補給	○	訪問介護	A訪問介護事業所	3回/日	
					安否確認，精神的支援（インフォーマルサービス）		同じ住宅の友人	友人	毎日交代で対応	
			②急変時に必要な対応を受けられる。	○.4 〜 ○.6	急変時の対応／連絡と体制の確認		全関係機関	全関係者	緊急時	○.4 〜 ○.6
			③気持ち良く，さっぱりと過ごせる。	○.4 〜 ○.6	体調に合わせた保清，皮膚トラブルの予防	医	訪問看護	M訪問看護ステーション	5回/週	○.4 〜 ○.6
					清拭，足・手浴，陰部洗浄，おむつ交換更衣介助，口腔ケア，環境整備	○	訪問介護	A訪問介護事業所	3回/日	
					入浴介助，皮膚の観察	○	訪問入浴	B訪問入浴事業所	1回/週	
			④心配事や困り事の相談ができる。	○.4 〜 ○.6	看取り後の対応 住宅大家との調整		その他	M区役所福祉課 社会福祉士事務所	随時	○.4 〜 ○.6
					居宅支援（サービス調整，知人との調整，医師との連携，サービス提供者間の連携および情報共有，急変時関係機関への連絡）	○	居宅介護支援	M居宅介護支援事業所	1回/月〜緊急時	

※1　「保険給付対象かどうかの区分」について，保険給付対象内サービスについては○印を付す。
※2　「当該サービス提供を行う事業者」について記入する。

週間サービス計画表

利用者名　M　様　　　　　　作成年月日　○年４月10日

		月	火	水	木	金	土	日	主な日常生活上の活動
深夜	4：00								
早朝	6：00								
									起床，おむつ交換，栄養補給
午前	8：00	訪問介護	訪問介護	訪問介護	訪問介護	訪問介護	訪問介護	訪問介護	口腔ケア，水分補給
	10：00								
		訪問看護（医療）	訪問看護（医療）	訪問看護（医療）	訪問看護（医療）	訪問看護（医療）	訪問介護	訪問入浴	おむつ交換，栄養補給
午後	12：00						訪問診療		清潔援助
	14：00								
	16：00								
		訪問介護	訪問介護	訪問介護	訪問介護	訪問介護	訪問介護	訪問介護	おむつ交換
夜間	18：00								口腔ケア，水分補給
									栄養補給
	20：00								
		訪問介護	訪問介護	訪問介護	訪問介護	訪問介護	訪問介護	訪問介護	おむつ交換
深夜	22：00								水分補給，栄養補給
									就寝
	24：00								
	2：00								
	4：00								

週単位以外のサービス	居宅療養管理指導（Mクリニック）　緊急時連絡体制：M訪問看護ステーション（医療保険） 福祉用具貸与：特殊寝台・特殊寝台付属品，床ずれ防止用具（R福祉用具事業所）　友人による交代での安否確認（インフォーマルサービス）

サービス担当者会議の要点

利用者名　M　様　　居宅サービス計画作成者氏名　K　　作成年月日　○年４月10日

開催日　○年４月10日　　開催場所　利用者宅　　開催時間　10：00〜10：30　　開催回数　１回目

会議出席者	所属（職種）	氏名	所属（職種）	氏名	所属（職種）	氏名
	本人	M	A訪問介護事業所 （サービス提供責任者）	H	M居宅介護支援事業所 （介護支援専門員）	K
	Mクリニック （主治医）	O	M福祉用具事業所 （相談員）	O	社会福祉士事務所 （保護担当）	R
	M訪問看護ステーション （管理者）	I	B訪問入浴事業所 （看護師）	B	友人	K，A，S
検討した項目	【新規サービス利用につき開催】 ①ターミナル期を在宅で過ごすための支援内容について，連携方法・留意点の確認。 ②緊急時連絡体制について。					
検討内容	①・食事をとることができなくなってきたため，主治医の治療方針を確認する。 ・状態確認と報告，本人の活動低下に伴う清潔援助，一人暮らしの中で環境を整えるため各事業所の訪問回数・サービス内容の確認 ②状態悪化時の連絡体制の検討（本人，友人からの連絡，サービス担当者からの連絡方法の確認） ③友人のかかわりの確認					
結論	主治医から現在の病状説明。「がんが進行しており，このまま栄養や水分がとれなければ代謝ができなくなり，死を迎えることになる」 ①・「点滴は受けたくない。家で死にたい」と本人の意思確認ができた。在宅で看取りを行うよう調整を進めていく。今後病状変化があれば，その都度意思確認が必要になるので，主治医・訪問看護師で本人に確認していく。 ・福祉用具（特殊寝台・特殊寝台付属品，エアマット），訪問介護（３回/日・安否確認，おむつ交換，水分と栄養補給，保清），訪問看護（５回/週・病状管理，精神的支援，保清，状況により回数を増やす），訪問入浴（１回/週），訪問診療（１回/週） 多職種がかかわるため，サービス担当者の共通ノートに得られた情報を記載し共有する。 ・休日に急変（死亡された）時の態勢を整える。 ・緊急連絡体制（訪問看護ステーション，主治医，居宅介護支援事業所（特定事業所）への連絡，社会福祉事務所の保護係への連絡） ②病状悪化の際は，M訪問看護ステーション，M診療所の順に連絡。死亡の際は，主治医が死亡確認後，社会福祉事務所（保護係）に連絡をする。 ③友人（３人）が交代で安否確認をしてくれるので，緊急時は主治医・看護師に連絡することを依頼する。 休日に亡くなった場合は，保護係に連絡できないため，介護支援専門員より保護係指定の葬儀業者へ連絡。					
残された課題 （次回の開催時期）	関係機関以外の友人への助言・フォロー					

モニタリング総括表

利用者名　M　様

評価者：　K
評価日：　○年４月27日

目標	時期	確認方法	目標の達成度 ○：達成 △：一部達成されず ×：達成されず	サービスの実施状況 ○：実施 △：一部実施されず ×：実施されず	サービスの満足度 ○：満足 △：一部不満足 ×：不満足	今後の対応 または 新しい生活課題	ケアプラン 修正の 有無／終了
①嘔気・嘔吐，腹痛などの症状が少しでも軽減する。	4/27	訪問	○：内服薬，経口摂取の内容・量を指導助言することで，嘔気・嘔吐は治まっている。	○：居宅療養管理指導 ○：訪問看護（医療） ○：訪問介護 ○：友人 ○：福祉用具貸与	○：本人 嘔気・嘔吐が治まり気分は良くなっている。昼は安心できるが，夜間に一人になることの不安がある。	日中は友人やスタッフの訪問があり，心身共に安定している。夜間一人になることの不安軽減については，主治医に相談する。	無
②急変時に必要な対応を受けられる。	4/27	訪問	○：全員で情報交換をし，身体状況について共通理解ができている。	○：全関係事業所	○：本人	継続	無
③気持ち良く，さっぱりと過ごせる。	4/27	訪問	○：週１回の訪問入浴で全身のリラックスと保清ができている。水様便であるが，定期的におむつ交換と陰部洗浄を行い，発赤などの皮膚トラブルもない。	○：訪問看護 ○：訪問介護 ○：訪問入浴	○：本人 久しぶりの入浴で，気持ちが良かった。週２回ほど入りたいなぁと思っている。	調子のよい時は，体調を見て，週２回に変更できるか主治医や関係者の意見を求め判断する。	無
④心配事や困り事の相談ができる。	4/27	訪問	○：複数の相談者を確保し，本人へ連絡方法を伝える。	○：高齢者福祉相談員 ○：居宅介護事業所	△：本人 夜間に連絡したい時はどうしたらよいのかな。	日常生活の不安には対応できないが，身体的な不安は24時間緊急連絡体制で対応していく。 医師↔看護師↔居宅介護支援で連絡	無

・○，△，×で評価し，△，×の場合はその状況を簡潔に記入する。
・「目標」とは短期目標のことである（ただし，状況によっては長期目標でも可）。
・「サービスの実施状況」は，短期目標に位置付けられたすべてのサービスについて，プランどおり実施されているか評価する。
・「サービスの満足度」で，本人・家族で満足度が異なる場合は，別々に記入する。

精神疾患を持ち，生活保護を受けて独居生活を送る男性

男性・65歳

要介護度：3

認知症：Ⅱa

ケース概要

20代後半に統合失調症を発症するまでは，家業を継いで仕事をし，兄の借金を返した。発症後は入退院を繰り返し，徐々に人格障害が進行。幻聴や妄想に支配されて行動することが多く見られた。20年ほど前に交通事故で脳挫傷を受傷し，高次脳機能障害もある。兄とは音信不通，親戚とは全く付き合いはない。現在のM病院の主治医が身元保証人になり，20年ほど前に現在の市営住宅に転居した。6年前までは週2回程度障害者総合支援法の訪問介護サービスを利用して自立した生活を送っていたが，徐々に一人で適切な買い物をすることなどが困難となり，室内の環境も整えられなくなったため，毎日訪問介護を受けることになった。

また，3年ほど前から薬をきちんと内服できているか定かでなく，訪問看護を導入することになった。近所からは奇異の目で見られており，町費を支払いに行っても受け取りを拒否されるなど，差別的な扱いを受けることもあった。そのため介護支援専門員が町費を一緒に払いに行ったり，近隣住民の中でも受容的に接してくれる人と連携したりして，インフォーマルな部分も含めて援助を行っている。

○年２月27日

利用者	S	性別	男性	生年月日	○年○月○日
相談内容	今までは障害者総合支援法の訪問介護サービスを受けてきたが，65歳になり介護保険制度への移行が必要になったため，ケアプランを立ててほしい。				
生活歴・生活状況	20代後半まで家業の肉屋を営んでいた。統合失調症を発症後は就労できず，入退院を繰り返す。介護保険制度などを利用し，何とか一人暮らしを続けている。			〔家族状況〕 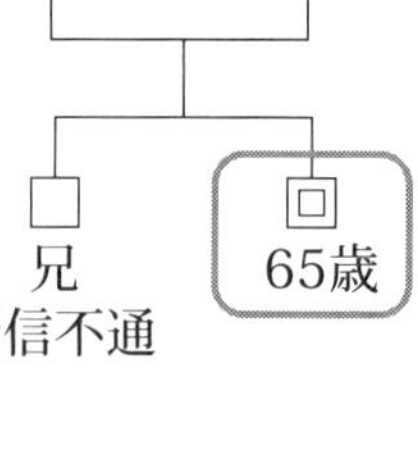	
健康状態	統合失調症，糖尿病，脳挫傷による高次脳機能障害。				
ADL	寝返り，起き上がりは自立。しかし，最近は立ち上がり動作に支障があり，かなり時間がかかるようになった。歩行状態も不安定で転倒しそうになるため，屋外では歩行器を使用。入浴は，介助を拒否するため自分で入っている。				

IADL	調理は訪問介護員が行う。本人は火の不始末を心配し，ガスは使用しない。買い物も自分で行けなくなり，訪問介護員に代行してもらっている。勘違いなどからお金を使いすぎることがあり，金銭管理も徐々にできなくなってきて，生活費が不足することもあった。服薬状況は，薬のセットを介助すると被害妄想に発展するために，内服したか否かを確認するにとどまっている。
コミュニケーション能力・認知	精神状態が落ち着いている時に，ゆっくり分かりやすく話をすれば理解はできる。思い込みが強く，妄想に発展しパニック状態になることも多い。被害妄想があり，常に「盗聴されている」「暴力団に狙われている」と思っているので，何度も警察に電話するほか，訪問介護事業所や介護支援専門員に何度も電話をするなどの確認行為がある。意思の疎通性はかなり悪くなっている。
社会とのかかわり	2，3年前まで精神科のデイケアに通っていたが，一人での通院が困難になりやめてしまった。近隣住民とは，ごみ出しなどを何度も確認するため，嫌がられて敬遠されている。介護スタッフ以外とのかかわりがほとんどない。
排尿・排便	尿失禁することが多いが，トイレで排泄している。便失禁はない。しかし，尿失禁を認めることができず，汚れた下着を洗濯しようとすると拒否することが多い。
褥瘡・皮膚・清潔	入浴は自分でしているが，体はあまりきれいではないことから，きちんと洗えていないと思われる。ひげや鼻毛も伸び放題になっていることが多い。褥瘡はなし。
口腔衛生	総義歯で，自分で手入れをしている。しかし，最近はほとんど義歯を入れずに食事を摂取している。
食事摂取	自分で箸やスプーンを使って摂取できる。調理はすべて訪問介護員が行い，準備をしていく。口渇があるため，お茶を沸かしておくと1日1,500mLほど水分をとっている。むせはない。
BPSD	被害妄想
介護力	身寄りがなく一人暮らし。
居住環境	市営住宅の1階に住んでいる。室内にはほとんど段差はない。トイレと浴室には段差があるが，自分で気をつけて乗り越えている。雑然としているが，片付けると被害的になるため，福祉用具も使用できない環境。
特別な状況	精神障害者保健福祉手帳，生活保護 担当の保護ワーカーの指示には，従うことができる。

居宅サービス計画書（1）

作成年月日　○年３月27日

初回・紹介・継続　　認定済・申請中

利用者名　S　様　　生年月日　○年○月○日　　住所　M市○○町

居宅サービス計画作成者氏名　M

居宅介護支援事業者・事業所及び所在地　M居宅介護支援事業所　M市○○町

居宅サービス計画作成（変更）日　○年４月１日　　初回居宅サービス計画作成日　○年３月27日

認定日　○年３月25日　　認定の有効期間　○年３月１日　～　○年３月31日

要介護状態区分	要支援　・　要介護１　・　要介護２　・　要介護３　・　要介護４　・　要介護５
利用者及び家族の生活に対する意向	本人：施設には絶対に入らない。死ぬまで今の住まいで頑張る。今までどおり訪問介護員や看護師に来てもらいたい。病院が遠くて通院ができなくなってきたが，長年の主治医を変えると調子が悪くなるので，介護タクシーを利用して受診したい。
介護認定審査会の意見及びサービスの種類の指定	なし
総合的な援助の方針	体調を崩して入院とならないように，治療を継続し主治医の指示に従い，ご自分で薬を管理できるように支援します。 心配事や困り事などについてご本人の希望を確認し，担当ワーカーや主治医，ご近所の方々などと相談して支援します。 近隣住民に理解していただけるように，区役所・保健所・地域包括支援センターなどと連携して支援します。 緊急連絡先：M区役所保護係　A様　○○○－○○○－○○○○ M病院　精神科　○○○－○○○－○○○○（救急対応受け入れ可）
生活援助中心型の算定理由	１．一人暮らし　２．家族が障害，疾病等　３．その他（　　）

居宅サービス計画書（2）

利用者名　S　様　　　　作成年月日　○年３月27日　　No. 1

生活全般の解決すべき課題（ニーズ）	目標 長期目標	期間	短期目標	期間	援助内容 サービス内容	※1	サービス種別	※2	頻度	期間
生活環境を整えて自分のリズムをつくりたい。	毎日の生活のパターンを守ることができる。	○.4〜○.9	①家の中を汚さずに過ごすことができる。	○.4〜○.6	掃除をする時に声掛けをして，一緒に整頓をする。本人のこだわりに支障のない程度に室内清掃をする。トイレ・台所の清掃をする 所定の場所にごみを捨てる	○	共生型訪問介護 本人	M訪問介護事業所 本人	毎日	○.4〜○.6
			②ごみ出しが自分でできる。	○.4〜○.6	歩行器貸与 ごみ出しなど外出時の転倒を防止する	○	福祉用具貸与	P福祉用具事業所	毎日	○.4〜○.6
					ロコモ体操などを行い，足腰を強くする		本人	本人	適宜	
					体操の指導，生活リハビリの助言		訪問看護（医療）	M訪問看護ステーション	１回/週	
			③体を清潔にできる。	○.4〜○.6	２日に１回入浴する		本人	本人	適宜	○.4〜○.6
					更衣の声かけ，一緒に洗濯をする	○	共生型訪問介護	M訪問介護事業所	３回/週	
			④月に１回床屋へ行くことができる。	○.4〜○.6	なじみの床屋へ歩行器を使って自分で行く		本人	本人	１回/月	
体調を崩して入院することを避けたい。	体調管理のもと，入院せずに過ごすことができる。	○.4〜○.9	⑤気持ちが落ち着き，支援者を受け入れることができる。	○.4〜○.6	診察・治療，カウンセリング		医療	M病院（精神科）	１回/月	○.4〜○.6
					確実に通院できるように乗降介助をする	○	訪問介護（通院等乗降介助）	A訪問介護事業所	通院時	
					薬を飲み忘れないようにする 定期的に受診し，主治医に生活状況を報告する		本人	本人	毎日 受診時	
					服薬のセットができているか本人と一緒に確認する ゆっくり話を聴き，精神安定を図る		訪問看護（医療）	M訪問看護ステーション	１回/週	

※1　「保険給付対象かどうかの区分」について，保険給付対象内サービスについては○印を付す。
※2　「当該サービス提供を行う事業者」について記入する。

利用者名　S　様　　　作成年月日　○年３月27日　No. 2

生活全般の解決すべき課題（ニーズ）	目標 長期目標	期間	短期目標	期間	援助内容 サービス内容	※１	サービス種別	※２	頻度	期間
糖尿病を悪化させたくない。	適切な食事と体を動かすことで代謝を促すことができる。	○.4～○.9	⑥摂取カロリーを守ったバランスの良い食事がとれる。	○.4～○.6	診察，糖尿病の治療 精神科医との連携		医療	M病院（内科）	１回/月	○.4～○.6
					本人の希望を考慮しながら，栄養とカロリーのバランスが取れるように調理をする。内服できているか確認。必要時報告。買い物の代行をする。	○	共生型訪問介護	M訪問介護事業所	毎日	
					食事の内容を確認し，実施可能な運動を指導し，糖尿病管理できるように一緒に考える。体重測定，カロリー計算，生活指導		訪問看護（医療）	M訪問看護ステーション	１回/週	
					間食について主治医，看護師に相談し，自分で決めて管理する。		本人	本人	毎日	
生活費を使い過ぎないように１カ月を過ごしたい。	生活費を使いすぎない。	○.4～○.9	⑦支出項目ごとに予算を決めて管理できる。	○.4～○.6	出納簿を書く。		本人	本人	随時	○.4～○.6
					出納簿の書き忘れがないか確認する。	○	共生型訪問介護 病院ワーカー	M訪問介護事業所 M病院		
					サービス調整 生活費の自己管理が継続可能か見極め，生活保護担当者や地域包括支援センターと必要時に連携して地域ケア会議を開催し，日常生活自立支援事業などを調整。	○	居宅介護支援	M居宅介護支援事業所	１回/月	
近隣住民とトラブルも起こさず暮らせるように，気持ちを落ち着かせたい。	かかわってくれている人たちとトラブルを起こさず暮らせる。	○.4～○.9	⑧同様の病気を持つ人と交流し，対処方法を参考にする。	○.4～○.6	困り事や心配事にどのように対応するとよいか，グループで話し合い，ノートに書き留める。スポーツ，カラオケ，料理，書道，散歩などのレクに参加。		通所リハ 本人	M病院（精神科デイケア） 本人	２回/週	○.4～○.6
			⑨落ち着かない時は相談できる。	○.4～○.6	精神保健福祉相談員，保健師などと交流ができ，悩み事や不安を相談できる。		その他	M保健所 M地域包括支援センター	随時	○.4～○.6
					「こころの健康電話相談」での対応		本人	本人	随時	

※１　「保険給付対象かどうかの区分」について，保険給付対象内サービスについては○印を付す。
※２　「当該サービス提供を行う事業者」について記入する。

週間サービス計画表

利用者名　S　様　　　　作成年月日　○年３月27日

		月	火	水	木	金	土	日	主な日常生活上の活動
深夜	4：00								
早朝	6：00								起床・朝食・内服
	8：00								ごみ出し
午前	10：00	精神科 デイケア（医療）	共生型訪問介護	共生型訪問介護	共生型訪問介護	精神科 デイケア（医療）	共生型訪問介護	共生型訪問介護	更衣・洗濯
	12：00								昼食・内服
午後	14：00			訪問看護（医療）					テレビ体操
	16：00	共生型訪問介護				共生型訪問介護			夕食・内服
夜間	18：00								入浴
	20：00								内服・就寝
	22：00								
深夜	24：00								
	2：00								
	4：00								

週単位以外のサービス	定期受診：１回/月（M病院精神科・内科）　通院等乗降介助：適宜（A訪問介護事業所）　福祉用具貸与：歩行器（P福祉用具事業所） 精神科自立支援医療の給付：保健所（本人が申請）

サービス担当者会議の要点

利用者名　S　様　　居宅サービス計画作成者氏名　M　　作成年月日　○年３月27日

開催日　○年３月27日　　開催場所　保健所　　開催時間　14：00～14：40　　開催回数　１回目

	所属（職種）	氏名	所属（職種）	氏名	所属（職種）	氏名
会議出席者	本人（事前に希望を確認）	S	A訪問介護事業所 （介護福祉士）	H	M保健所（保健師）	I
	M訪問介護事業所 （サービス提供責任者）	H	P福祉用具事業所 （相談員）	N	M地域包括支援センター	J
	M訪問看護ステーション （担当看護師）	M	M病院 （精神保健福祉士）	L	社会福祉事務所 （生活保護担当）	O
検討した項目	各機関からの情報を共有し，在宅生活継続の上で問題となる事柄を抽出し，対策を検討する。（65歳になり介護保険に移行）					
検討内容	本人の希望：今のままのサービスを利用して，最期まで自宅で生活したい。 訪問介護：内服できているか確認し，適宜報告していく。希望により買い物の代行を行い，調理を毎日している。本人の好きなものが少し偏っており，いつも同じものを作ってほしいと頼まれるが，栄養のバランスを考えると心配なため工夫して作っている。掃除については本人のこだわりもあるので，やらせてもらえる部分を中心に行っている。ごみも本人に捨ててもよいか聞きながら分別している。着替えは促しても拒否されることもある。様子を見ながら進めており，慣れた訪問介護員の時はさせてくれることもある。サービスの内容としては計画どおりでよいと思う。 訪問介護（乗降介助）：先日契約した帰りに郵便局に寄りたいという希望があったが，介護保険ではできないことを説明して了承してもらった。 訪問看護：薬は自分で管理しており，人が触ると分からなくなると言うので，セットすることはできない。残薬を確認すると飲めたり飲めなかったりしているようだが，肝心な薬は飲んでいるため，調子を大きく崩すこともなく過ごせている。話を聴き不安の軽減に努めている。 福祉用具：ごみ出しを自分で行うため，屋外歩行が安定し物が運べるように歩行器を使用しており，転倒することなくごみが出せている。 生活保護担当：先週も同じアパートの住民宅へ朝早く押し掛けて，鍵を一緒に探してほしいと言われて怖かったと聞いた。これからもっと大変になっては困るなと心配している。 M病院精神保健福祉士：主治医はデイケアを週２回継続した方がよいと言われ，本人も通うと言っている。ショートケアやナイトケアもあるので，本人の精神状態を見て，必要時は対応する。内科医より，糖尿病は落ち着いているとの情報をいただいている。 保健所・地域包括支援センター：近隣住民の苦情を受けて困っていることを理解した。保健所の精神福祉相談員や医師，地域包括支援センター職員で協力して，町内会の人たちに病気について話をさせてもらうようにしていきたい。 介護支援専門員：生活費を使いすぎてしまうことがあるようだが，保護の方はいかがか？ 生活保護担当者：昨年末に正月の用意をしたらお金が足りなくなったと電話があった。自分で何とかするように指導した。その後は連絡はない。具体的に何に使ったかは知らない。 訪問介護：年末におせちなど食料品を買いだめしたいと聞いた。また，お肉にはこだわりがある。 介護支援専門員：生活費を自己管理しており，出納簿をつけてもらっているが，使いすぎて生活費に困るようなことがあれば，どうすればよいか？　介護支援専門員や訪問介護員だけでは何ともできない。 地域包括支援センター：皆の情報をまとめて日常生活自立支援事業などご本人へ提案させていただき，本人関係者で検討したい。					
結論	訪問看護，訪問介護，福祉用具貸与に加えて，医療のデイケアを週２回継続していく。 近隣住民に相談に乗ってもらえるよう，保健所と地域包括支援センターで勉強会を開催する。 生活費が足りなくならないように自分で管理していく。それが難しいようなら，日常生活自立支援事業（地域福祉権利擁護事業〈金銭管理〉）の利用を検討する。					
残された課題 （次回の開催時期）	課題が多いので，地域全体で支援を継続していく（地域ケア会議を随時開催）。 （次回見直し時）					

モニタリング総括表

利用者名　　S　　様

評価者：　　M
評価日：　○年４月30日

目標	時期	確認方法	目標の達成度 ○：達成 △：一部達成されず ×：達成されず	サービスの実施状況 ○：実施 △：一部実施されず ×：実施されず	サービスの満足度 ○：満足 △：一部不満足 ×：不満足	今後の対応 または 新しい生活課題	ケアプラン修正の有無／終了
①家の中を汚さずに過ごすことができる。	4/30	訪問	△：なかなか片付けさせてくれないが，妄想に発展してしまうため様子を見ながらしか行えない。	○：共生型訪問介護	○：本人	慣れた訪問介護員の時に片付けを行ってもらうようにする。	無
②ごみ出しが自分でできる。	4/30	訪問	○：歩行器を使ってごみ出しが自分でできている。	○：福祉用具 ○：本人	○：本人	継続 歩行が不安定で歩行器がないと自分でごみ出しができない。リハビリのため，デイケアに確実に通うように指導していく。	無
③体を清潔にできる。 ④月に１回床屋へ行くことができる。	4/30	訪問	△：一部達成されず。入浴は週１～２回程度で，更衣も訪問介護員が声かけするが，面倒がって拒否する。今月は散髪に行った。	△：共生型訪問介護 △：本人	○：本人	本人は面倒がり入浴や更衣に拒否があるが，洗濯を行う時に声かけして今後も促していく。	無
⑤気持ちが落ち着き，支援者を受け入れることができる。	4/30	訪問	○：定期通院のほかその都度臨時受診にも対応している。服薬も確認できている。主治医にも少しだが報告できた。	○：訪問介護（通院乗降介助） ○：訪問看護 ○：医療	○：本人	継続	無

- ○，△，×で評価し，△，×の場合はその状況を簡潔に記入する。
- 「目標」とは短期目標のことである（ただし，状況によっては長期目標でも可）。
- 「サービスの実施状況」は，短期目標に位置付けられたすべてのサービスについて，プランどおり実施されているか評価する。
- 「サービスの満足度」で，本人・家族で満足度が異なる場合は，別々に記入する。

利用者名　S　様

評価者：　M
評価日：　○年４月30日

目標	時期	確認方法	目標の達成度 ○：達成 △：一部達成されず ×：達成されず	サービスの実施状況 ○：実施 △：一部実施されず ×：実施されず	サービスの満足度 ○：満足 △：一部不満足 ×：不満足	今後の対応 または 新しい生活課題	ケアプラン修正の有無／終了
⑥摂取カロリーを守ったバランスの良い食事がとれる。	4/30	訪問	△：毎日調理をしてもらっており，買い物にも適宜行って食事に困ることはない。時々食べ過ぎてしまうことがある。糖尿病検査の数値は落ち着いている。	○：共生型訪問介護 ○：訪問看護 ○：本人 ○：医療	○：本人	食事や間食の内容を確認して，指導や対応方法を本人と相談していく。 体重65kgを目安にして，食べ過ぎに注意していく。	無
⑦支出項目ごとに予算を決めて管理できる。	4/30	訪問	△：出納簿の記入はたまに行う程度で習慣化まで至っていない。	○：共生型訪問看護 ○：訪問介護 △：本人	△：本人 やらないといけないと思うが，忘れてしまう。	訪問のたびに確認して毎回記入できるように声かけを継続していく。	無
⑧同様の病気を持つ人と交流し，対処方法を参考にする。	4/30	訪問	×：今月は利用しなかった。受診時主治医と相談し，来月より利用を決める。	×：精神科デイケア ×：訪問介護（通院等乗降介助） ×：本人 ○：居宅介護	×：本人 また通うことにした。	本人の不安や意欲を傾聴して定期的に通えるように連携して見守っていく。	無
⑨落ち着かない時は相談できる。	4/30	訪問	×：近隣住民とのかかわりがスムーズにできていない。まだ保健所や地域包括支援センターの職員を信用していない。	×：保健所 ×：地域包括支援センター	×：本人	町内会での病気理解や受け入れについての話し合いについて，具体的な内容を現在検討中（地域ケア会議を開催し，地域でどのように見守り支援していくかが課題）。 保健所や地域包括支援センターにも積極的にかかわってもらうように働きかけていく。	無

・○，△，×で評価し，△，×の場合はその状況を簡潔に記入する。
・「目標」とは短期目標のことである（ただし，状況によっては長期目標でも可）。
・「サービスの実施状況」は，短期目標に位置付けられたすべてのサービスについて，プランどおり実施されているか評価する。
・「サービスの満足度」で，本人・家族で満足度が異なる場合は，別々に記入する。

●金銭への執着が強く，認知症が進行した独居女性

女性・82歳

要介護度：2

認知症：Ⅲb

ケース概要

２人の子どもを育てながら，自宅で洋裁の仕事をしていた。夫が心臓病で10年前に他界し独居となる。もともと自宅で仕事をしており，他人との付き合いはほとんどなかった。数カ月前から，市内に住む長女に対して「お金がなくなった。通帳を知らないか？」などの言動が見られるようになったため，認知症を心配した長女が総合病院の神経内科で受診させたところ，アルツハイマー型認知症と診断された。

○年５月12日

<table>
<tr><th>利用者</th><td>T</td><th>性別</th><td>女性</th><th>生年月日</th><td>○年○月○日</td></tr>
<tr><th>相談内容</th><td colspan="5">独居。長年現在の自宅で暮らしてきた。認知症が進んできたので，このまま自宅で一人暮らしが継続できるのか心配と，市内に住む長女より相談あり。</td></tr>
<tr><th>生活歴・
生活状況</th><td colspan="3">結婚前より洋裁の仕事をしていた。長女と長男は結婚して独立。10年前に夫を亡くし独居となる。</td><td colspan="2">〔家族状況〕
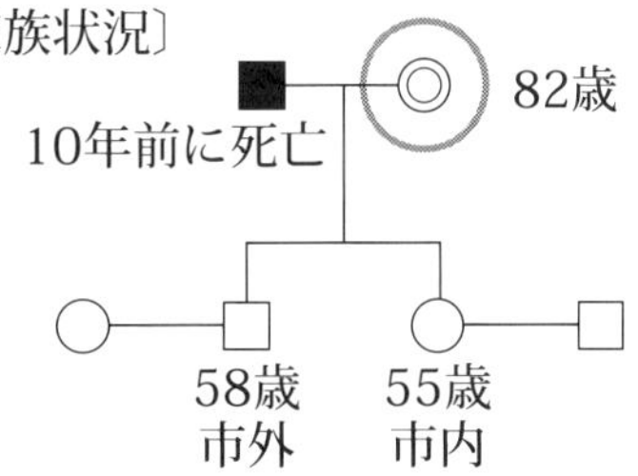
</td></tr>
<tr><th>健康状態</th><td colspan="5">アルツハイマー型認知症。金銭への執着，近所の知人への昼夜問わない訪問や長女への電話などが増えた。両膝変形性膝関節症，腰痛あり。外出時はシルバーカーを利用しないと歩行できない。</td></tr>
<tr><th>ADL</th><td colspan="5">ADLは自立している。</td></tr>
<tr><th>IADL</th><td colspan="5">買い物は近所のスーパーへ自分で行くが，食材を買ってきても忘れてしまう。調理はできず，金銭の自己管理もできない。簡単な片付けはできる。金銭への執着が強く，財布をなくしたりお金の計算もできなくなったりしているが，通帳は自分で隠してしまう。隠した財布や通帳の場所が分からなくなり，長女や長男のせいにする。毎日の内服も忘れてしまう。</td></tr>
<tr><th>コミュニケーション
能力・認知</th><td colspan="5">聴力・視力は問題なし。質問に対しては，その場では理解しているように返事をするが取り繕いが多く，後で確認すると覚えていない。</td></tr>
<tr><th>社会との
かかわり</th><td colspan="5">自宅で洋裁の仕事をしてきたので，なじみの知人はいるものの高齢になっているのであまり往来はない。長年住んでいる自宅近所の人たちとはあいさつ程度の付き合いはしている。</td></tr>
</table>

排尿・排便	尿失禁あり。汚れたリハビリパンツを脱ぎ捨てていることがある。トイレの汚れもあり，後始末は不十分。
褥瘡・皮膚・清潔	入浴や洗身状況は介助を受けていないため不明だが，自分でできていると言う。浴室が濡れているので，使用していると思われる。悪臭などはない。
口腔衛生	自分で義歯を洗っていると言うが，定かではない。口腔内の痛みなどはない。
食事摂取	本人は「しっかり食べている」と言うが，摂取量は不明。２Ｌのペットボトルのお茶を週３～４本は開けている。
BPSD	弁当を食べたことを忘れ，近所の知り合い宅へ「弁当が来ていない！」と訴えに行く。財布や通帳のしまい忘れが毎日あり，「娘か息子に盗られた」と民生委員に訴える。期限切れの食材を処分しようとすると暴言を吐く。
介護力	市内に住む長女が週数回，市外に住む長男が随時訪問している。長女は毎晩電話にて安否を確認している。
居住環境	住宅街の一戸建て。トイレは洋式，上がり框や段差などがあるが，住み慣れているため今は支障ない。
特別な状況	民生委員が週１回程度訪問している。近隣住民が本人の一人暮らしを心配している。遺族年金と貯蓄あり。

居宅サービス計画書（1）

作成年月日　〇年5月12日

(初回)・紹介・継続　　(認定済)・申請中

利用者名　T　様　　生年月日　〇年〇月〇日　　住所　N市〇〇区〇〇町

居宅サービス計画作成者氏名　I

居宅介護支援事業者・事業所及び所在地　M居宅介護支援事業所　N市〇〇区〇〇町

居宅サービス計画作成（変更）日　〇年5月12日　　初回居宅サービス計画作成日　〇年5月12日

認定日　〇年4月30日　　認定の有効期間　〇年4月1日　～　〇年3月31日

要介護状態区分	要支援　・　要介護1　・　(要介護2)　・　要介護3　・　要介護4　・　要介護5
利用者及び家族の生活に対する意向	本人：どこも悪くないし何でも自分でできる。手伝ってもらわなくてよいが、一人暮らしなので寂しい時もある。家で洋裁の仕事をしてきたので、家から出るのは好きではない。家にいるのが好き。この家は私が守らないといけないので、どこにも出かけられない。留守にはできない。 長女：市内に住んでいるのでできるだけ通うつもりだが、病院で認知症と言われた。処方薬があるが、飲んでいるかどうか分からない。本人は施設に入所するのを嫌がるし、できるだけここに住まわせてやりたい。
介護認定審査会の意見及びサービスの種類の指定	なし
総合的な援助の方針	長年洋裁をしながら自宅で生活をされていますので、住み慣れた地域でこれからも暮らしていけるように支援していきます。物忘れによる不安なことがありますので、長女様や民生委員、近所の知人の方たちと連絡を取りながら、相談に乗っていきます。一人暮らしが継続できるように、体制を整えていきましょう。 緊急連絡先：A病院　主治医　〇〇〇-〇〇〇-〇〇〇〇 　　　　　　長女（携帯）〇〇〇-〇〇〇〇-〇〇〇〇 　　　　　　長男　〇〇〇-〇〇〇〇-〇〇〇〇　　民生委員　〇〇〇-〇〇〇〇-〇〇〇〇
生活援助中心型の算定理由	1．(一人暮らし)　2．家族が障害、疾病等　3．その他（　　　　　　）

居宅サービス計画書（2）

利用者名　T　様　　　　作成年月日　○年５月12日　　No. 1

生活全般の解決すべき課題（ニーズ）	目標				援助内容					
	長期目標	期間	短期目標	期間	サービス内容	※1	サービス種別	※2	頻度	期間
日常使うお金を自分で管理し，買い物を続けたい。	自分で買ってきたもので，月１回は長女や長男と一緒に夕食を摂ることができる。	○.4 ～ ○.9	①スーパーで買い物をしたレシートをノートに貼ることができる。	○.4 ～ ○.6	食材のチェック，買い物用品の助言，トイレや居室の掃除を一緒に行う 一緒にレシートの整理をする 内服の声かけ 食事摂取の確認	○	訪問介護	C訪問介護事業所	３回/週	○.4 ～ ○.6
					買い物や支払い困難時に長女へ連絡		スーパー店員	スーパーA	買い物時	
			②月１回すき焼きや手巻き寿司などの材料をそろえることができる。	○.4 ～ ○.6	長女と一緒に食材を揃え，長男を交えて食事を楽しむ		家族	長男 長女	随時 随時	○.4 ～ ○.6
					栄養の確保と安否確認	○	配食サービス	F配食サービス	毎夕食	
			③大事な薬や財布の管理ができる。	○.4 ～ ○.6	定期受診，検査診察，処方，生活指導など		主治医	A病院	１回/４週	○.4 ～ ○.6
					病状観察，薬カレンダーで残薬チェック，認知症ケア	○	訪問看護	B訪問看護ステーション	１回/週	
					服薬・口腔機能の問題を介護支援専門員に伝える	○	訪問介護	C訪問介護ステーション	３回/週	
					金銭管理 成年後見制度，認知症サポートなど		日常生活自立支援事業	C社会福祉協議会 地域包括支援センター	必要時 必要時	
					電話にて安否確認を行う		家族	長女	毎日22時	
					一人暮らしの見極め，関係者との連携	○	居宅介護支援	M居宅介護支援事業所	１回/月～随時	

※１　「保険給付対象かどうかの区分」について，保険給付対象内サービスについては○印を付す。
※２　「当該サービス提供を行う事業者」について記入する。

利用者名　T　様　　　　作成年月日　○年５月12日　　No. 2

生活全般の解決すべき課題（ニーズ）	目標 長期目標	期間	短期目標	期間	援助内容 サービス内容	※1	サービス種別	※2	頻度	期間
洋裁や庭の花木の世話を続けたい。	洋服のリフォーム作品を老人会の作品展に出展できる。	○.4 〜 ○.9	④毎月１枚のリフォーム作品ができる。	○.4 〜 ○.6	認知症ケア レクリエーション：助言しながらリフォーム作品作り デイサービスにある庭で鉢植えを育てる	○	認知症対応型通所介護	Dデイサービスセンター	３回/週	○.4 〜 ○.6
					デイサービス送り出し		家族	長女	３回/週	
			⑤毎朝花木に水やりができる。	○.4 〜 ○.6	庭の花木へ水やりができるように声かけ		家族 民生委員，近隣の知人	長女	毎日 随時	○.4 〜 ○.6
なじみの知人や近隣住民と一緒に町内の掃除などの行事に参加したい。	町内の掃除や祭行事に参加できる。	○.4 〜 ○.9	⑥月１回町内掃除当番に参加できる。	○.4 〜 ○.6	地域での見守り，声かけ		民生委員，町内会住民	インフォーマルサービス	随時	○.4 〜 ○.6
			⑦さっぱりした服装で周囲に不快感を与えず交流できる。	○.4 〜 ○.6	入浴介助，更衣 （入浴加算）	○	認知症対応型通所介護	Dデイサービスセンター	３回/週	○.4 〜 ○.6
					衣類の洗濯，更衣への声かけ，必要時保清	○	訪問介護 家族	C訪問介護事業所 長女	3回/週 必要時	

※１　「保険給付対象かどうかの区分」について，保険給付対象内サービスについては○印を付す。
※２　「当該サービス提供を行う事業者」について記入する。

週間サービス計画表

利用者名　T　様　　　　　作成年月日　○年５月12日

		月	火	水	木	金	土	日	主な日常生活上の活動
深夜	4：00								
早朝	6：00								
午前	8：00								起床，朝食
			デイ送り出し：長女		デイ送り出し：長女		デイ送り出し：長女		週３回長女がデイサービス送り出し
	10：00							訪問介護	
									レクリエーション参加
午後	12：00								昼食，内服
		訪問看護	認知症対応型通所介護		認知症対応型通所介護		認知症対応型通所介護		
	14：00			訪問介護		訪問介護			週３回デイサービスで入浴
	16：00							長男・長女の訪問	
夜間	18：00	配食サービス	配食サービス	配食サービス	配食サービス	配食サービス	配食サービス		夕食，安否確認：配食サービス
									日曜日は家族と食事
	20：00								
深夜	22：00	長女の電話	長女の電話	長女の電話	長女の電話	長女の電話	長女の電話	長女の電話	安否確認電話（長女）
	24：00								
	2：00								
	4：00								

週単位以外のサービス	定期受診：１回/４週（A病院神経内科）（長女の介助）　長女・長男の随時訪問：随時　民生委員・近隣の知人の訪問：随時

サービス担当者会議の要点

利用者名　T　様　　居宅サービス計画作成者氏名　I　　作成年月日　○年５月12日

開催日　○年５月12日　　開催場所　利用者自宅　　開催時間　13：30～14：30　　開催回数　１回目

	所属（職種）	氏名	所属（職種）	氏名	所属（職種）	氏名
会議出席者	本人	T	Dデイサービスセンター（相談員）	H	A病院（主治医）（照会）	N
	家族（長女）	K	C訪問介護事業所（サービス提供責任者）	B	M居宅介護支援事業所（介護支援専門員）	I
	B訪問看護ステーション（担当看護師）	A	民生委員	C	F配食サービス（配達員）	F
検討した項目	【サービス開始による初回担当者会議】 ①本人，家族の意向 ②主治医より病状について ③介護保険サービスや近隣のインフォーマルサービスの内容検討 ④その他の課題					
検討内容	①本人は認知症の自覚がなく，困っていることはないという認識だが，長女，民生委員，知人などからの情報では，調理，買い物，内服などもできていない。買い物には行くが，同じ物を多量に買い込んだり買ったことを忘れて腐らせたりすることが頻繁にある。最近は財布をしまい忘れて混乱したことがある。 ②主治医からアルツハイマー型認知症と診断され，処方薬がある。デイサービスなどで他人との交流を持つことを勧められる。					
結論	・本人がサービスを受け入れるように対応していく。デイサービスに慣れるまでは，認知症専門デイサービスへの送り出しを長女に依頼する。 ・デイサービスでは手芸など簡単な洋裁などのレクリエーションを取り入れる。訪問介護は，民生委員や近隣の知人と一緒に訪問し，慣れるまでは同席してもらう。 ・配食サービスは毎日夕食から開始する。					
残された課題（次回の開催時期）	金銭管理が困難になってきており，長女・長男に対する盗られ妄想がある。地域包括支援センターと相談し，日常生活自立支援事業も検討していく。近隣住民とのトラブルの恐れがあるため，民生委員と連携し情報共有していく。一人暮らしの限界の見極めも念頭に置いておく。					

モニタリング総括表

利用者名　T　様

評価者：　I
評価日：　○年６月15日

目標	時期	確認方法	目標の達成度 ○：達成 △：一部達成されず ×：達成されず	サービスの実施状況 ○：実施 △：一部実施されず ×：実施されず	サービスの満足度 ○：満足 △：一部不満足 ×：不満足	今後の対応 または 新しい生活課題	ケアプラン修正の有無／終了
①スーパーで買い物をしたレシートをノートに貼ることができる。	6/15	訪問	△：介助なしにはできないので，引き続き関係づくりをしてもらう。	○：訪問介護	△：本人 ○：家族	病識が低いので，訪問介護員に手伝ってもらわなくても自分でやれていると思っているが，実際はできていない。	無
②月１回すき焼きや手巻き寿司などの材料をそろえることができる。	6/15	訪問	○	○：家族 ○：配食サービス	○：本人 ○：家族	月１回手巻き寿司を親子で作り，楽しかったと本人も覚えている。配食サービス弁当も全部食べている。	無
③大事な薬や財布の管理ができる。	6/15	訪問	△：服薬は，毎回声かけをしないと忘れる。 △：財布の置き忘れやしまい忘れがあり，混乱して長女に連絡する。	○：訪問介護 ○：主治医 ○：訪問看護	△：本人 ○：家族	通帳や金銭管理は自分でやりたいと，日常生活自立支援事業は拒否。長女が助言すると，「長女がお金を狙っている」と妄想するので経過観察。	無
④毎月１枚のリフォーム作品ができる。	6/15	訪問	○：ボタン付けなどのリフォームができ，職員に褒められて喜んでいる。	○：認知症対応型通所介護	○：本人 ○：家族	衣類のリフォームをデイサービスで始め，仕事に出かけていると思い拒否なく通えている。	無
⑤毎朝花木に水やりができる。	6/15	訪問	○：民生委員や近隣の知人などと毎朝誰かと顔を合わせ会話するようになってきた。	○：民生委員	○：本人 ○：家族	花木を褒めてもらい，機嫌が良い。	無
⑥月１回町内掃除当番に参加する。	6/15	訪問	×：まだ参加したことはない。	今月末の掃除に声かけし，参加を促してもらう。	×：本人 △：家族（初回の同行予定）	今月末に参加時同行予定。	無
⑦さっぱりした服装で周囲に不快感を与えず交流できる。	6/15	訪問	△：時々拒否することがある。	○：認知症対応型通所介護 ○：訪問介護 △：家族	△：本人 ○：家族	本人と気が合うスタッフや利用者との交流機会を工夫する。 利用開始から１カ月なので様子を見ていく。	無

・○，△，×で評価し，△，×の場合はその状況を簡潔に記入する。
・「目標」とは短期目標のことである（ただし，状況によっては長期目標でも可）。
・「サービスの実施状況」は，短期目標に位置付けられたすべてのサービスについて，プランどおり実施されているか評価する。
・「サービスの満足度」で，本人・家族で満足度が異なる場合は，別々に記入する。

●うつ病の息子が認知症の母親を介護

女性・76歳

要介護度：2

認知症：Ⅲa

ケース概要

アルツハイマー型認知症で，常時声かけや見守りが必要な状況である。次男と２人暮らし。次男は心疾患の手術の既往あり。また，20年ほど前よりうつ病を発症し通院治療中で，現在は療養休暇中。うつ症状が悪化すると睡眠薬を服用し入眠してしまうため，介護ができない状況になるが，母親との生活を希望している。

○年３月20日

<table>
<tr><th>利用者</th><td>Y</td><th>性別</th><td>女性</td><th>生年月日</th><td>○年○年○日</td></tr>
<tr><th>相談内容</th><td colspan="5">次男：うつ病で治療を受けている。母は認知症で自分のことができず，用意してやらなければ食事を摂ることもできない。自分が体調が悪くなった時には，母の世話ができなくなるので，支援をお願いしたい。
本人：意思確認は取れないが，デイサービスの拒否はない。</td></tr>
<tr><th>生活歴・
生活状況</th><td colspan="3">35年前に夫と死別。保健師として２人の息子を育て，定年まで就労する。長男は結婚し他県に在住しているが，借金などでブラックリストに載っている。次男は公務員であるが，うつ病のため約２年前から療養休暇中。金銭的問題で長男とは疎遠になっている。</td><td colspan="2">〔家族状況〕
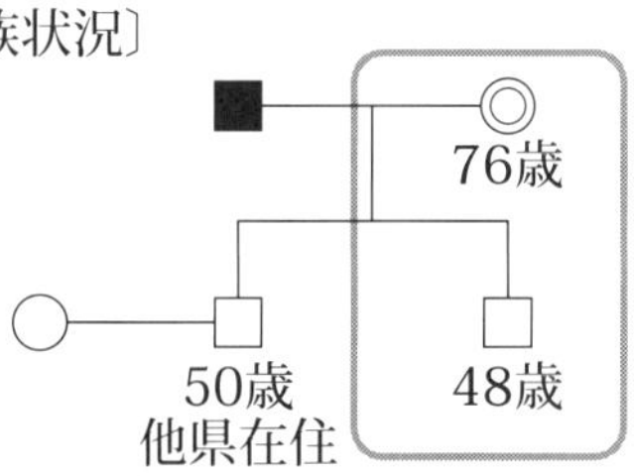
</td></tr>
<tr><th>健康状態</th><td colspan="5">既往歴：慢性硬膜下血腫で穿頭血腫洗浄術施行（74歳）。
主傷病：アルツハイマー型認知症</td></tr>
<tr><th>ADL</th><td colspan="5">ADLはほぼ自立。
入浴：デイサービス以外に，自宅でも入浴はしている。
排泄：尿意・便意はありトイレに行くが，最近は失敗することがある。</td></tr>
<tr><th>IADL</th><td colspan="5">次男が全介助。買い物には一緒に出かけ，自分の欲しい物を伝えることはできる。服薬したかどうかは本人には分からないため，次男が管理し服薬させている。</td></tr>
<tr><th>コミュニケーション
能力・認知</th><td colspan="5">意思の伝達は「痛い」「おなかが空いた」など，限定された内容である。つじつま合わせは上手で，デイサービスで利用者やスタッフと会話することは可能。着衣は季節に合わない服装であったり，裏返しのまま着たりする。視力や聴力に問題はない。</td></tr>
</table>

社会とのかかわり	拒否することなく，デイサービスを週２回利用している。デイサービスで楽しく他者と話をする。次男の体調が良い時は，一緒に買い物に行く。本人が喪失感，孤独感などを発することはない。
排尿・排便	尿意・便意はある。トイレで排泄しているが，１日に１～２回失禁がある。
褥瘡・皮膚・清潔	特に問題となる皮膚疾患はない。
口腔衛生	次男が声かけし，歯磨きしている。
食事摂取	次男が惣菜や弁当を購入してきてテーブルに並べると，自分で摂取する。次男のうつ症状が悪化し介護困難となった時の，食事や水分の摂取状況は不明。
BPSD	徘徊が２回あった。この時，次男から「母親がいなくなった」とH居宅介護支援事務所に電話が入る。「自分は疲れたので，薬を飲んで寝て待っています」と電話を切り，その後連絡が取れなかった。介護支援専門員が警察へ通報し，地域の「はいかい高齢者おかえり支援事業」※に登録した。
介護力	うつ病の次男が主介護者。次男は母親との暮らしを望み，「母がいないと生きていけなかった」と言うが，うつ症状が悪化した時は介護困難となる。
居住環境	エレベーターのない市営住宅の４階に居住。居室には，布団が敷きっぱなし。ごみがたまっていることがよくある。
特別な状況	次男のうつ病によるネグレクトに近い状況になる時が数カ月に１回程度ある。

※はいかい高齢者おかえり事業：徘徊の恐れがある人を登録し，行方不明になった際は，おかえり支援サポーターや協力事業者にメールで通知し，情報提供を呼びかけ，徘徊している人を早期に発見するための取り組み。

居宅サービス計画書（1）

作成年月日　○年３月20日

初回・紹介・継続　認定済・申請中

利用者名　Y　様　　生年月日　○年○月○日　　住所　N市○○区○○町

居宅サービス計画作成者氏名　T

居宅介護支援事業者・事業所及び所在地　N居宅介護支援事業所　N市○○区○○町

居宅サービス計画作成（変更）日　○年３月20日　　初回居宅サービス計画作成日　○年10月１日

認定日　○年３月15日　　認定の有効期間　○年４月１日　～　○年３月31日

要介護状態区分	要支援　・　要介護１　・　要介護２　・　要介護３　・　要介護４　・　要介護５
利用者及び家族の生活に対する意向	本人：認知症のため意思が確認できないが，デイサービスの拒否はない。人とかかわることが好きなようで，デイサービスでは会話を楽しんでいる。 次男：母がデイサービスに行ってくれるようになったので良かった。自分は病気で休職中であるが，できるだけ早く復職したい。復職したら，仕事中はサービスを利用してもらい，母と２人で自宅で暮らしたい。自分の体調不良時の対応もお願いしたい。
介護認定審査会の意見及びサービスの種類の指定	特になし
総合的な援助の方針	専門医と相談しながら，認知症がこれ以上進まないように検討していきます。 介護者のうつ症状が悪化せず介護困難にならないように，自身の治療を継続していただきながら，介護が負担なく継続できるように支援していきます。 緊急連絡先：次男　○○○－○○○－○○○○ 主治医　○○○－○○○－○○○
生活援助中心型の算定理由	1．一人暮らし　2．家族が障害，疾病等　3．その他（　）

居宅サービス計画書（2）

利用者名　Y　様　　　　作成年月日　○年３月20日　　No. 1

生活全般の解決すべき課題（ニーズ）	目標				援助内容					
	長期目標	期間	短期目標	期間	サービス内容	※1	サービス種別	※2	頻度	期間
自分でできていることを続けていきたい。	物忘れが進まず，欲しい物を選び買い求めることができる。	○.4〜○.10	①定期受診をし，確実に服薬できる。	○.4〜○.6	診療，検査，服薬処方 病院受診の同行		医療 家族	Ｓクリニック 次男	１回/月 １回/月	○.4〜○.6
					毎日服薬確認をする		家族	次男	毎日	
			②買い物に行き，自分で品物を選ぶことができる。		次男と一緒に買い物に行く		本人 家族	本人 次男	適宜	○.4〜○.6
					買い物同行，必要な買い物ができるように声かけをする	○	訪問介護	Ｔ訪問介護事業所	２回/週	
人と会話し楽しく過ごしたい。	人と会話し楽しい時間を持つことができる。	○.4〜○.10	③次男や知人，デイサービスのスタッフや利用者と会話し，楽しく過ごすことができる。	○.4〜○.6	人との交流ができる レクリエーションへの参加	○	通所介護	Ｋデイサービスセンター	２回/週	○.4〜○.6
					デイサービスの準備や送り出し		家族	次男	２回/週	
					次男の体調不良時のデイサービス送り出し	○	訪問介護	Ｔ訪問介護事業所	必要時	
					次男の体調が良い時に認知症カフェに一緒に行く		H認知症カフェ 次男	N市	随時	
次男と一緒にこの家で生活を続けたい。	体調が整い，次男と２人の生活が続けられる。	○.4〜○.10	④1日3回の食事をとることができる。	○.4〜○.6	惣菜や弁当の買い物，配膳，誘導や声かけ		家族	次男	３回/日	○.4〜○.6
			⑤部屋を一緒に片付けたり洗濯をしたりして，気持ち良く過ごすことができる。	○.4〜○.6	掃除や洗濯を一緒に行う トイレ誘導 ごみの分別を一緒に行う	○	訪問介護	Ｔ訪問介護事業所	２回/週	○.4〜○.6
			⑥身体を清潔にして体調を整えられる。		入浴介助（入浴加算），皮膚の観察 体重測定	○	通所介護	Ｋデイサービスセンター	２回/週	
			⑦次男の体調不良時も，困らずに生活できる。	○.4〜○.6	次男の介護力のアセスメント，サービス調整 緊急時の連絡，体制の調整	○	居宅介護支援	N居宅介護支援事業所	月１回〜随時	○.4〜○.6
					食事の提供・声かけ・誘導，排泄介助，入浴介助，保清，体調確認，レクリエーションの提供など	○	短期入所生活介護	M特別養護老人ホーム	随時	
					はいかい高齢者おかえり支援事業		N市の認知症施策	N市	随時	

※１　「保険給付対象かどうかの区分」について，保険給付対象内サービスについては○印を付す。
※２　「当該サービス提供を行う事業者」について記入する。

週間サービス計画表

利用者名　Y　様　　　　作成年月日　○年４月10日

		月	火	水	木	金	土	日	主な日常生活上の活動
深夜	4：00								
早朝	6：00								
午前	8：00								起床・朝食
			通所介護			通所介護			9時デイサービスのお迎え
	10：00								
		訪問介護			訪問介護				買い物
午後	12：00								昼食
	14：00								デイサービスに行かない日は臥床している
	16：00								16時半デイサービスから帰宅
夜間	18：00								
									夕食
	20：00								
深夜	22：00								就寝
	24：00								
	2：00								
	4：00								

週単位以外のサービス	定期受診：１回/月（神経内科Ｓクリニック）　短期入所生活介護：次男の体調不良時（M特別養護老人ホーム） 訪問介護：デイサービス送り出し，次男の体調不良時（Ｔ訪問介護事業所）　Ｈ認知症カフェ

サービス担当者会議の要点

利用者名　Y　様　　居宅サービス計画作成者氏名　T　　作成年月日　○年３月20日

開催日　○年３月20日　　開催場所　利用者宅　　開催時間　14：00～15：00　　開催回数　２回目

会議出席者	所属（職種）	氏名	所属（職種）	氏名	所属（職種）	氏名
	本人	Y	T訪問介護事業所 （サービス提供責任者）	I	N居宅支援事業所 （介護支援専門員）	T
	家族（次男）	S	M特別養護老人ホーム （相談員）	K		
	Sクリニック（主治医）	N	Kデイサービスセンター （相談員）	G		

検討した項目	【次男のうつ症状が悪化と改善を繰り返している状況で，在宅生活を継続するための支援の方向性について】 ①本人の状況　②次男の状況　③主治医の意見　④今後の支援について
検討内容	①アルツハイマー型認知症で認知症高齢者自立度Ⅲa。物忘れがひどい。歩行は可能。排泄はトイレで行うが，１日２回ぐらいは失敗する。食事はセッティングし，声かけをすれば自分で食べることができる。水分摂取も声かけが必要。これまでに２回徘徊があり，次男が施錠している。 ②介護者は公務員の次男のみ。次男は心疾患の既往があり，20年前からうつ病を発症し，精神科で治療を受けている。現在，休職中である。 母親のために買い物に行き，惣菜を買ってきたり，服薬介助や通院介助をしたりするなど献身的に世話をしている。自室の片付けが精いっぱいで，母親の部屋の片付けまではできない状況。ごみ出しも滞ることがある。 ③アルツハイマー型認知症で，記憶障害や見当識障害が著明。薬の効果で進行はゆっくりではあるが，いずれできないことがもっと増え，介護量も増えてくることが考えられる。次男の体調を考えると，施設入所も視野に入れた方がよいが，本人が次男といる時に穏やかな表情をするので，在宅が可能な限り支援してほしい。 ④今は，デイサービスの利用だけであるが，利用中笑顔であることから，時間を延ばすことは問題ないと思われる。また，買い物や掃除などを訪問介護員と一緒にやり，母親としての役割を持ってもらうことがよいのではないか。さらに，次男の体調不良時にショートステイを利用し，本人が安心して生活できるようにしてはどうか。
結論	２人で長く生活を続けてもらうためにも，次男の体調が安定するように，また，体調が良好な時でも過度に介護量を増やせば状態が悪化することも考えられるので，サービス量を増やして次男の介護負担の軽減を図る。 デイサービスの時間を２時間長くする。訪問介護員の利用を開始し，買い物や掃除，洗濯などを一緒に行い，母親としての役割を果たせるように支援していく。また，次男の体調に合わせて，デイサービスの送り出しに訪問介護員を利用したり，ショートステイを利用したりして，本人にとって安全で快適な環境を整えると共に，次男の休養の時間を確保する。次男の体調が良い時には認知症カフェに一緒に行くなどして，同じ疾患を持つ人やその家族と交流をする。 今後のことを考え，施設見学や小規模多機能施設の見学を調整していく。
残された課題 （次回の開催時期）	ショートステイ時に混乱することなく利用できるか？ （新たな課題が出てきた時，または更新時）

モニタリング総括表

利用者名　Y　様

評価者：　T
評価日：　○年4月30日

目標	時期	確認方法	目標の達成度 ○：達成 △：一部達成されず ×：達成されず	サービスの実施状況 ○：実施 △：一部実施されず ×：実施されず	サービスの満足度 ○：満足 △：一部不満足 ×：不満足	今後の対応 または 新しい生活課題	ケアプラン修正の有無／終了
①定期受診をし，確実に服薬できる。	4/30	訪問	○：きちんと定期受診しており，「服薬もできている」と，薬を管理している次男から聞き取る。	○：主治医 △：次男	○：本人 息子と行く。 ○：次男 受診や服薬はできている。	継続 服薬がどこまでできているかは疑問なので，残薬確認をしていく。認知症の進行状況には注意していく。	無
②買い物に行き，自分で品物を選ぶことができる。	4/30	訪問	△：次男が体調が良い時は，一緒に買い物に行っている。訪問介護員との買い物は毎回実施できている。	△：次男 ○：訪問介護	○：本人 行っている。買い物は楽しい。 ○：次男 自分が行けない時も訪問介護員が行ってくれるので気が楽だ。	継続	無
③次男や知人，デイサービスのスタッフや利用者と会話し，楽しく過ごすことができる。	4/30	訪問	○：利用時は笑顔もあり，穏やかに過ごしている。時間を延長したが，問題なく過ごせている。	○：通所介護 ○：次男 ×：訪問介護 △：認知症カフェ	○：本人 楽しい。 △：次男 今は体調が良いので送り出しができているが，良い時期は長く続かないので，その時は訪問介護員にお願いしたい。認知症カフェは1回参加。母も喜んでいたので，自分の体調が良ければまた参加したい。	継続	無

・○，△，×で評価し，△，×の場合はその状況を簡潔に記入する。
・「目標」とは短期目標のことである（ただし，状況によっては長期目標でも可）。
・「サービスの実施状況」は，短期目標に位置付けられたすべてのサービスについて，プランどおり実施されているか評価する。
・「サービスの満足度」で，本人・家族で満足度が異なる場合は，別々に記入する。

評価者：　T
評価日：　○年4月30日

利用者名　Y　様

目標	時期	確認方法	目標の達成度 ○：達成 △：一部達成されず ×：達成されず	サービスの実施状況 ○：実施 △：一部実施されず ×：実施されず	サービスの満足度 ○：満足 △：一部不満足 ×：不満足	今後の対応 または 新しい生活課題	ケアプラン修正の有無／終了
④1日3回の食事をとることができる。	4/30	訪問	△：どの程度食事できているかは不明。デイサービスでは全量摂取できている。	△：次男	○：本人 食べている。 ○：次男 外食したり惣菜や弁当を買ってきたりして食べさせている。	継続 デイサービスでの体重測定の結果に変化はなく，クリニックの血液検査結果も問題ないため，様子観察をしていく。配食サービスを利用すれば，1日1回でも食事の確保や安否確認ができるため，提案の機会を計る。	無
⑤部屋を一緒に片付けたり洗濯をしたりして，気持ち良く過ごすことができる。	4/30	訪問	○：週2回訪問介護員と一緒に行うことで，ごみがたまることも少なくなってきている。	○：訪問介護 声かけをしながら一緒に行えている。	○：次男 母親が楽しそうに片付けをやっているのを見るのはうれしい。	継続	無
⑥身体を清潔にして体調を整えられる。	4/30	訪問	○：デイサービス利用時に入浴できている。	○：通所介護 入浴はできており，皮膚トラブルはない。	○：本人 お風呂は気持ちいい。	継続	無
⑦次男の体調不良時も，困らずに生活できる。	4/30	訪問	△：次男の体調が悪化しなかったため，サービスの利用はなかった。	○：N居宅介護支援事業所 ×：短期入所生活介護	○：本人 にこにことしているが，意思確認できない。 ○：次男 今は体調が良いので何とかできた。	継続 体調不良の徴候が出てきたら，すぐに連絡をもらうことを次男にきちんと説明しておく。	無

・○，△，×で評価し，△，×の場合はその状況を簡潔に記入する。
・「目標」とは短期目標のことである（ただし，状況によっては長期目標でも可）。
・「サービスの実施状況」は，短期目標に位置付けられたすべてのサービスについて，プランどおり実施されているか評価する。
・「サービスの満足度」で，本人・家族で満足度が異なる場合は，別々に記入する。

退院後に長男夫婦と同居を始めたが支援を拒む父親

男性・97歳

要介護度：2

認知症：Ⅱb

ケース概要

妻が亡くなった後は一人で暮らしていた。隣家に住む長男の妻が食事を届けたり，長男宅で食事をしたりするなどの交流はあったが，本人の強い希望で一人暮らしを続けていた。２カ月前に自宅で倒れているところを長男が発見し，救急車で搬送。肺炎と診断され入院となった。医師の助言で，退院後は長男夫婦と同居することとなった。

○年４月５日

<table>
<tr><th>利用者</th><td>G</td><th>性別</th><td>男性</td><th>生年月日</th><td>○年○月○日</td></tr>
<tr><th>相談内容</th><td colspan="5">長男夫婦：今まで隣家で生活していたが，医師の勧めにより，退院後は一緒に生活をしている。本人は自分たちの助言に耳を貸さないので，退院後３週間しか経っていないが，ストレスで夜眠れなくなり，夫婦で心療内科に通っている。施設入所は考えていないが，要介護認定が出たので，介護保険サービスを利用して少しでも外出する機会をつくってもらいたい。</td></tr>
<tr><th>生活歴・生活状況</th><td colspan="3">酒屋を営んでいた。一代で築いた店は順調だったが，子どもは跡を継がないということで50代で廃業し，その後はアパート経営による賃貸収入で生活していた。</td><td colspan="2">〔家族状況〕
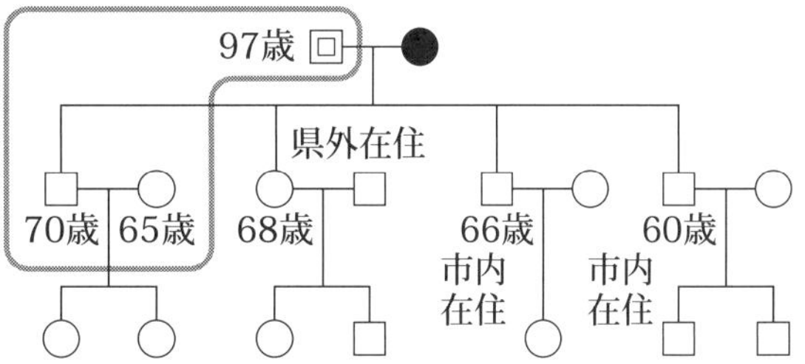
</td></tr>
<tr><th>健康状態</th><td colspan="5">慢性気管支炎の既往がある。内服薬は眠剤，緩下剤のみ処方されていた。退院後も同様の処方。</td></tr>
<tr><th>ADL</th><td colspan="5">肺炎で入院してからは下肢筋力が低下し，歩行は手すりや杖を使用。一人での外出はできない。ベッドは使わず，布団で寝起きしており，起き上がりにやや時間がかかるものの，動作は自立している。着替えや排泄も自立。入浴も入院前は自立していたが，退院後は転倒の危険があるため，見守りが必要と判断。本人は「自分で入る」と言って譲らない。</td></tr>
</table>

IADL	買い物や調理は長男の妻が行っている。入院前，洗濯と掃除は本人が行っていたが，洗濯物の脱水が不十分なまま室内に干しており，長男の妻は気になっていた。退院後は長男の妻が行うつもりでいたが，本人には自分で行いたいという意向がある。通帳は自分で管理していたが，保管場所が分からなくなり，３回再発行している。通帳の金額が減ることを極端に嫌うため，介護にかかる費用は長男がすべて負担している。服薬は夜のみであり，長男の妻が本人に手渡している。
コミュニケーション能力・認知	難聴あり。大きな声であれば聞き取れる。本人の意思で補聴器は使っていない。視力は日常生活に支障ない。自分の意思をしっかり伝えることはできる。日常的に物忘れがある。
社会とのかかわり	木工などの物作りが趣味。長男が，材料となる竹などの取り寄せに協力していた。作品を人にあげることが好きである。おしゃれで，きちんと着替えて近所の知人のところに出かけていた。現在は，以前から訪問してくれている知人と時々話をする程度である。
排尿・排便	尿回数は１日８～９回，トイレ歩行に時間がかかるが，失禁はない。使用後は必ず便器周囲が尿で汚れているため，長男の妻が毎日朝夕掃除をしている。緩下剤を服用し，３日に１度排便がある。
褥瘡・皮膚・清潔	本人が嫌がるため入浴時の見守りができない。着替えも自分で行うため，皮膚の観察ができていない。本人からの訴えはない。
口腔衛生	電動歯ブラシで前歯のみ磨いている。奥歯は十分に磨けていないが，うがいを行い残渣物が残っていることはない。
食事摂取	長男の妻は料理が得意で，本人の嗜好に合わせ栄養バランスを考えて作っており，１日３食きちんと摂取できている。水分は，食事以外で湯呑に３杯程度飲めている。
BPSD	自己主張が強く，自分の思いどおりに行動する。物忘れがあり，通帳を再発行したことを忘れてしまう。長男が指摘すると激昂する。介護などに関しても，本人の意に沿わないことを言うと怒鳴ることがある。
介護力	長男宅に同居して３週間が経過した。長男夫婦は持病があり，通院治療をしている。本人の介護を始めてから１週間で夜眠れなくなり，夫婦共に心療内科にかかり安定剤が処方されている。市内に次男と三男がいるが，２人とも数カ月に１回立ち寄る程度である。結婚して県外に住む長女は，年１回日帰りで帰省する程度で，介護協力は得られない。長男夫婦に施設入所の希望はなく，このまま自宅で介護していきたいと考えているが，介護負担感が大きくなっている。
居住環境	長男宅は１階が木工作業場で，２階が居住スペース。２階へは階段昇降機が設置されている。本人の居室からトイレまでは手すりが設置されている。
特別な状況	特になし

居宅サービス計画書（1）

作成年月日　○年４月５日

初回・紹介・継続　　認定済・申請中

利用者名　G　様　　生年月日　○年○月○日　　住所　N市○○区○○町

居宅サービス計画作成者氏名　K

居宅介護支援事業者・事業所及び所在地　S居宅介護支援事業所　N市○○区○○町

居宅サービス計画作成（変更）日　○年４月５日　　初回居宅サービス計画作成日　○年４月５日

認定日　○年４月２日　　認定の有効期間　○年３月５日　～　○年９月30日

要介護状態区分	要支援　・　要介護１　・　要介護２　・　要介護３　・　要介護４　・　要介護５
利用者及び家族の生活に対する意向	本人　：医師の勧めで長男夫婦と同居を始めたが，今までやってきた掃除や洗濯はこれからも自分でやれると思っている。 長男　：自立心旺盛な父親だが，年齢が年齢だけに一人暮らしは危険という医師のアドバイスに従って同居を始めた。長年別々に生活してきたので，お互いにうまくやるために，介護サービスなどを利用していきたい。 長男の妻：私がやってあげたくても手を出せないところが多く，かと言ってやらないというのも気になって仕方がない。朝から晩まで３人で過ごすことは限界だと感じているが，施設に入所するのではなく，最期まで家で介護してあげたい。
介護認定審査会の意見及びサービスの種類の指定	特になし
総合的な援助の方針	・退院後，長男夫婦様との同居による生活を始められ，慣れないことも多いと思いますが，家族３人がご自宅で穏やかに生活できるよう支援していきます。 ・本人の能力を大切にして，趣味の木工を続けたり，外出したりするなど，楽しみを持ちながらの生活をお手伝いしていきます。 緊急連絡先：長男（携帯）　○○○－○○○－○○○○ 主治医　（J医院T医師）　○○○－○○○－○○○○
生活援助中心型の算定理由	1．一人暮らし　　2．家族が障害，疾病等　　3．その他（　　　　）

居宅サービス計画書（2）

利用者名　G　様　　作成年月日　○年4月5日　No. 1

生活全般の解決すべき課題（ニーズ）	目標				援助内容					
	長期目標	期間	短期目標	期間	サービス内容	※1	サービス種別	※2	頻度	期間
家族の協力を得ながら，自分のできることを続けていきたい。	趣味の木工作品を近所の知人宅に持って行ける。	○.4 ～ ○.9	①歩行器を使って知人宅に行くことができる。	○.4 ～ ○.6	歩行・下肢筋力向上のための訓練（個別機能訓練加算）歩行器の練習	○	通所介護	Tデイサービスセンター	3回/週	○.4 ～ ○.9
					歩行器での外出に付き添う		家族	長男	1回/週	
					歩行器の選択・貸与	○	福祉用具貸与	D福祉用具事業所	毎日	
			②木工作品を月に1点作成できる。	○.4 ～ ○.6	作品作り		本人	本人	適宜	○.4 ～ ○.9
					材料の調達		家族	長男	必要時	
	掃除・洗濯が自分でできる。		③自室の掃除と洗濯ができる。	○.4 ～ ○.6	部屋の片付け，洗濯，掃除機かけ		本人	本人	1回／週	○.4 ～ ○.9
					洗濯機を使う際の見守りや声かけ		家族	長男の妻	必要時	
長男夫婦と穏やかに過ごしたい。	肺炎などで入院することなく過ごすことができる。	○.4 ～ ○.9	④食事や薬をむせずにとることができる。	○.4 ～ ○.6	病状管理 処方・治療，療養相談・指導		医療	J医院	2回/月	○.4 ～ ○.9
					病院受診の介助		家族	長男夫婦	2回/月	
					内服薬の準備，服薬確認		家族	長男夫婦	毎日	
					食事摂取時の状況や食事量・水分量の確認・嚥下体操（栄養改善加算，栄養スクリーニング加算）	○	通所介護	Tデイサービスセンター	3回/週	
					食事・水分摂取時の見守り		家族	長男夫婦	毎日	

※1　「保険給付対象かどうかの区分」について，保険給付対象内サービスについては○印を付す。
※2　「当該サービス提供を行う事業者」について記入する。

居宅サービス計画書（3）

利用者名　G　様　　　作成年月日　○年4月5日　　No. 2

生活全般の解決すべき課題（ニーズ）	目標				援助内容					
	長期目標	期間	短期目標	期間	サービス内容	※1	サービス種別	※2	頻度	期間
長男夫婦と穏やかに過ごしたい。	自宅での生活を長く続けることができる。	○.4 〜 ○.9	⑤週3回入浴し，さっぱりした気分で生活できる。	○.4 〜 ○.6	入浴介助（入浴加算）／洗身の見守り・支援 皮膚の観察	○	通所介護	Tデイサービスセンター	3回/週	○.4 〜 ○.9
			⑥家族や友人とお花見や墓参りなど，月に2回は少し遠出ができる。	○.4 〜 ○.6	認知症の介護者サロンに参加し，介護方法についての知識を深める		認知症の介護者サロン 家族	S地域包括支援センター 長男夫婦	1回/月	○.4 〜 ○.9
					本人と家族の思いの傾聴，意向の調整	○	居宅介護支援	S居宅介護支援事業所	適宜	
					外出や季節の行事の参加支援		家族	長男	適宜	
					自宅で話し相手になる		地域の人	友人	1回/週	
	長男夫婦が用事のある時でも支障なく生活できる。	○.4 〜 ○.9	⑦長男夫婦以外からも介護を受け，生活することができる。	○.4 〜 ○.6	日常生活のリズムが保てるように日課の声かけ誘導 家族が所用のために送迎できない場合の送迎（送迎加算）	○	短期入所生活介護	N特別養護老人ホーム	毎月	○.4 〜 ○.9

※1　「保険給付対象かどうかの区分」について，保険給付対象内サービスについては○印を付す。
※2　「当該サービス提供を行う事業者」について記入する。

週間サービス計画表

利用者名　G　様　　　　作成年月日　○年４月５日

		月	火	水	木	金	土	日	主な日常生活上の活動
深夜	4：00								
早朝	6：00								
									起床・洗面・更衣
午前	8：00								朝食
								地域の人との交流（自宅にて）	
	10：00	通所介護	木工制作（長男の見守り）	通所介護	木工制作（長男の見守り）	通所介護			
午後	12：00								昼食
	14：00								
									午睡
	16：00								
夜間	18：00								夕食
	20：00								服薬・更衣・就寝
深夜	22：00								
	24：00								
	2：00								排尿
	4：00								

週単位以外のサービス	定期受診：２回/月（Ｊ医院） 福祉用具貸与：歩行器貸与（Ｄ福祉用具事業所）　短期入所生活介護：毎月３～５日間（Ｎ特別養護老人ホーム）

サービス担当者会議の要点

利用者名　G　様　　居宅サービス計画作成者氏名　K　　作成年月日　○年４月５日

開催日　○年４月５日　　開催場所　利用者宅　　開催時間　10：00〜11：00　　開催回数　１回目

会議出席者	所属（職種）	氏名	所属（職種）	氏名	所属（職種）	氏名
	本人	G	D福祉用具事業所 （福祉用具専門相談員）	S	J医院（医師）	T
	家族（長男）	M	Tデイサービスセンター （看護師）	W	S居宅介護支援事業所 （介護支援専門員）	K
	家族（長男の妻）	M	N特別養護老人ホーム （相談員）	K		
検討した項目	【介護保険サービス開始につき開催】 ①本人・家族の意向確認。本人・家族の状況の情報共有。 ②居宅サービス計画書サービス内容についての検討。					
検討内容	①本人：今まで一人でやってきた。退院後同居を始めたが，今までやっていたこともできないと言われるのが腹立たしく，口論になることも多い。自分ではできると思っているので，できるだけやりたいことを尊重してほしい。 家族：本人の意思を尊重したいが，できないことでもできると言い張るので困っている。３人で仲良く暮らしたいので，サービスの助けも借りたい。少し物忘れがあるので，どのように接すればよいか悩んでいる。 ②居宅サービス計画書の原案の目標，サービス内容についての検討。					
結論	①物忘れや介護方法などは，地域包括支援センターの認知症家族支援事業（認知症の介護者サロン）に参加し情報を得ていただく。家族３人がお互いの時間をつくり，尊重し合いながら生活できるよう，介護支援専門員やサービス担当者が３人の話を聞き調整していく。 ②今まで，自分のペースで生活していたので，デイサービスはできるだけ自分の意思でアクティビティ参加を決定できるようにするなど配慮する。身体に異変があった時には，速やかに受診できるように，家族とサービス支援者側が連携を密にする。短期入所については，本人が理解・納得して利用できるよう，介護支援専門員から説明する。					
残された課題 （次回の開催時期）	本人は生活に意欲的であるが，体調に注意し無理をしないように見守り，声かけを行っていく。 （次回は，必要時または更新時）					

モニタリング総括表

評価者：　K
評価日：　○年5月28日

利用者名　G　様

目標	時期	確認方法	目標の達成度 ○：達成 △：一部達成されず ×：達成されず	サービスの実施状況 ○：実施 △：一部実施されず ×：実施されず	サービスの満足度 ○：満足 △：一部不満足 ×：不満足	今後の対応または新しい生活課題	ケアプラン修正の有無／終了
①歩行器を使って知人宅に行くことができる。	5/28	訪問	△：サービス利用中に歩行器は使っているが，一人で外出はできていない。	×：長男 外出介助を本人が拒否。 ○：通所介護 ○：福祉用具貸与	○：本人 △：長男 サービス時は愛想がいいが，自分には嫌な顔をする。	もう少し歩行器の使い方に慣れれば外出する気になるかもしれないため，継続。	無
②木工作品を月に1点作成できる。	5/28	訪問	△：作品の作成中	○：長男	○：本人・家族 少しずつだが，作品作りを楽しんでいる。	毎月作品を仕上げるのは難しいかもしれないが，本人が意欲的に取り組んでいるため，このまま継続。	無
③自室の掃除と洗濯ができる。	5/28	訪問	△：洗濯は自分で行っているが，掃除はできていない。	○：長男の妻 掃除は本人のいない時にそっと行っている。	○：本人 ○：長男の妻	本人の意向を尊重し，できないところを手伝うようにしている。	無
④食事や薬をむせずにとることができる。	5/28	訪問	△：食事時にむせがあり，痰とよだれが多い。	○：長男夫婦 ○：通院 ○：通所介護	○：本人 ○：家族 月2回の定期受診や服薬はできている。通所介護で指導している食事前の嚥下体操で，効果を感じている。	開始後間もないため，このまま継続。	無

・○，△，×で評価し，△，×の場合はその状況を簡潔に記入する。
・「目標」とは短期目標のことである（ただし，状況によっては長期目標でも可）。
・「サービスの実施状況」は，短期目標に位置付けられたすべてのサービスについて，プランどおり実施されているか評価する。
・「サービスの満足度」で，本人・家族で満足度が異なる場合は，別々に記入する。

評価者：　K
評価日：　○年５月28日

利用者名　G　様

目標	時期	確認方法	目標の達成度 ○：達成 △：一部達成されず ×：達成されず	サービスの実施状況 ○：実施 △：一部実施されず ×：実施されず	サービスの満足度 ○：満足 △：一部不満足 ×：不満足	今後の対応 または 新しい生活課題	ケアプラン 修正の 有無／終了
⑤週３回入浴し，さっぱりした気分で生活できる。	5/28	訪問	○：見守りのもと，定期的に入浴できている。	○：通所介護	○：本人 ○：長男 週３回の通所介護は，休まず利用できている。	安全に入浴できている。	無
⑥家族や友人とお花見や墓参りなど，月に２回は少し遠出ができる。	5/28	訪問	△：今の生活に十分慣れていないこともあり，友人との交流はない。４月中旬に城趾公園の八重桜を見に行った。	△：長男・長男の妻 ○：居宅介護支援	△：本人 △：長男・長男の妻 認知症の介護者サロンに行きはじめて少し気が晴れていますが，なかなか自分たちの感情をコントロールできないこともある。	長男夫婦が，介護方法を習得し，気持ちに余裕ができるには時間がかかると思われる。認知症の介護者サロンは息抜きになっているので，このままの目標とする。もう少し落ち着いたら，友人との交流を促していく。	無
⑦長男夫婦以外からも介護を受け，生活することができる。	5/28	訪問	×：本人がまだ納得していないので，デイサービスに慣れてから導入していく。	×：短期入所生活介護	△：家族 できるだけ早く利用してほしいが，いやいや行っても続かないといけないので，慎重に進めたい。	本人と十分話をし，時間をかけて進めていく。	無

・○，△，×で評価し，△，×の場合はその状況を簡潔に記入する。
・「目標」とは短期目標のことである（ただし，状況によっては長期目標でも可）。
・「サービスの実施状況」は，短期目標に位置付けられたすべてのサービスについて，プランどおり実施されているか評価する。
・「サービスの満足度」で，本人・家族で満足度が異なる場合は，別々に記入する。

友人・知人との交流を続けたいと願う認知症のある独居女性

女性・89歳

要介護度：2

認知症：Ⅱb

ケース概要

1年前に夫が亡くなり，独居となる。子どもはいないため，甥や姪を頼りにしていたが，夫の生前中より物忘れや被害妄想があり，金銭管理で関係が悪化したため，現在は成年後見制度を活用している。知人や隣人からの「外に食事に行こう」などの誘いと交流が支えとなり，一人暮らしへの不安はあるが，住み慣れた自宅で暮らしたいと望んでいる。

○年５月20日

利用者	H	性別	女性	生年月日	○年○月○日
相談内容	友達や近所の人がいつでも声をかけてくれるので，この家で暮らすのが一番良い。最近，病院で主治医が話したことを忘れてしまうので，病院に誰かについて来てほしい。「血圧が高い」と言われているので，体調が心配である。				
生活歴・生活状況	結婚前は洋裁を学び，家業を手伝う。23歳で結婚し，専業主婦として生活を続ける。子どもはいない。結婚前より住んでいる地域であり，昔からの知人や近所との付き合いを続けてきている。	〔家族状況〕 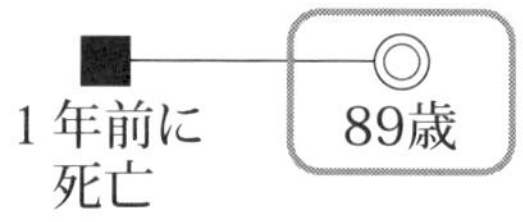 			
健康状態	65歳から高血圧症のため，降圧剤の服薬治療を続ける。74歳の時，脳梗塞を発症するが，後遺症はなく生活は自立。84歳から短期記憶障害が出現し，アルツハイマー型認知症と診断された。 夫が死亡後，抑うつ状態となるが服薬にて症状は改善し，現在は内服していない。１カ月前よりデイサービスで測定すると，血圧が高い（170 ／80mmHg前後）日が多くなっている。４週間に１回通院している。				
ADL	全般に動作は自立しているが，立ち座りや動作はじめにふらつきやすい。転倒はない。				
IADL	夫の生前より外食が多く，食事は現在も市販のものを購入するか外食が多い。調理は湯沸かし程度。買い物は同じものを購入することがある。掃除や整頓，洗濯は自ら行わないため，週１回訪問介護員と一緒に行っている。 金銭管理は保佐人が行い，毎月生活費を届け，日常は自分で管理している。服薬は自己管理しているが，古い薬袋も含めて残薬がある。服薬忘れの自覚はなく，自己管理ができていると思っている。				

コミュニケーション 能力・認知	その場での意思疎通は図れるが，何度も同じ話を繰り返すことが多い。誰とでも楽しく会話ができる。 難聴はない。新聞が読める視力である。 財布やメモしたものが見つからず，しばしば捜し物をしている。
社会との かかわり	知人や隣人を誘って毎日買い物や外食に行く。複数の知人が時々自宅に食べ物を届けてくれる。町内会長や民生委員に相談したい時は，自ら連絡する。夫の供養のための連絡が，時々，住職夫婦から入る。昔からの知り合いの新聞店が安否確認をしている。
排尿・排便	自立している。失禁・便秘などのトラブルはない。
褥瘡・ 皮膚・清潔	自宅に浴室がないため，週１回のデイケアセンターで入浴している。知人と外出がしたいため，入浴機会を増やすためにデイサービスの利用回数を増やすことは拒否。自分で体を拭くこともあると言うが，自ら更衣することは少ない。訪問介護の際に更衣を促すが，応じないこともある。皮膚トラブルはない。
口腔衛生	義歯を使用している。自分で洗浄する程度の簡単な手入れはできている。
食事摂取	検査データ上の栄養状態は正常範囲内。朝食はパンなどの軽食を食べ，昼・夕食は外食か市販の弁当などを食べている。身長145cm，現在の体重は37kg台を維持している。500mLのペットボトルを３本ほど手元に準備し，水分摂取をしている。脱水を起こしたことはない。期限切れの食品を処分し忘れるため，訪問介護で確認・整理を行っている。
BPSD	甥と姪に対して金銭に絡む被害妄想がある。
介護力	甥と姪が県外に住んでおり，甥が緊急時の連絡先となっている。 甥・姪とは以前金銭管理について衝突があり，疎遠となっている。 キーパーソンや日常的な介護を提供できる親族はいない。
居住環境	築45年の平屋一戸建て。 病院，コンビニエンスストア，スーパー，飲食店が500m圏内にある。
特別な状況	不動産や預貯金など夫が残した財産があり，経済状況は安定している。夫の死後，成年後見・保佐人が財産管理・金銭管理などを行っている。

居宅サービス計画書（1）

作成年月日　〇年5月20日

初回・紹介・**継続**　　**認定済**・申請中

項目	内容
利用者名	H　様
生年月日	〇年〇月〇日
住所	N市〇〇区〇〇町
居宅サービス計画作成者氏名	I
居宅介護支援事業者・事業所及び所在地	M居宅介護支援事業所　N市〇〇区〇〇町
居宅サービス計画作成（変更）日	〇年5月20日
初回居宅サービス計画作成日	〇年2月10日
認定日	〇年1月20日
認定の有効期間	〇年1月1日　～　〇年12月31日
要介護状態区分	要支援　・　要介護1　・　**要介護2**　・　要介護3　・　要介護4　・　要介護5
利用者及び家族の生活に対する意向	本人：夫が亡くなって一人で暮らすことの心配もあるが、ここにいると近所の人や友達が声をかけてくれるので楽しい。いつまでも知っている人の近くで暮らしていきたい。物忘れがあり、時々困ることが出てくるので、助けてもらいながら暮らしていきたい。病院に行く日や主治医から聞いた話を忘れてしまうので、誰かについて来てもらいたい。
介護認定審査会の意見及びサービスの種類の指定	なし
総合的な援助の方針	住み慣れた所で、近所の人や友達が「声をかけてくれた時」に、いつでも一緒に外出や会話ができるような交流を続けていけるように支援していきます。 一人暮らしを続けていけるように、体調や生活環境を整えていきましょう。 体調変化や生活の困り事などに対処できるように、関係者間の連携を図っていきます。 緊急時の連絡先：成年後見人・保佐人M氏　〇〇〇-〇〇〇-〇〇〇〇 　　　　　　　　B医院　〇〇〇-〇〇〇-〇〇〇〇 　　　　　　　　民生委員　〇〇〇-〇〇〇-〇〇〇〇 　　　　　　　　甥　〇〇〇-〇〇〇-〇〇〇〇
生活援助中心型の算定理由	1．**一人暮らし**　2．家族等が障害、疾病等　3．その他（　　　　）

居宅サービス計画書（2）

利用者名　　H　　様　　　　　　　　作成年月日　○年５月20日　　No. 1

生活全般の解決すべき課題（ニーズ）	目標				援助内容					
	長期目標	期間	短期目標	期間	サービス内容	※1	サービス種別	※2	頻度	期間
友達や近隣の人と一緒に外食や外出を楽しんで元気に暮らしたい。	友達と外出を続け，自宅での生活を続けることができる。	○.5〜○.10	①食事や薬の指示を守り，150／80mmHg前後の血圧で過ごせる。	○.5〜○.7	病状管理，緊急対応，服薬処方		外来診療	B医院	2回/月	○.5〜○.7
					薬カレンダーを確認し服薬		本人	本人	毎日	
					病状管理，療養相談服薬管理服薬管理，薬カレンダー配薬セット	○	訪問看護	M訪問看護ステーション	1回/週	
					体調チェック，服薬確認，血圧の値に注意して入浴介助	○	通所リハビリ	Kデイケアセンター	1回/週	
					服薬確認，服薬状況を介護支援専門員に伝える	○	訪問介護	N訪問介護事業所	2回/週	
					通院介助	○	訪問介護	N訪問介護事業所	2回/月	
					院内介助，待ち時間の介助		介護保険外自費サービス	N訪問介護事業所		
					一緒に外食や喫茶店に出かける		その他	近隣・知人	随時	
					訪問介護員からの服薬に関する状況などを主治医，訪問看護師などに伝える		居宅介護支援	M居宅介護支援事業所	随時	
物忘れが心配だが，一人暮らしを続けたい。	毎日の生活に困らずに暮らすことができる。	○.5〜○.10	②身じたくや身の回りのことを整えることができる。	○.5〜○.7	掃除・整頓・ごみ分別を一緒に行う。更衣を嫌がった時の促し。買い物の状況，期限切れなどの確認と不足分の補い。	○	訪問介護	N訪問介護事業所	2回/週	○.5〜○.7
			③お金に不安なく生活し，困った時に相談ができる。	○.5〜○.7	金銭管理・契約支援		成年後見（保佐人）	M司法書士	1回/月	○.5〜○.7
					生活相談，連絡調整，保佐人と共に訪問し，状況報告	○	居宅介護支援	M居宅介護支援事業所	1回/月	
					保佐人の依頼で本人に必要なお金を手渡す	○	居宅介護支援 訪問介護	M居宅介護支援事業所 N訪問介護事業所	必要時	
					安否確認・情報連絡		その他	Y新聞店	毎朝	
					日常の見守り・助け合い 生活相談，地域との連携，安否確認		その他	近隣・知人 K地域包括支援センター 民生委員，町内会長	随時	
					生活状況の確認，認知症の評価・対応	○	訪問看護	M訪問看護ステーション	1回/週	

※１　「保険給付対象かどうかの区分」について，保険給付対象内サービスについては○印を付す。
※２　「当該サービス提供を行う事業者」について記入する。

週間サービス計画表

利用者名　H　様　　　　作成年月日　○年５月20日

		月	火	水	木	金	土	日	主な日常生活上の活動
深夜	4：00								
早朝	6：00								新聞配達・安否確認
午前	8：00								起床・朝食（軽食）
						通所リハビリ	訪問介護		
	10：00	訪問介護		訪問看護					
午後	12：00								友達との外食や買い物
	14：00								
	16：00								
夜間	18：00								友達との外食か自宅で夕食
	20：00								入浴
深夜	22：00								就寝
	24：00								
	2：00								
	4：00								

週単位以外のサービス	定期受診：２回/月（Ｂ医院）　院内介助：保険外自費サービス（Ｎ訪問介護事業所） 成年後見・保佐人司法書士M氏：１回/月 生活費を届ける　随時訪問：民生委員

サービス担当者会議の要点

利用者名　H　様　　居宅サービス計画作成者氏名　I　　作成年月日　○年５月20日

開催日　○年５月20日　　開催場所　利用者の自宅　　開催時間　15：00〜16：00　　開催回数　３回目

	所属（職種）	氏名	所属（職種）	氏名	所属（職種）	氏名
会議出席者	本人	H	Kデイケアセンター（責任者）	K	民生委員	Y
	成年後見・保佐人（司法書士）	M	M訪問看護ステーション（看護師）	M	M居宅介護支援事業所（介護支援専門員）	A
	N訪問介護事業所（責任者）	N	B病院（照会：主治医）	B		
検討した項目	【サービス変更時の担当者会議】 ①血圧のコントロールを図るための服薬管理方法や支援体制について検討。 ②定期受診忘れや外来診察内容の記憶がないことの不安への対応について検討。					
検討内容	①デイサービス中の収縮期血圧が170～180mmHgで経過しており，脳血管疾患発症の心配がある。今まで内服薬は自己管理していたが，認知障害が進行し，服薬忘れが増えていると思われる。自己管理できるという気持ちを尊重しつつ，服薬支援の必要性について理解を促していく必要がある。 主治医：窮屈感を感じないように，服薬管理は週３～４日程度の様子見でよい。 目標とする血圧は150／80mmHg前後との指示があり，そのために支援体制をどうするか検討。 ②医師の診療・指導結果を，健康管理のための支援に適切に生かせないことが考えられるため，受診介助が必要である。					
結論	①主治医からの説明で，訪問看護の導入と訪問介護を１回から２回に増やすことに本人は納得した。 週１回の訪問看護を導入し，薬の自己管理がしやすいように薬カレンダーで配薬セットをする。 週２回の訪問介護で，服薬確認と新聞での曜日確認を行う。 デイケア送迎時に，職員が配薬カレンダーの残薬を確認する。残薬があれば施設で服用させる。 ②訪問介護による月２回の通院介助を導入する。院内は介護保険外での支援とし，主治医からの病状説明や生活上の注意事項があった場合は，介護支援専門員に報告する。内服薬の服薬状況，バイタルサインなどは，訪問看護より主治医に情報を提供する。 ③保佐人の了解のもと，診療中の付き添いとして訪問介護事業所による自費訪問介護員（保険外サービス）を提供する。					
残された課題（次回の開催時期）	サービスの増量により本人の（監視されているという）窮屈感の有無を把握していく。 血圧の変動，内服状況を把握した結果，薬剤の増量の必要性を医師に判断してもらい，計画変更を検討する。 財布が見つからないと混乱するので，保佐人より本人宅に一定金額を保管しておき，保佐人の依頼で本人に必要なお金を手渡すことにする（介護支援専門員とサービス提供責任者の２人体制）。 （次回更新時検討予定）					

モニタリング総括表

利用者名　H　様

評価者：　I
評価日：　○年６月26日

目標	時期	確認方法	目標の達成度 ○：達成 △：一部達成されず ×：達成されず	サービスの実施状況 ○：実施 △：一部実施されず ×：実施されず	サービスの満足度 ○：満足 △：一部不満足 ×：不満足	今後の対応 または 新しい生活課題	ケアプラン 修正の 有無／終了
①食事や薬の指示を守り，150／80mmHg前後の血圧で過ごせる。	6/26	訪問 電話 FAX	△：残薬は週１～２日程度であるが，服薬した時の血圧は150／80mmHg前後で経過。	△：本人 ○：訪問看護 ○：訪問介護 △：通所リハビリ ○：外来診療 ○：居宅介護支援事業所	○：本人 主治医から今の血圧で大丈夫と言われ安心した。看護師が毎日の薬を分かりやすく分けてくれたので，ちゃんと飲んでいる。	デイケア送迎時に施錠して玄関で待っていると，残薬確認ができない。送迎時，デイケア職員が薬カレンダーに残薬があれば指導し，デイケアで服薬させる。	無
②身じたくや身の回りのことを整えることができる。 ③お金に不安なく生活し，困った時に相談ができる。	6/26	訪問 電話 FAX	○：財布が見つからなければ保佐人に電話をして対応できるようになり，混乱が減っている。	○：訪問介護 ○：通所リハビリ ○：訪問看護 ○：Ｙ新聞店 ○：保佐 ○：近隣・知人 ○：Ｋ地域包括支援センター ○：民生委員 ○：居宅介護支援事業所	○：本人 困った時はすぐに相談できるので，心配なくやっている。これからも自宅で暮らしていけるように助けてほしい。	定期的な訪問サービス時に困ったことや関係者が気づいたことなどの報告がなされ，対処できている。	無

- ○，△，×で評価し，△，×の場合はその状況を簡潔に記入する。
- 「目標」とは短期目標のことである（ただし，状況によっては長期目標でも可）。
- 「サービスの実施状況」は，短期目標に位置付けられたすべてのサービスについて，プランどおり実施されているか評価する。
- 「サービスの満足度」で，本人・家族で満足度が異なる場合は，別々に記入する。

●後天性免疫不全症候群（HIV）で，うつ状態にある独居女性

女性・68歳

要介護度：2

認知症：Ⅱa

ケース概要

第３子出産時に大量出血を起こした際に使用した血液製剤でHIVに感染し，第３子は出産時に死亡した。11年前に夫をがんで失い，その後，うつ傾向となる。娘の勧めで海外旅行などには出かけていたが，３年前よりうつが悪化し，閉じこもりの生活となる。不眠，食欲不振（拒食状態），栄養状態悪化，自殺企図により入院するが，心身状況のある程度の回復が見られ退院した。

○年○月○日

利用者	A	性別	女性	生年月日	○年○月○日
相談内容	５年前に感染症の検査にて入院した際，うつ状態で自殺企図があった。抑うつ状態は続いているが，自宅での生活が続けられるように支援してほしい。				
生活歴・生活状況	２男２女の次女として生まれ，高校卒業後，中小企業に就職し，25歳で結婚。２人の娘を育て，11年前に夫は他界し，現在独居。		〔家族状況〕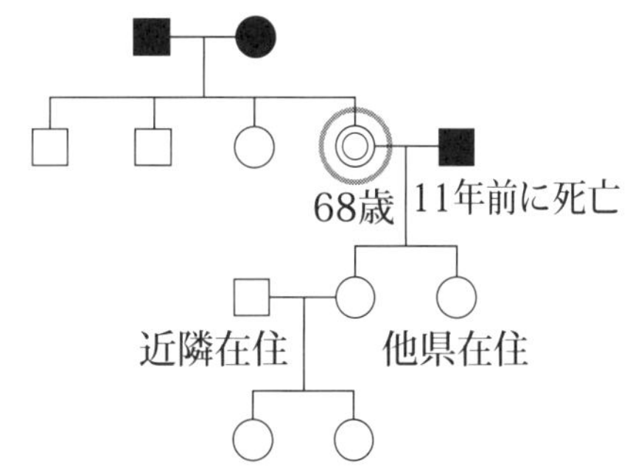		
健康状態	後天性免疫不全症候群（易感染状態で上気道感染症を起こしやすい），うつ状態（抗うつ剤の内服治療中。うつによる見当識障害）。 主症状：不眠，背部痛（少しギャッジアップすることで緩和），食思低下，ふらつきあり，排便に執着がある。 身長150cm，体重36kg，BMI 16				
ADL	寝返り，起き上がり，移乗：つかまってできるが，うつ状態のため日内変動あり。 歩行：屋内は伝い歩行。屋外は杖を使用し見守り歩行。 着衣：自立。　入浴：見守り。　排泄：自立。				
IADL	調理，掃除，買い物，金銭管理：近くに住む長女が代行。 服薬状況：準備すれば自分で内服するが，忘れることがあるため，確認が必要。				

コミュニケーション能力・認知	その場の意思疎通は会話でできる。人とのかかわりを好まない。 ベッド上で横になり，閉眼して過ごすことが多く，日時が分からない。 視力・聴力は，日常生活に支障ない。
社会とのかかわり	元気な時は，買い物好きで毎日外出していた。夫が死亡してからは外出や人との交流に消極的になり，一日の大半をベッド上で過ごすようになった。テレビなどにも関心がない。自分がHIV感染になったことや早くに夫をなくしたことなどを悔やみ，何をしても寂しさが募り，長女宅に行ってもすぐに帰ってきてしまう。孤独感にさいなまれている。
排尿・排便	念のため尿取りパッドを当てているが，失敗はない。 便秘ではないが，便が出ていないと気になり浣腸を希望する。
褥瘡・皮膚・清潔	寒さに弱く，厚着をするため発汗し，皮膚は湿潤状態。仙骨部に発赤ができることもある。ほぼ毎日入浴はできている。
口腔衛生	歯磨きは自分で行う。義歯なし。歯肉炎があり，食事の際に痛みあり。
食事摂取	気分によって変動がある。固い食事は好まず軟らかいものを好む。量は少ないが，何とか３回摂取できる。水分は１日１Ｌ以上飲みたい時に飲んでいる。
BPSD	火の消し忘れがある。自殺企図の可能性はある。
介護力	独居。近所の長女が出勤前後に自宅に寄って朝・夕の食事と薬を準備する。他県在住の次女が年に数回滞在する。 介護負担：身体介護はないが，食事を食べないことが心配で，家族の精神的な負担となっている。長女は就学前の子どもが２人いて，平日フルタイムで仕事をしている。
居住環境	住宅街の木造一戸建て（本人所有）。２階建だが，階段の上り下りができないため，１階で過ごす。トイレ・浴室に手すりがあり，シャワーチェアなどの環境も整っている。
特別な状況	後天性免疫不全症候群（特定疾患認定あり。身体障害者手帳３級。福祉給付金あり）。室内犬を飼っている。

居宅サービス計画書（1）

作成年月日　○年４月20日

初回・紹介・継続　｜　認定済・申請中

利用者名　A　様　　生年月日　○年○月○日　　住所　N市○区○○町

居宅サービス計画作成者氏名　K

居宅介護支援事業者・事業所及び所在地　M居宅介護支援事業所　N市○区○○町

居宅サービス計画作成（変更）日　○年４月20日　　初回居宅サービス計画作成日　○年４月20日

認定日　○年３月１日　　認定の有効期間　○年４月１日　～　○年３月31日

要介護状態区分	要支援　・　要介護１　・　要介護２　・　要介護３　・　要介護４　・　要介護５
利用者及び家族の生活に対する意向	本人：背中の痛みがあり，眠れずふらふらして調子が悪い。起きていられない。体調がいつもと違うと心配になる。 自分でトイレや食事はできる。外に出かけたくないので，家の中でそっとしておいてほしい。 長女：退院後も一人暮らしになるが，毎日朝夕通って母の支援をしていきたい。食事やトイレなどの動作はできるが，気が向かないと食事や薬を飲まない心配がある。毎日仕事があるので，昼間は様子を見てもらいながら，母が生活できるように体調を整えて過ごしてほしい。人見知りが激しいので，入院前に利用していた事業所を利用したい。
介護認定審査会の意見及びサービスの種類の指定	なし
総合的な援助の方針	一人暮らしですが，薬・食事・水分などがきちんととれるように家族と相談しながら進めていきましょう。 部屋の換気，掃除などをして気持ちよく過ごせるよう環境を整えていきましょう。 定期的に体調を確認していきましょう。１日の生活スケジュールや体力を見ながら外出ができる方法を検討していきましょう。 緊急時連絡先：長女　○○○－○○○○－○○○○ M総合病院　○○○-○○○○（内線　○○番） B訪問看護ステーション　○○○－○○○○－○○○○（24時間緊急対応）
生活援助中心型の算定理由	１．一人暮らし　２．家族が障害，疾病等　３．その他（　　）

居宅サービス計画書（2）

利用者名　A　様　　　　作成年月日　○年４月20日　　No. 1

生活全般の解決すべき課題（ニーズ）	目標				援助内容					
	長期目標	期間	短期目標	期間	サービス内容	※１	サービス種別	※２	頻度	期間
感染症や病気を悪化させたくない。	病気に負けないような身体づくりをすることができる。	○.4〜○.10	①食事をおいしく食べ，感染症に負けない身体づくりができる。	○.4〜○.6	体調管理，治療，検査，療養指導相談，緊急時の対応		医療機関	M総合病院	１回/月	○.4〜○.6
					体調管理，療養生活の指導，内服確認，体重測定（週１回），傾聴 （緊急時訪問看護加算）		訪問看護（医療）	B訪問看護ステーション	３回/週〜 緊急時	
					食事の準備と内服の促し		家族	長女（次女）	毎日朝夕 土日の昼	
					食事・薬を摂取・服用する		本人	本人		
					サービス調整 独居のため緊急時の対応やサービス事業者，家族との情報交換を随時行う。	○	居宅介護支援	M居宅介護支援事業所	１回/月〜 必要時	
					生活援助：本人の嗜好に合わせた食事の準備，買い物代行，環境整備，空調管理 身体介護：気分に応じ買い物同行	○	訪問介護	C訪問介護事業所	３回/週	
寒さに弱く背中の痛みもあるので，身体を温めて楽になりたい。	お湯につかり，身体を温めることができる。	○.4〜○.10	②週３回は入浴し，身体を温めることができる。	○.4〜○.6	身体介護：入浴・洗身の見守り，皮膚の観察	○	訪問介護 家族	C訪問介護事業所 長女（次女）	３回/週 随時	○.4〜○.6

※１　「保険給付対象かどうかの区分」について，保険給付対象内サービスについては○印を付す。
※２　「当該サービス提供を行う事業者」について記入する。

利用者名　A　様　　　　作成年月日　○年４月20日　　No.２

生活全般の解決すべき課題（ニーズ）	目標				援助内容					
	長期目標	期間	短期目標	期間	サービス内容	※１	サービス種別	※２	頻度	期間
夜ぐっすり眠りたい。	朝・昼・夜の生活のリズムをつくることができる。	○.４〜○.10	③日中はベッドから離れて過ごすことができる。	○.４〜○.６	昼間の活動を一緒にする／外出（コンビニや郵便局）の同行	○	訪問介護	Ｃ訪問介護事業所	体調に合わせ随時	○.４〜○.６
					体操，脳トレ，洗濯物たたみなどの生活リハビリ	○	訪問看護	Ｂ訪問看護ステーション	訪問時体調で	
					雨戸を開けて，日に当たる		本人	本人	毎日	
					特殊寝台の選定・評価・貸与および使用方法の説明・メンテナンス	○	福祉用具貸与	Ｄ福祉用具事業所	毎日	
					精神的支援，内服の声かけ体調や気分に応じ，外食や散歩，買い物など気分転換を図る		家族	長女（次女）	随時	
旅行ができるまでに気力を回復したい。	孫たちと一緒に出かけ，楽しむことができる。	○.４〜○.10	④月に１度は長女や次女宅へ外出ができる。	○.４〜○.６	近所の長女宅に出かけ，孫と遊ぶ		本人 家族	本人 家族	体調に合わせ随時	○.４〜○.６
					気持ちの落ち込みを防ぐ		心療内科	本人に合った心療内科を検討	未定	
					確実に内服し，生活リズムを整える（うつ状態の軽減）。		本人	本人		
					主治医と相談しながら本人に合ったメンタルクリニックを探して同行面談	○	居宅介護支援	Ｍ居宅介護支援事業所	本人，家族と調整し対応	

※１　「保険給付対象かどうかの区分」について，保険給付対象内サービスについては○印を付す。
※２　「当該サービス提供を行う事業者」について記入する。

週間サービス計画表

利用者名　A　様　　　　作成年月日　○年４月20日

		月	火	水	木	金	土	日	主な日常生活上の活動
深夜	4：00								
早朝	6：00								
午前	8：00	長女訪問	長女訪問	長女訪問	長女訪問	長女訪問	長女訪問	長女訪問	起床
									朝食
	10：00	訪問看護（医療）	訪問介護	訪問看護（医療）	訪問介護	訪問看護（医療）	訪問介護		内服確認
									介助で生活リハビリなど
午後	12：00								
									昼食
	14：00		訪問介護		訪問介護		訪問介護	長女訪問	訪問介護員介助で入浴
							長女訪問		
	16：00								（ベッド臥床で過ごす）
夜間	18：00								夕食
		長女訪問	長女訪問	長女訪問	長女訪問	長女訪問	長女訪問	長女訪問	
	20：00								（ベッド臥床で過ごす）
		次女からの電話【内服確認・精神的支援】	次女からの電話【内服確認・精神的支援】	次女からの電話【内服確認・精神的支援】	次女からの電話【内服確認・精神的支援】	次女からの電話【内服確認・精神的支援】	次女からの電話【内服確認・精神的支援】	次女からの電話【内服確認・精神的支援】	次女が内服確認の電話
深夜	22：00								
									就寝
	24：00								（不眠が多い）
	2：00								（夜間１回トイレ）
	4：00								

週単位以外のサービス	定期受診：１回/月（M総合病院通院）（長女の介助）　B訪問看護ステーション：24時間対応体制（緊急時訪問看護加算あり） 福祉用具貸与：特殊寝台・特殊寝台付属品（D福祉用具事業所）　次女の電話連絡：毎晩

サービス担当者会議の要点

利用者名　A　様　　居宅サービス計画作成者氏名　K　　作成年月日　○年４月20日

開催日　○年４月20日　　開催場所　利用者宅　　開催時間　15：00〜16：00　　開催回数　１回目

<table>
<tr><th rowspan="4">会議出席者</th><th>所属（職種）</th><th>氏名</th><th>所属（職種）</th><th>氏名</th><th>所属（職種）</th><th>氏名</th></tr>
<tr><td>本人</td><td>A</td><td>家族（長女）</td><td>E</td><td>家族（次女）</td><td>F</td></tr>
<tr><td>B訪問看護ステーション
（訪問看護師）</td><td>G</td><td>C訪問介護事業所
（訪問介護員）</td><td>H</td><td>D福祉用具事業所
（福祉用具事業者）</td><td>K</td></tr>
<tr><td>M総合病院（内科医）
（主治医）</td><td>T（照会）</td><td>M居宅介護支援事業所
（介護支援専門員）</td><td>K</td><td></td><td></td></tr>
<tr><th>検討した項目</th><td colspan="6">自宅での生活を開始するに際し，体調管理を行い感染症を予防しながら一人暮らしを継続するために必要な支援について今回の入院前の支援と生活状況を振り返っての支援案
退院時カンファレンス（４月10日）の留意点も含め検討</td></tr>
<tr><th>検討内容</th><td colspan="6">閉じこもりの生活をしていく中で，内服ができなくなり悪化し，入院になった経緯あり，毎日誰かがかかわり，確実に内服する必要がある。また，日時は，人の説明でなく，信用できる物がないと確認できず，活動や日課の促しが難しいため工夫が必要。動作時は起き上がりができれば自宅内は自立できるので，動機づけについて模索・検討する。</td></tr>
<tr><th>結論</th><td colspan="6">午前・午後表示の時計を今月中に家族が設置。時間を一緒に確認しながら食事や内服の声かけを行っていく。家族の訪問がない平日の昼食時に訪問看護・介護で訪問し，環境調整，体調管理，保清の支援を行う。気持ちが向けば活動ができるので，家事などを一緒に行うように促すが，抑うつ状態があるため無理強いしない。動作の自立のため特殊寝台を導入する。感染予防は一般的対応で，マニュアルを参考にする。確実な内服管理を行い，再発を防止する。</td></tr>
<tr><th>残された課題
（次回の開催時期）</th><td colspan="6">少しでもうつ状態が改善するようにできることを検討していく。本人に合ったメンタルクリニックを探し，定期的にカウンセリングが受けられるように支援していく。
（必要時）</td></tr>
</table>

モニタリング総括表

利用者名　　A　　様

評価者：　K
評価日：　○年5月24日

目標	時期	確認方法	目標の達成度 ○：達成 △：一部達成されず ×：達成されず	サービスの実施状況 ○：実施 △：一部実施されず ×：実施されず	サービスの満足度 ○：満足 △：一部不満足 ×：不満足	今後の対応 または 新しい生活課題	ケアプラン修正の有無／終了
①食事をおいしく食べ，感染症に負けない身体づくりができる。	5/24	訪問 活動記録確認	△：脇に真菌による湿疹と痒みがある。 おいしく食事をとるまでには至らないが，摂取はできている。	○：家族 ○：医療機関 ○：訪問看護 ○：訪問介護	△：本人 人が来てごちゃごちゃ言うからうるさい。そっとしておいてほしい。	継続 構わないでほしいと言っているが，訪問時はケアを受け入れている。	なし
②週3回は入浴し，身体を温めることができる。	5/24	訪問 活動記録確認	△：週3回は何とか入浴できている。 背中の痛みは取れないが，身体を温めることはできている。	△：本人 ○：家族 △：訪問看護 △：訪問介護	○：本人 ○：家族	継続 体調や気分で入浴や離床ができるので，様子を見ていく。	なし
③日中はベッドから離れて過ごすことができる。	5/24	訪問 活動記録確認	△：朝なかなかベッドから抜け出せないが，昼から夕方まではベッドに入らずに過ごせる。	○：訪問介護 ○：訪問看護 ○：家族 ○：福祉用具貸与	△：本人 外に出かけたくない。外出した後は疲れる。体も痛くなる。 ○：家族 ゆくゆくはデイサービスの利用も考えたい。	継続 デイサービスの受け入れの可否について情報収集していく。	なし
④月に1度は長女や次女宅へ外出ができる。	5/24	訪問 活動記録確認	×：計画どおりにサービスが利用でき，本人がメンタルクリニックの受診に同意したらメンタルクリニック，診療内科を検討していく。	×：居宅介護支援	×：本人 △：家族 しばらく様子を見て主治医とも相談しながら，本人のカウンセリングも定期的にしてもらい，外出の機会となるところをじっくり探したい。	今後の検討課題 外出の機会の第一歩となるような，本人の気に入るメンタルクリニックをじっくり探していく。	今後の課題

・○，△，×で評価し，△，×の場合はその状況を簡潔に記入する。
・「目標」とは短期目標のことである（ただし，状況によっては長期目標でも可）。
・「サービスの実施状況」は，短期目標に位置付けられたすべてのサービスについて，プランどおり実施されているか評価する。
・「サービスの満足度」で，本人・家族で満足度が異なる場合は，別々に記入する。

●家族の支援が望めない視覚障害のある独居女性

女性・92歳

要介護度：2

認知症：Ⅰ

ケース概要

３年前に夫を亡くし，その後一人暮らし。糖尿病で内服にて治療中。視神経萎縮網膜症のため，両目に視野狭窄がある。転倒による骨折を繰り返しており，足腰の痛みが続いている。加齢に伴い体調不良や体力・筋力低下があり，一人での生活が困難となってきたが，家族の支援は望めない。本人は住み慣れた自宅での生活を望んでいる。

○年６月10日

利用者	Y	性別	女性	生年月日	○年○月○日
相談内容	動くのが大変になってきたが，自宅で暮らしたいのでみんなに助けてもらいたい。デイサービスも続けていきたい。そのために，健康に気を付けて転ばないようにしたい。				
生活歴・生活状況	30歳で結婚。子どもは１人（長女）出産。子育てが落ち着いてから工場で定年まで働く。子どもが結婚し，家を出てからは夫と２人暮らし。３年前に夫が亡くなり一人暮らしとなった。	〔家族状況〕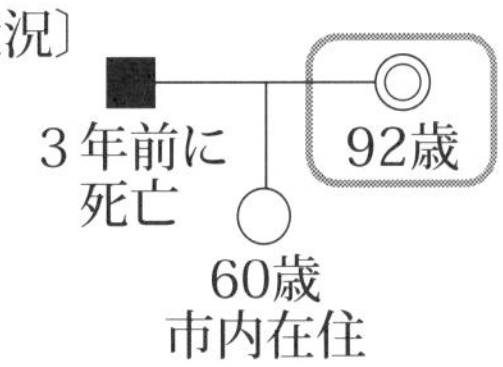			
健康状態	糖尿病（内服治療のみ，食事制限はない），高血圧症，骨粗鬆症，胸椎圧迫骨折，左大腿骨頸部骨折。腰背部痛と円背あり。仰臥位不可。視神経萎縮網膜症のため両眼視野狭窄あり。身長147cm，体重38kg，BMI17.5。				
ADL	家の中は杖を使用して移動する。屋外は近所しか出かけず，シルバーカーを使用する。排泄は自立。入浴はデイサービスで介助を受けている。				
IADL	お金は近所の郵便局でまとめて下ろし，自分で金銭管理をしている。ご飯を炊く以外は，訪問介護で買い物・調理・掃除の支援を受けている。時々服薬を忘れる。				
コミュニケーション能力・認知	やや難聴で，少し大きめの声でないと聞き取りにくい。視野狭窄があり，左右の広い範囲を見ることができない。夜間は特に見えにくい。年相応の物忘れはあるが，意思はしっかり伝達できる。				
社会とのかかわり	近所の人や民生委員，家の修理を頼む大工などが時々訪問する。以前参加していた近所の集まりには，足腰が弱り参加できなくなった。				
排尿・排便	ベッドから起きて一部屋を通り抜けトイレに行くが，起き上がりと移動に時間がかかり，間に合わないことも時々あり，尿取り用パッドを使用している。交換は自分で行う。整腸剤を服用しており，定期的に排便ある。				

褥瘡・皮膚・清潔	円背で痩せており，側臥位で寝ていることがほとんどである。褥瘡はない。
口腔衛生	自分で行う。義歯が合わず痛みがあり，外していることが多い。歯科受診が困難であるため，今後訪問歯科を検討中。
食事摂取	食事量は少なく，栄養補助剤を１日１～２缶服用している。口渇あり。水分は少しずつ何回かに分けて飲むようにしている。
BPSD	なし
介護力	主介護者の長女（市内在住）は，神経疾患のため入退院を繰り返しており，外出も困難。長女は必要時電話をかけてくる。
居住環境	２階建ての一軒家。１階部分に細長く２間あり，奥の部屋にベッドを置き，その奥に台所，玄関，トイレがある。２階は荷物を置いているだけで使用していない。自前の簡易ベッドにレンタルの手すりを設置している。
特別な状況	視覚障害にて身体障害者手帳２級。市民税非課税世帯　居住する市の福祉給付金資格者証（障害）あり。

居宅サービス計画書（1）

作成年月日　〇年6月14日

初回・紹介・⓪継続　　⓪認定済・申請中

利用者名　Y　様　生年月日　〇年〇月〇日　住所　N市〇〇区〇〇町	
居宅サービス計画作成者氏名　H	
居宅介護支援事業者・事業所及び所在地　J居宅介護支援事業所　N市〇〇区〇〇町	
居宅サービス計画作成（変更）日　〇年6月14日　　初回居宅サービス計画作成日　〇年12月9日	
認定日　〇年6月1日　　認定の有効期間　〇年7月1日　～　〇年6月30日	

要介護状態区分	要支援　・　要介護1　・　⓪要介護2　・　要介護3　・　要介護4　・　要介護5
利用者及び家族の生活に対する意向	本人：できるだけ自分のことは自分でやりたい。目が見えにくく動くこともつらくなってきたので、助けてもらいながら、この家で暮らしていきたい。娘には頼れないので具合が悪くなった時が心配。すぐに主治医に診てもらいたい。 長女：自分の体の調子が悪いので、介護はできない。本人は家で一人で暮らしたいと思っているので、可能な限りサービスを利用していきたい。一人暮らしが難しくなったら、施設入所を考えるつもり。糖尿病があり、服薬や食事がしっかりできているのか心配なので、皆さんに見守ってほしい。
介護認定審査会の意見及びサービスの種類の指定	なし
総合的な援助の方針	住み慣れた家で、友人や地域との関係を続けながら生活できるよう支援していきます。 一人暮らしの不安や相談を受けながら、担当者間で連携を図っていきます。 病状の管理や緊急時の体制を整えて、安心して暮らせるようにしていきます。 緊急時連絡先：Aクリニック　〇〇〇-〇〇〇-〇〇〇〇 　　　　　　　I訪問看護ステーション　〇〇〇-〇〇〇-〇〇〇〇 　　　　　　　長女（携帯）　〇〇〇-〇〇〇〇-〇〇〇〇
生活援助中心型の算定理由	1．⓪一人暮らし　　2．家族が障害、疾病等　　3．その他（　　　　）

居宅サービス計画書（2）

利用者名　Y　様　　　　作成年月日　○年6月14日　　No. 1

生活全般の解決すべき課題（ニーズ）	目標				援助内容					
	長期目標	期間	短期目標	期間	サービス内容	※1	サービス種別	※2	頻度	期間
糖尿病や合併症を悪化させないで，一人暮らしを続けたい。	糖尿病の自己管理ができる。	○.7〜○.12	①正確に内服でき，低血糖や高血糖症状を起こさない。	○.7〜○.9	病状管理，内服処方，栄養補助剤処方，緊急時対応，定期採血	○	訪問診療	Aクリニック	1回/2週	○.7〜○.9
					病状管理，点眼処方		受診	M眼科医院	1回/2カ月	
					病状チェック，高血糖・低血糖症状の観察，服薬管理，緊急時対応，食事状態確認，療養相談，緊急時対応	○	訪問看護	I訪問看護ステーション	1回/週	
					体調の確認，内服・食事状況などの確認と報告	○	訪問看護	S訪問介護事業所	2回/週	
					体調の確認，内服の声かけ確認	○	通所介護	Mデイサービスセンター	3回/週	
			②栄養バランスの良い食事がおいしく食べられる。	○.7〜○.9	生活援助（食材の買い物，調理，片付け）	○	訪問介護	S訪問介護事業所	2回/週	○.7〜○.9
					夕食の弁当配達，安否確認	○	配食サービス（市町村特別給付）	T配食サービス	毎日	
					食事の提供，食事量が変化した時の報告，栄養状態についての確認・情報共有（栄養スクリーニング加算）	○	通所介護	Mデイサービスセンター	1回/6カ月	
見える範囲が狭いが，安全な道を選んで郵便局や近所に歩いて出かけたい。	転倒しないで自宅周囲を歩ける。	○.7〜○.12	③トイレや台所などへ転ばずに移動できる。	○.7〜○.9	生活援助（環境整備，掃除，買い物，洗濯）実施，身体介護（ベッド周囲を片付けることと洗濯物を干すことなど本人ができる部分は一緒に行う）	○	訪問介護	S訪問介護事業所	2回/週	○.7〜○.9
					安全な起居，立位動作の確保（手すりの選定・貸与・評価）	○	福祉用具貸与	K福祉用具事業所	毎日	
					買い物（自分で品物を選ぶ支援），受診（眼科），郵便局などの外出同行		同行援護（障害者総合支援法）	S訪問介護事業所	必要時	
					歩行動作確認・指導，下肢筋力向上のための運動の指導	○	訪問看護	I訪問看護ステーション	1回/週	
なじみの人と会って楽しく話をして過ごしたい。	身体を動かしたり，楽しい時間を過ごし気分転換できる。	○.7〜○.12	④週3回は外出し，友人と話ができる。	○.7〜○.9	移動支援，入浴介助（皮膚の観察）（入浴介助加算），更衣介助，レクリエーションの参加，体操，マッサージにて体をほぐす	○	通所介護	Mデイサービスセンター	3回/週	○.7〜○.9
			⑤生活の困り事を相談することができる。	○.7〜○.9	見守り，地域行事やサロンの紹介			民生委員	適宜	
					金銭の相談，生活状況把握		家族	長女	適宜	
					生活相談，サービス調整，一人暮らしの見極め，民生委員や関係者と情報交換	○	居宅介護支援	J居宅介護支援事業所	1回/月〜必要時対応	

※1　「保険給付対象かどうかの区分」について，保険給付対象内サービスについては○印を付す。
※2　「当該サービス提供を行う事業者」について記入する。

週間サービス計画表

利用者名　Y　様　　　　作成年月日　○年6月14日

		月	火	水	木	金	土	日	主な日常生活上の活動
深夜	4：00								
早朝	6：00								
									起床
午前	8：00								朝食，トイレ
			通所介護	訪問看護	通所介護		通所介護		
	10：00								
									デイで週3回入浴
午後	12：00								昼食
	14：00	訪問介護				訪問介護			
	16：00								
		配食サービス	配食サービス	配食サービス	配食サービス	配食サービス	配食サービス	配食サービス	配食サービス，安否確認
夜間	18：00								夕食
									テレビ
	20：00								
									就寝・トイレ
深夜	22：00								
	24：00								
	2：00								トイレ
	4：00								

週単位以外のサービス	福祉用具貸与：ベッドの手すり（K福祉用具事業所） 訪問診療：1回/2週（Aクリニック）通院：1回/2カ月（M眼科医院），買い物・眼科受診：同行援護（障害者総合支援法）　民生委員の訪問

サービス担当者会議の要点

利用者名　Y　様　　居宅サービス計画作成者氏名　H　　作成年月日　○年６月14日

開催日　○年６月14日　　開催場所　利用者宅　　開催時間　14：00～15：00　　開催回数　７回目

会議出席者	所属（職種）	氏名	所属（職種）	氏名	所属（職種）	氏名
	本人	Y	S訪問介護事業所（サービス提供責任者）	T	T配食サービス	F
	Aクリニック（主治医）	A	K福祉用具事業所（相談員）	S	J居宅介護支援事業所（介護支援専門員）	H
	I訪問看護ステーション（管理者）	N	Mデイサービスセンター（相談員）	I	長女（TELにて確認）	N
検討した項目	①更新に伴い現在の病状，生活状況，本人の行えていること，支援の必要な事柄，本人・家族の今後の生活の意向確認。 ②生活の目標，サービス内容の確認。					
検討内容	①病状の共通理解（主治医より）：足腰の痛みが悪化して動きが悪くなっているほか，食欲も低下し血糖コントロールが不良になっていたので，内服薬の調整や栄養補助剤の摂取を勧め，痛みの軽減と共に病状も安定してきている。 本人・家族の意向の確認：サービス計画書原案にて確認。 ②自分のことはできる範囲で行いたいとの意向を尊重し，身体状況に合わせて転倒を予防する環境の整備について検討。デイサービスを継続できるよう，本人の体調の安定を図るための支援について検討。					
結論	①長女の支援状態について担当者に伝え，現在のサービス内容の継続を確認する。 ②不安なく一人暮らしを継続できるよう，体調の変化に対してはサービス担当者間で連携し，気づいたことは報告対応を早期に実施。 本人が楽しみにしているデイサービスに休まず行けるよう体調を整える必要がある。食事量を増やし，不足分は栄養補助剤を１～２缶/日飲む。デイサービスで栄養スクリーニングを行い，担当者間で共有する。確実な内服の確認，転倒予防のための室内の環境整備を支援する。内服忘れ，食事量の減少があれば，介護支援専門員に報告していただく。洗濯物を干す・たたむ，ベッド周囲の片付けをするなど，できることは一緒に行う。デイサービスでの負担のない体操や見守り歩行練習などを実施する。訪問看護による運動指導にて筋力低下を防止する。安否確認として，配食サービスも含め毎日訪問者を計画する。					
残された課題（次回の開催時期）	緊急時，本人が家の鍵を開けられない場合の対策：早急な対応が必要のため，キーボックスの設置検討（家族に相談）。 訪問歯科診療を検討。 （更新時または必要時）					

モニタリング総括表

評価者：　H
評価日：　○年８月24日

利用者名　Y　様

目標	時期	確認方法	目標の達成度 ○：達成 △：一部達成されず ×：達成されず	サービスの実施状況 ○：実施 △：一部実施されず ×：実施されず	サービスの満足度 ○：満足 △：一部不満足 ×：不満足	今後の対応 または 新しい生活課題	ケアプラン 修正の 有無／終了
①正確に内服でき，低血糖や高血糖症状を起こさない。	8/17	訪問 事業所 報告	○：血糖値の結果により内服の変更あり。 薬カレンダーにて飲み忘れの予防はできている。	○：訪問診療 ○：訪問看護 ○：訪問介護 ○：通所介護	○：本人	薬の変更による体調の変化に注意し，本人にも伝えるように説明する。	無
②栄養バランスの良い食事がおいしく食べられる。	8/17	訪問 事業所 報告	△：食欲は低下気味で摂取量も少ない。義歯による痛みあり，弁当の惣菜が噛みにくい。	○：訪問介護 △：配食サービス ○：通所介護	○：本人	訪問介護員に食べやすいおかゆや惣菜を作ってもらい摂取している。義歯の調整を行い，しっかり噛めるようにする。	有 弁当の硬さの変更。 歯科診療の調整。
③トイレや台所などへ転ばずに移動できる。	8/17	訪問 事業所 報告	△：家事は炊飯と洗濯機を回す程度実施。洗濯物を干そうとしてバランスを崩し転倒しそうになった。 洗濯物をたたむことは，一人で時間をかけて行えている。	○：訪問介護 ○：福祉用具貸与 ×：同行援護 ○：訪問看護	○：本人 やれることは行おうとしたが転びそうになったので，これからは訪問介護員と一緒に行う。 看護師と共に運動はできているが，一人での実施は難しい。	転倒防止のため，無理な家事は支援を受けるように本人に説明し，訪問介護員に状況を連絡する。同行援護の利用はなかった。当面の間，運動は看護師と共に行う。慣れてきたら，一人で運動できるよう指導していく。	無

・○，△，×で評価し，△，×の場合はその状況を簡潔に記入する。
・「目標」とは短期目標のことである（ただし，状況によっては長期目標でも可）。
・「サービスの実施状況」は，短期目標に位置付けられたすべてのサービスについて，プランどおり実施されているか評価する。
・「サービスの満足度」で，本人・家族で満足度が異なる場合は，別々に記入する。

利用者名　Y　様

評価者：H
評価日：○年８月24日

目標	時期	確認方法	目標の達成度 ○：達成 △：一部達成されず ×：達成されず	サービスの実施状況 ○：実施 △：一部実施されず ×：実施されず	サービスの満足度 ○：満足 △：一部不満足 ×：不満足	今後の対応 または 新しい生活課題	ケアプラン 修正の 有無／終了
④週３回は外出し，友人と話ができる。	8/17	訪問	○：デイサービスは休まず利用でき，顔見知りの人やスタッフとも会話を楽しんでいる。	○：通所介護	○：本人 入浴はとても気持ちが良くさっぱりする。疲れると横になって無理しないようにしている。みんなが声をかけてくれるのがうれしい。知人も増えた。	継続	無
⑤生活の困り事を相談することができる。	8/17	訪問	△：たびたび民生委員が訪問してくれるので心強い。長女の訪問はなく，必要時に電話がある。	○：民生委員 ×：家族 家族の訪問は全くない。	△：本人 「娘は自分のことが大変で来られないのは仕方がない」と本人。	家族の訪問は望めず。電話だけでも定期的にして，本人の生活状況や困り事を確認して，必要時は介護支援専門員に連絡を依頼する。	無 介護支援専門員からも，必要時は本人の状況を家族に報告をしていく。

・○，△，×で評価し，△，×の場合はその状況を簡潔に記入する。
・「目標」とは短期目標のことである（ただし，状況によっては長期目標でも可）。
・「サービスの実施状況」は，短期目標に位置付けられたすべてのサービスについて，プランどおり実施されているか評価する。
・「サービスの満足度」で，本人・家族で満足度が異なる場合は，別々に記入する。

●在宅生活を続けたい他人との交流が苦手な独居女性

女性・82歳

要介護度：2

認知症：I

ケース概要

15年間一人で生活していたが，間質性肺炎・肝硬変の症状悪化で救急搬送され入院となった。病院ケースワーカーより在宅希望との依頼で，独居生活継続のための調整を開始した。人とかかわることが苦手なため，訪問サービス中心に支援を開始。家族以外の人との人間関係が構築できたのを確認してデイサービスを導入した。

○年３月３日

利用者	A	性別	女性	生年月日	○年○月○日
相談内容	（初回面談時）妹：今まで一人で生活し，時々様子を見に訪問していた。退院後は一人での生活は難しいと思うので，何らかの支援を受けたい。姉は集団生活が苦手なので，できればこのまま在宅で暮らしてほしい。				
生活歴・生活状況	結婚歴なし。両親と３人暮らしをしていたが，両親が亡くなってからは15年間独居。近所の飲食店で60歳まで働いていた。厚生年金あり。	〔家族状況〕 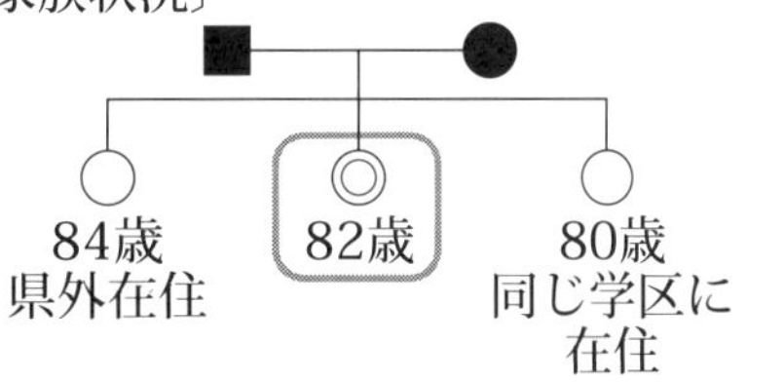 			
健康状態	間質性肺炎・慢性呼吸不全（在宅酸素療法１Ｌ/分），肝硬変，慢性甲状腺炎（免疫性の疑い），うつ病。身長140cm，体重68kg。				
ADL	起き上がり・立ち上がりは，つかまれば可能。呼吸不全に伴いベッドをギャッジアップして臥床することがある。室内移動は，歩行器もしくは壁につかまって可能。倦怠感があり臥床していることが多い。外出時は歩行器使用。				
IADL	金銭管理は難しいため，妹が週に２～３回程度訪問し，支援している。自分で調理したいとの希望はあるが，自分で調理すると作りすぎても全部食べてしまうことがよくある。主治医より，カロリー制限（1,300kcal/日）が必要と指示あり。				
コミュニケーション能力・認知	就学時に引きこもりがあり，集団生活を十分経験していない。漢字などが十分読み書きできないことで劣等感を持っている。現在も人とのかかわりは苦手である。一人で判断することに不安があるため，介護保険などのサービス内容の決定には妹の支援を必要としている。				

社会とのかかわり	小さな飲食店で15年間働いただけで，社会とのかかわりは希薄である。「慣れた関係」を求めるため，関係づくりには支援が必要である。
排尿・排便	自立。体調が悪く下痢などをすると間に合わず，トイレを汚すことがあるが，２週間に１度程度である。
褥瘡・皮膚・清潔	知らない人たちの前では裸になれないため，デイサービスでは入浴しない。自宅での入浴を希望している。
口腔衛生	自立
食事摂取	自立
BPSD	特になし。気分が落ち込むと会話ができなくなる。
介護力	主介護者は妹。同じ学区に住み，週に２～３日１時間程度訪問している。県外に住んでいる姉は，高齢で訪問できなくなった。
居住環境	市営住宅の４階。エレベーターあり。
特別な状況	主治医の指示で在宅酸素療法中（１Ｌ/分）。

居宅サービス計画書（1）

作成年月日　○年３月23日

初回・紹介・継続　　認定済・申請中

利用者名　A　様　　生年月日　○年○月○日　　住所　N市○○区○○町

居宅サービス計画作成者氏名　O

居宅介護支援事業者・事業所及び所在地　M居宅介護支援事業所　N市○○区○○町

居宅サービス計画作成（変更）日　○年４月１日　　初回居宅サービス計画作成日　○年７月21日

認定日　○年３月19日　　認定の有効期間　○年４月１日　～　○年３月31日

要介護状態区分	要支援　・　要介護１　・　要介護２　・　要介護３　・　要介護４　・　要介護５
利用者及び家族の生活に対する意向	本人：妹がいろいろ助けてくれるので，自宅生活ができる。他人とは暮らしたくないので，今の住宅での生活を続けていきたい。 妹　：退院直後と比べると，自分でできることが増えて安心していられるようになった。自分自身の生活もあるので，あまり多くの時間をかけることはできないが，見守りながら困っている時は手伝いに行く。今の生活を続けてほしい。
介護認定審査会の意見及びサービスの種類の指定	なし
総合的な援助の方針	食べ過ぎによるカロリーオーバーに気をつけて体調を崩すことなく，一人暮らしが続けられるように支援していきいます。 妹様以外の方とも交流を持ちながら，自分でできることも増やしていきましょう。 緊急時連絡先：妹（携帯）　○○○－○○○○－○○○○ Gクリニック　○○○－○○○－○○○○ Y訪問看護ステーション　○○○－○○○○－○○○○（24時間緊急時対応）
生活援助中心型の算定理由	1．一人暮らし　2．家族が障害，疾病等　3．その他（　　）

居宅サービス計画書（2）

利用者名　　A　　様　　　　　　　　　　作成年月日　○年4月1日　　No. 1

生活全般の解決すべき課題（ニーズ）	目標				援助内容					
	長期目標	期間	短期目標	期間	サービス内容	※1	サービス種別	※2	頻度	期間
歩行器を使って運動を兼ねて外出したい。	体重を55kgくらいまで落とし，室内や屋外の移動が楽になる。	○.4〜○.3	①体重を1カ月に1kgのペースで落としていくことができる。	○.4〜○.9	治療／療養指導，減量指導 在宅酸素療法管理，緊急時対応	○	居宅療養管理指導	Gクリニック	2回/月	○.4〜○.9
					服薬の指導・管理 薬の配達	○	居宅療養薬剤管理指導	K薬局	2回/月	
					在宅酸素機器管理		医療機器	E酸素業者	1回/3カ月	
					体調管理，療養指導，減量指導（体重測定），在宅酸素療法管理（特別管理加算Ⅱ，緊急時訪問看護加算），リハビリ（呼吸，下肢筋力向上） 内服確認	○	訪問看護	Y訪問看護ステーション	2回/週	
					体調を見ながら本人と一緒に掃除や環境整備を行う	○	訪問介護	M訪問介護事業所	1回/週	
					移乗・起き上がりの自立・ギャッジアップによる呼吸苦の改善 特殊寝台・特殊寝台付属品，手すり，歩行器貸与	○	福祉用具貸与	B福祉用具事業所	毎日	
					カロリー（1,300kcal）や栄養のバランスに配慮した食事の提供，安否確認	○	配食 市町村 特別給付	I給食業者	2回/日	
					買い物（おやつはなるべく購入しない）		家族	妹	1〜3回/週	
呼吸苦があるので，不安なく入浴したい。	呼吸を整えてゆったりと入浴したい。	○.4〜○.3	②週2回見守りで入浴できる。	○.4〜○.9	移動の介助・入浴介助（入浴介助加算） 酸素や呼吸苦をチェックしながら介助。	○	通所介護	Aデイサービスセンター	2回/週	○.4〜○.9

※1　「保険給付対象かどうかの区分」について，保険給付対象内サービスについては○印を付す。
※2　「当該サービス提供を行う事業者」について記入する。

利用者名　A　様　　　作成年月日　○年4月1日　No. 2

生活全般の解決すべき課題（ニーズ）	目標				援助内容					
	長期目標	期間	短期目標	期間	サービス内容	※1	サービス種別	※2	頻度	期間
妹以外の人とも交流を持ち，関係を広げられるように気持ちを安定させたい。	他人と交流することで，不安になることなく過ごせる。	○.4 ～ ○.3	③うつ病の薬を飲み忘れない。	○.4 ～ ○.9	うつ病の薬を飲む日時の声かけ		家族	妹	不定期	○.4 ～ ○.9
					服薬確認，体調の把握，主治医・薬剤師との連携	○	訪問看護	Y訪問看護ステーション	2回/週	
			④関係者と話ができる。	○.4 ～ ○.9	会話への支援／コミュニケーション方法の工夫，ゆっくりとした聴き取り	○	全関係者	全スタッフ	常時	○.4 ～ ○.9
					他の利用者との関係づくりの支援 スタッフとの交流	○	通所介護	Aデイサービスセンター	2回/週	
					落ち着いた気持ちで施設を利用できるような声かけ 施設への送迎（送迎加算）	○	短期入所生活介護	N特別養護老人ホーム	必要時	
					精神状態の把握とサービス事業所との情報共有 主治医などへの情報伝達	○	居宅介護支援	M居宅介護支援事業所	月1回以上	

※1　「保険給付対象かどうかの区分」について，保険給付対象内サービスについては○印を付す。
※2　「当該サービス提供を行う事業者」について記入する。

週間サービス計画表

利用者名　A　様　　　　作成年月日　○年４月１日

		月	火	水	木	金	土	日	主な日常生活上の活動
深夜	4：00								
早朝	6：00								起床
午前	8：00								朝食（妹が用意）
									ベッドで臥床または座位でテレビを観る
	10：00	訪問看護	通所介護		訪問看護	通所介護			
									デイで入浴
午後	12：00	配食サービス		配食サービス	配食サービス		配食サービス	配食サービス	昼食（配食），安否確認
		訪問介護							
	14：00								
									洗濯
	16：00								テレビ
夜間	18：00	配食サービス	配食サービス	配食サービス	配食サービス	配食サービス	配食サービス	配食サービス	安否確認
									夕食（配食）
	20：00								
深夜	22：00								就寝
	24：00								
	2：00								
	4：00								

週単位以外のサービス	訪問診療：２回/月（Gクリニック）　短期入所生活介護：必要時（N特別養護老人ホーム）　福祉用具貸与：特殊寝台・特殊寝台付属品，手すり，歩行器（B福祉用具事業所） 訪問（妹）：３回/週（水，土，日）　金銭管理（妹）：２～３回/週

サービス担当者会議の要点

利用者名　A　様　　居宅サービス計画作成者氏名　O　　作成年月日　○年３月23日

開催日　○年３月23日　　開催場所　利用者宅　　開催時間　13：30～14：00　　開催回数　３回目

会議出席者	所属（職種）	氏名	所属（職種）	氏名	所属（職種）	氏名
	本人	A	M訪問介護事業所 （サービス提供責任者）	I	Gクリニック （主治医）（文書照会）	G
	家族（妹）	K	Aデイサービスセンター （相談員）	U	N特別養護老人ホーム （文書照会）	H
	Y訪問看護ステーション （管理者）	T	B福祉用具事業所 （相談員）	F	M居宅介護支援事業所 （介護支援専門員）	O
検討した項目	介護認定更新に伴い，本人・妹の意向を確認。本人のできていること，支援の必要な事柄および支援方法の確認・検討。 現在のサービス評価に基づく今後の適切な支援について。 通所介護：週２回　訪問介護：週１回　訪問看護：週２回　福祉用具：特殊寝台・特殊寝台付属品，手すり，歩行器。					
検討内容	本人　：手を引いてもらいデイサービスへ行けるようになった。もう少し歩けるようになってデイサービス以外へも出かけたい。 妹　：姉妹そろって80歳を超えている。自分が姉の面倒を見ることもだんだんできなくなってくる。訪問介護を週１回利用しているが，家事支援を妹に頼っているところがある。訪問介護員訪問時は訪問介護員と一緒に掃除や，整頓を行い，生活意欲を高めてはどうか。 主治医　：呼吸苦はなく，身体の動きも改善してきている。体重は，ピーク時68kgだったが，現在65kgまで落ちている。栄養は必要だが，カロリーオーバーにならないようにする。身長が140cmなので，体重は55kgくらいを目標にしてほしい。 通所介護：呼吸状態を観察しながら入浴介助を行っている。他の利用者との会話も見られるし，孤立しないように配慮している。 訪問看護：酸素療法は指示どおり行っており，呼吸困難の訴えはない。 訪問介護：身体に負担がかからないように配慮して，一緒に掃除をしている。 福祉用具：安楽な呼吸と起き上がりのために特殊寝台を，移動のために歩行器と手すりを利用している。					
結論	訪問介護の回数を増やし，一緒に家事をすることを提案するが，本人の表情は硬く，かかわる関係者を増やすことへの抵抗が大きい。 結論：自立へ向けたアプローチの時期と思われるが，精神的な混乱を避けるために，当面現在のサービスの回数を継続する。 カロリー制限について：配食サービス（昼・夕）の継続。妹が買い物に行く時は，間食をできるだけ買わないようにする。					
残された課題 （次回の開催時期）	退院後から徐々に担当者を増やし，デイサービスへも出かけられるような生活リズムができている。しかし，本人の年齢や介護者の状況を考えると，妹の負担増強も考えて，必要時はショートステイの利用（おためし）も検討していく。 様子を見ながらアプローチしていく。 （認定更新時・必要時）					

モニタリング総括表

利用者名　A　様

評価者：　O
評価日：　○年4月20日

目標	時期	確認方法	目標の達成度 ○：達成 △：一部達成されず ×：達成されず	サービスの実施状況 ○：実施 △：一部実施されず ×：実施されず	サービスの満足度 ○：満足 △：一部不満足 ×：不満足	今後の対応 または 新しい生活課題	ケアプラン 修正の 有無／終了
①体重を1カ月に1kgのペースで落としていくことができる。	4/20	訪問	△：体重が63kgまで減り，動きは良くなったが，間食している。	○：家族 ○：往診診療・薬剤師訪問 ○：訪問看護 ○：訪問介護 ○：配食 ○：福祉用具貸与	○：間食をしているが，徐々に減量してきている（精神的に無理のない範囲で）。 内服薬（ステロイド薬，利尿剤）の飲み忘れはなく，症状は安定している。	継続 食事制限の自己管理ができるように，「モチベーション」に働きかける。	無
②週2回見守りで入浴できる。	4/20	訪問	○：入浴でもカロリー消費があり，気分も落ち着きリラックスできている。	○：通所介護	○：通所介護 介助で週2回入浴できている。	継続 入浴前後もバイタルサインの変化はなく，落ち着いている。	無
③うつ病の薬を飲み忘れない。	4/20	訪問	○：服薬はきちんとできている。	○：訪問看護	○：本人 薬は何とか飲んでいる。	継続 服薬確認や指導を慣れた職員より行っていく。	無
④関係者と話ができる。	4/20	訪問	△：「今日は気分が悪いから」と気分でデイサービスを休んでしまう。	○：通所介護 デイサービスに来れば，笑顔でいつもの利用者と会話ができるし，運動も休まず参加できる。 ×：短期入所生活介護（今月は使用せず） 慣れたスタッフだと話を続けることができる。	△：本人 嫌ではない。何となく気が進まない日がある。 「皆さん親切にしてくださるから」と関係を評価している。 ○：妹 デイサービスに行っている時は安心していられる。	継続 途中で会話を中断しない笑顔や言葉に注意を払い，本人の言葉をくみ取っていく。 座る席を工夫するなど配慮しているので，会話にかかわっていく。	無

・○，△，×で評価し，△，×の場合はその状況を簡潔に記入する。
・「目標」とは短期目標のことである（ただし，状況によっては長期目標でも可）。
・「サービスの実施状況」は，短期目標に位置付けられたすべてのサービスについて，プランどおり実施されているか評価する。
・「サービスの満足度」で，本人・家族で満足度が異なる場合は，別々に記入する。

●急な体調不良で摂食困難になった日中独居の女性

女性・92歳

要介護度：2

認知症：Ⅰ

ケース概要

昨年夏に熱中症から体調を崩して慢性下痢症，摂食困難となり，全身衰弱のため日常生活が困難になった。長男と２人暮らしで，以前は家族のために家事もこなし，活動的に過ごしていた。急な体調不良で体に自信が持てなくなってしまった。

○年４月８日

<table>
<tr><th>利用者</th><td>A</td><th>性別</th><td>女性</td><th>生年月日</th><td>○年○月○日</td></tr>
<tr><th>相談内容</th><td colspan="5">下痢症で食事がしっかり摂れず衰弱してしまったが，自宅で治療を受け，体が楽になって以前のように動けるようになりたい。</td></tr>
<tr><th>生活歴・
生活状況</th><td colspan="2">女学校卒業。結婚して娘２人と息子１人をもうけ，自営業を支える。60歳の時に息子の仕事を助けるため調理師の免許を取得。67歳の時に夫が他界し，70歳まで社員寮の調理を行っていた。</td><td colspan="3">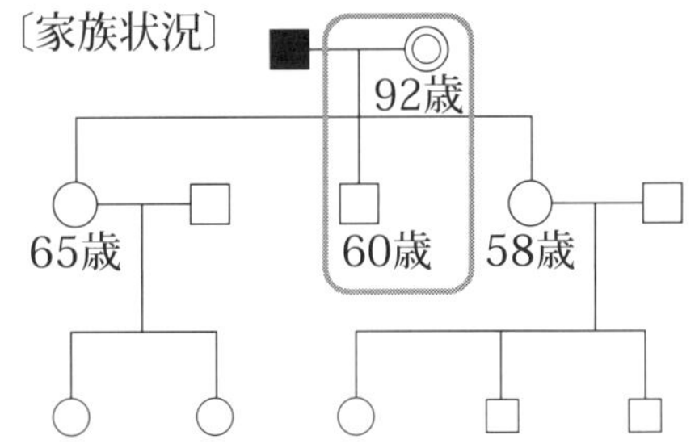
</td></tr>
<tr><th>健康状態</th><td colspan="5">80歳の時に転倒して右前腕を骨折。昨年夏に熱中症で２度倒れてから下痢症が続き，日に数回の水様便がある。体力が落ちてからは固形物が飲み込めなくなった。体重は５カ月の間に15kg減った。</td></tr>
<tr><th>ADL</th><td colspan="5">寝返り・起き上がりはつかまればできる。歩行は自宅内は歩行器を使用し，外出時は車いすを使用。段差は杖を使い何とか上り下りできる。着衣・入浴は時間をかけて自分で行うが，時に家族の介助を受けている。ふらつきがあり，トイレに間に合わない。</td></tr>
<tr><th>IADL</th><td colspan="5">食事準備の援助を受けている，昼食は訪問介護で週３回準備し，週２回配食サービスを利用。土・日曜日は，同居している長男が行う。夕食は長女が準備。買い物・洗濯・掃除は，長女や同居の長男が行う。金銭管理は長男が行っている。</td></tr>
<tr><th>コミュニケーション
能力・認知</th><td colspan="5">倦怠感が強い時は，物忘れが目立つことがあるが，意思疎通に大きな問題はない。かなりの難聴で，大きな声で話しても聞き間違うことがある。電話での会話は可能。</td></tr>
</table>

社会とのかかわり	近隣住民との付き合いはあるが，今は自分で外に出られないため会っていない。朝夕幼なじみからの電話がある。家族は孫曾孫まで大勢いる。盆や正月は，自宅に親類が集まりにぎやかになる。
排尿・排便	水様の下痢が日に３～５回続く。間に合わないと失禁することもあるため，紙パンツを使用している。
褥瘡・皮膚・清潔	入浴は，家族が手伝うこともあるが，普段は自分で無理して入っている。保清はできている。褥瘡など皮膚のトラブルはない。
口腔衛生	自分で洗面所で行っている。
食事摂取	下痢による衰弱後は固形物を飲み込めなくなった。流動食のみ摂取。経腸栄養剤を処方されており，１日に600kcal摂取している。
BPSD	特になし
介護力	長男と同居しているが，長男は仕事のため平日は７時から19時まで一人で過ごす。近くに住む長女が毎夕訪問して家事を支援している。
居住環境	日本庭園のある借家で，部屋ごとに大小の段差がある。玄関や縁側から道路までも石畳みや段差が多い。トイレは洋式で，手すりは付いている。
特別な状況	特になし

居宅サービス計画書（1）

作成年月日　○年４月８日

初回・紹介・継続　　認定済・申請中

利用者名　A　様　　生年月日　○年○月○日　　住所　N市○○区○○町

居宅サービス計画作成者氏名　M

居宅介護支援事業者・事業所及び所在地　M居宅介護支援事業所　N市○○区○○町

居宅サービス計画作成（変更）日　○年４月８日　　初回居宅サービス計画作成日　○年４月８日

認定日　○年３月10日　　認定の有効期間　○年２月15日　～　○年３月31日

要介護状態区分	要支援　・　要介護１　・　要介護２　・　要介護３　・　要介護４　・　要介護５
利用者及び家族の生活に対する意向	本人：何でも食べれるようになり，体力を回復したい。起きているのもつらいが，入院はせず自宅にいたい。 前は庭いじりや外出して昼食や買い物を楽しんだり，家族のためにおいしい物を作ったりしていた。もう一度そんなことができるようになりたい。 長女：下痢が続いて食事がとれず衰弱しているが，入院せずに日中一人でいるのが心配。家で医療や介護を受けて少しでも体が楽になってほしい。
介護認定審査会の意見及びサービスの種類の指定	なし
総合的な援助の方針	下痢症状が落ち着いて，以前のように食事が摂れるように病状の管理を受けながら，体調を整えていきましょう。 お体がとても弱っているので，家では転倒を予防して安全に過ごせるよう環境を整えていきましょう。 体力が回復したら，また食事を作ったり，家族や友人と楽しく交流したりできるようにしていきましょう。 緊急時連絡先：長男　○○○－○○○○－○○○○ 長女　○○○－○○○○－○○○○ C医院（往診医）　○○○－○○○○
生活援助中心型の算定理由	1．一人暮らし　　2．家族が障害，疾病等　　3．その他（　　　）

居宅サービス計画書（2）

利用者名　A　様　　　　作成年月日　○年4月8日　　No. 1

生活全般の解決すべき課題（ニーズ）	目標				援助内容					
	長期目標	期間	短期目標	期間	サービス内容	※1	サービス種別	※2	頻度	期間
買い物や外食をするために外出できるようになりたい。	体力が回復し，家の周りを散歩できる。	○.4～○.9	①必要な栄養と水分を摂取でき，体力が改善する。	○.4～○.6	訪問診療 栄養量の指示，採血 下痢症・低栄養・脱水に対する治療・指導，必要時往診	○	居宅療養管理指導	C医院	2回/月	○.4～○.6
					病状観察（バイタルサイン，水分・栄養摂取量の把握，脱水徴候など），栄養指導，体重測定，嚥下状態の評価，嚥下訓練，緊急時の連絡・対応（緊急時訪問加算） 主治医との連携	○	訪問看護	D訪問看護ステーション	1回/週	
					ペースト食の調理，経腸栄養剤補食介助，食事準備後片付け，環境整備，介護支援専門員に栄養に関する情報報告	○	訪問介護	F訪問介護事業所	3回/週	
					バランスのとれた食事（ペースト食）の提供	○	配食サービス（市町村特別給付）	N弁当	2日/週（昼食）	
					食事の準備		家族	長男 長女	2回/週（土・日） 毎日夕方	
					栄養評価，栄養指導	○	居宅療養管理指導（管理栄養士）	未定	1回/月	調整後
					サービス調整，各機関との連携 サービス事業所より得た情報を医療機関に報告	○	居宅介護支援	M居宅介護支援事業所	1回/月	
			②屋内を1人で転ばずに移動できる。	○.4～○.9	リハビリテーション（体幹，下肢），筋力訓練（室内歩行訓練），生活環境評価	○	訪問看護	D訪問看護ステーション	1回/週	○.4～○.6
					ADL機能評価 リハビリプログラムの作成	○	訪問看護（理学療法士）	D訪問看護ステーション	1回/月	
					補助具（車いす，歩行器）使用方法の確認・メンテナンス	○	福祉用具貸与	G福祉用具事業所	毎日	

※1　「保険給付対象かどうかの区分」について，保険給付対象内サービスについては○印を付す。
※2　「当該サービス提供を行う事業者」について記入する。

週間サービス計画表

利用者名　　A　　様　　　　　　　　　　作成年月日　　○年４月８日

		月	火	水	木	金	土	日	主な日常生活上の活動
深夜	4：00								
									起床
早朝	6：00								朝食
午前	8：00								電話
			訪問看護						
	10：00								
		訪問介護	配食サービス	訪問介護	配食サービス	訪問介護	長男　昼食準備	長男　昼食準備	
午後	12：00								
	14：00								
					居宅療養管理指導（第１，３木曜）				
	16：00								
夜間	18：00	長女訪問	長女訪問	長女訪問	長女訪問	長女訪問	長女訪問	長女訪問	
									夕食
	20：00								入浴
深夜	22：00								就寝
	24：00								
	2：00								
	4：00								

週単位以外のサービス	福祉用具貸与：歩行器，車いす（G福祉用具事業所）　理学療法士による訪問看護　１回/月 ＊管理栄養士による居宅療養管理指導は調整後すぐに導入予定　１回/月

サービス担当者会議の要点

利用者名　A　様　　居宅サービス計画作成者氏名　M　　作成年月日　○年４月８日

開催日　○年４月８日　　開催場所　自宅　　開催時間　15：00～16：00　　開催回数　１回目

<table>
<tr><th rowspan="4">会議出席者</th><th>所属（職種）</th><th>氏名</th><th>所属（職種）</th><th>氏名</th><th>所属（職種）</th><th>氏名</th></tr>
<tr><td>本人</td><td>A</td><td>D訪問看護ステーション
（管理者）</td><td>D</td><td>G福祉用具事業所
（福祉用具相談員）</td><td>G</td></tr>
<tr><td>家族（長女）</td><td>B</td><td>D訪問看護ステーション
（担当看護師）</td><td>E</td><td>M居宅介護支援事業所
（介護支援専門員）</td><td>M</td></tr>
<tr><td>C医院（主治医）</td><td>C</td><td>F訪問介護事業所
（管理者）</td><td>F</td><td></td><td></td></tr>
<tr><th>検討した項目</th><td colspan="6">初回居宅サービス計画について</td></tr>
<tr><th>検討内容</th><td colspan="6">①身体状況の共通確認，主治医の意見，注意事項について
②本人，家族の生活の意向確認
③サービス内容の確認，検討</td></tr>
<tr><th>結論</th><td colspan="6">①身体状況：昨年夏熱中症で倒れてから下痢が続いている。そのため，体力が低下し，流動食しか摂取できなくなった。体重が５カ月で15kg減少。トイレまでは歩けるが，ふらつきがあり転倒しやすい。利用している配食サービスを食べられずほとんど残しているため，最近主治医から経腸栄養剤が処方されるようになった。200mLを１日に３回飲用している。１日に３～５回水様便が半年持続している。30年前から膝関節の痛みがある。
主治医意見：下痢の原因は不明だが，低栄養が進行していると思われる。脱水をはじめ栄養状態がさらに悪化する可能性がある。まずは，排便状況と水分食事量を把握し，必要栄養量を決めていきたい。今後血液データからも脱水徴候，栄養状態を評価して補液，補食を検討したい。
②本人，家族の意向：自宅で医療や介護を受けて体調を管理し，体が楽になって生活できるようになりたい。体調が回復してきたら，また家族のために家事をしたり，外出したりしたい。
③サービス内容〈訪問による介護支援体制が本人の精神的な励みになるように配慮する〉について
栄養士による栄養指導，栄養アセスメントの導入を予定するが，しばらくは現体制で支える。配食サービスの内容をペースト食に変更する。
訪問診療：栄養状態の評価後必要栄養量の指示。治療内容判断，実施，指示
訪問看護：栄養アセスメント（水分・栄養摂取量の把握），必要量不足時の栄養指導，嚥下状態の評価，安静でも行えるリハビリ・嚥下リハの実施。体調を見ながら，下肢筋力が増強するようにリハビリ量を増やす。リハビリメニュー作成と評価のため，月１回理学療法士の訪問を追加する。
訪問介護：経腸栄養剤を必要量摂取できるような声かけ，不足分は食事から摂取できるよう献立を検討。
昼食の準備：ペースト食にして提供。
福祉用具貸与：膝の痛みを増強させずに転倒防止できるように４点杖・歩行器などの使用を検討する。外出時はまだ体力的に不安定なため，車いすを利用する。</td></tr>
<tr><th>残された課題
（次回の開催時期）</th><td colspan="6">脱水徴候，体重減少がある時は，状態が悪化したと判断してサービス内容を早急に再検討する。
（状況変化した時）</td></tr>
</table>

モニタリング総括表

利用者名　A　様

評価者：　M
評価日：　○年6月15日

目標	時期	確認方法	目標の達成度 ○：達成 △：一部達成されず ×：達成されず	サービスの実施状況 ○：実施 △：一部実施されず ×：実施されず	サービスの満足度 ○：満足 △：一部不満足 ×：不満足	今後の対応 または 新しい生活課題	ケアプラン修正の有無／終了
①必要な栄養と水分を摂取でき，体力が改善する。	6/15	訪問	△：体重減少が止まり，4月から2kg増加した。内服薬で下痢の回数が減り，食事を工夫することで少しずつ食べられるようになった。	○：居宅療養管理指導 栄養量1,400kcal/日で継続。 ○：訪問看護 食事前に嚥下体操を提案。 ○：訪問介護 ペースト食の提供を開始。 ○：管理栄養士による居宅療養管理指導を4月20日より開始。 ○：配食サービス ペースト食で配食している。食べ残しが減ってきている。	○：下痢が治まってきている。自分が食べられる食事を作ってくれてうれしい。看護師に言われて体も動かしている。 何を食べたらよいのか教えてもらえるので助かっている。	体調の回復は見られるものの，一人での外出は十分に行えず，発症前の状態までには回復していないため，このまま継続。 ペースト食でなくても食べられそうであれば，配食や訪問介護の調理内容を軟菜のようなものに変えていく。	無
②屋内を1人で転ばずに移動できる。	6/15	訪問	△：歩行器を利用し，ふらつかずに歩け，膝への負荷も軽減できている。自宅でのトイレ移動も安定している。リハビリは実施しているが，時間が短く，効果はまだ十分とは言えない。	○：福祉用具貸与 ○：訪問看護	○：歩行器があると，自宅内はつかまって自分で動けるので本当に助かる。夜のトイレ歩行も安心。屋外で移動するほどの体力は回復していないため，車いすの利用に満足している。 リハビリも頑張りたい。	膝の痛みがあり，体力も戻ってはいない。杖を使った歩行より歩行器を使った歩行の方がふらつかないので，転倒防止のためにも継続する。 安全に外出できる体力をつけることを目的として期間限定で通所リハビリを利用し，屋外で安全に歩行できることを目指す。	有 デイケアの利用を検討

・○，△，×で評価し，△，×の場合はその状況を簡潔に記入する。
・「目標」とは短期目標のことである（ただし，状況によっては長期目標でも可）。
・「サービスの実施状況」は，短期目標に位置付けられたすべてのサービスについて，プランどおり実施されているか評価する。
・「サービスの満足度」で，本人・家族で満足度が異なる場合は，別々に記入する。

●褥瘡が未治癒だが，退院を希望する両下肢麻痺のある女性

女性・77歳

要介護度：2

認知症：自立

ケース概要

ポリオ後遺症による脊髄性小児麻痺があり，両下肢に麻痺がある。両下肢に装具を装着し，車を運転して外出することができ，仕事にも就いていたが，１年前，慢性腎不全となり，体力の低下から日常は主にベッド上で過ごす生活となった。障害者総合支援法で通院介助や訪問介護を利用し，独居生活を支援している。１カ月前，仙骨部に褥瘡ができ入院。症状は改善していないが，本人の強い希望で退院となった。

○年７月24日

利用者	T	性別	女性	生年月日	○年○月○日
相談内容	姉の夫（義兄）：本人が退院を希望している。一人暮らしで両下肢に麻痺があり，褥瘡も治っていないが，家に帰りたいと言っている。入院前のように一人では動くことができないので手伝ってほしい。				
生活歴・生活状況	脊髄性小児麻痺のため両下肢に装具を着けて日常生活を送っている。中学卒業後から洋裁店に勤務し，定年後もパート勤務を続けていたが，入院を機に退職した。 仕事を始めてからは，実家から独立して生活してきた。結婚はせず長年一人暮らし。気丈で明るく話し好きな性格。	〔家族状況〕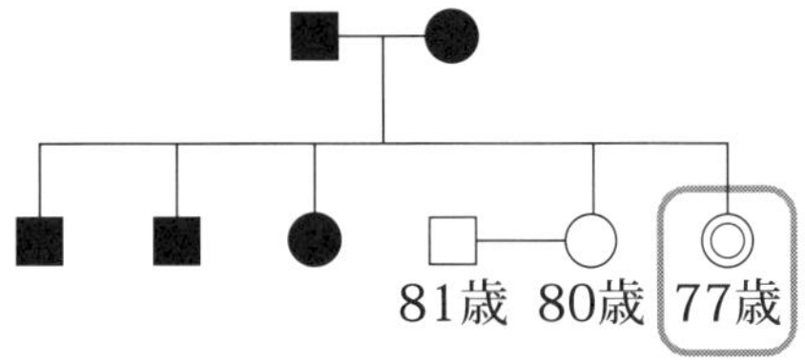			
健康状態	ポリオ後遺症による脊髄性小児麻痺，腰部脊柱管狭窄症，慢性腎不全				
ADL	起き上がり：ベッド柵につかまればできる。 移乗：ポータブルトイレへはベッド柵につかまりスライディングシートを利用し一人で可。 歩行：不可（車いす使用）。 着脱：自立しているが，時間がかかる。 食事：準備してもらえば自分で食べることができる。				

IADL	調理：湯沸かしポットで湯を沸かし，味噌汁やコーヒーは作れる。 買い物，掃除，洗濯：訪問介護員が施行。 服薬：本人管理。 金銭管理：通帳は義兄が管理し，必要に応じて現金を受け取っている。
コミュニケーション能力・認知	視力，聴力は良好。話し好きである。 認知障害はない。
社会とのかかわり	近所に住む実姉が月２～３回程度訪ねてくる。 民生委員が月に１回訪問。近所付き合いはなく，知人が訪ねてくることもない。
排尿・排便	排尿６回/日，排便１回/日 ベッドサイドのポータブルトイレに自力で移乗して行う。片付けは朝，夕訪問した訪問介護員が行う。
褥瘡・皮膚・清潔	１カ月前，通院と買い物のため長時間の外出をした後，臀部に褥瘡が発生。 創は４×３cmで黄色，滲出液が多く，悪臭あり。NPUAP分類Ⅲ度。 浴室までシャワーキャリーで移動し，介助でシャワー浴をしている。シャワー浴をしない日は清拭のみ。
口腔衛生	義歯使用。ベッド上でうがい，歯磨きを行う。準備，片付けは訪問介護員が行う。
食事摂取	慢性腎不全のため，病院の管理栄養士に低タンパク食の食事指導を受けている。 朝食はパンとコーヒー，昼食は本人の希望を聞き，訪問介護員が購入。夕食は配食サービス（腎臓食低タンパク米飯）。水分量は1,500mL/日。
BPSD	なし
介護力	独居。介護協力者は近所に住む姉で，現在は変形性膝関節症で通院治療している。時々おかずを作って持ってきてくれる。キーパーソンは姉の夫（義兄）。
居住環境	築35年の木造平屋の賃貸アパート。２DKでトイレ，風呂，台所までの移動に段差があるため，レンタル品の段差解消スロープを使用している。玄関上がり框は30cmで，外出時はスロープを使用する。
特別な状況	身体障害者手帳１種２級，障害程度区分３

居宅サービス計画書（1）

作成年月日　○年７月25日

初回・紹介・継続　｜　認定済・申請中

利用者名　T　様　　生年月日　○年○月○日　　住所　N市○区○○町

居宅サービス計画作成者氏名　I

居宅介護支援事業者・事業所及び所在地　T居宅介護支援事業所　N市○区○○町

居宅サービス計画作成（変更）日　○年７月25日　　初回居宅サービス計画作成日　○年11月10日

認定日　○年７月20日　　認定の有効期間　○年８月１日　～　○年７月31日

要介護状態区分	要支援　・　要介護１　・　要介護２　・　要介護３　・　要介護４　・　要介護５
利用者及び家族の生活に対する意向	本人：傷の処置が自宅でもできると聞いたので，家で治療を受けながら，これまでどおり自宅で生活を続けたい。自分の力でできるだけ生活をしていけるようにしたい。お尻の傷が早く治るように，自分でも生活に気をつけたい。近所の姉夫婦にはなるべく迷惑を掛けないようにしたいと思う。 姉夫婦：本人が退院して自宅での生活を希望しているので，自分たちができることは協力していくが，いろいろなことは本人と相談し決めていってほしい。日用品で必要な買い物があれば援助していくつもり。自分たちも高齢で通院の手伝いはできないので，きちんと通院できるようにしてほしい。
介護認定審査会の意見及びサービスの種類の指定	なし
総合的な援助の方針	自立した生活が自宅で送れるように支援をしていきます。 腎機能が悪化しないように医学的管理と体調管理を行い，食生活を整えるようにします。 褥瘡処置，創の感染予防を行って，創が早く治癒するように整えます。 清潔が保てるように清拭やシャワー浴介助を行い，生活環境を整えていきます。 これからも一人暮らしを続けるために，必要な支援態勢を整えていきます。 緊急連絡先：義兄（携帯）　○○○－○○○○－○○○○ M病院Y医師　○○○－○○○○ N訪問看護ステーション　○○○－○○○○－○○○○
生活援助中心型の算定理由	1．一人暮らし　　2．家族が障害，疾病等　　3．その他（　　　）

居宅サービス計画書（2）

利用者名　T　様　　　　作成年月日　○年7月25日　　No. 1

生活全般の解決すべき課題（ニーズ）	目標				援助内容					
	長期目標	期間	短期目標	期間	サービス内容	※1	サービス種別	※2	頻度	期間
入院や透析にならないで在宅生活が継続していきたい。	腎臓病を悪化させずに，自宅で生活を続けることができる。	○.8 〜 ○.1	①腎機能検査データが悪化しない。	○.8 〜 ○.10	診察，診断，指導，相談 栄養指導		病院受診 栄養士	M病院	1回/月 適宜	○.8 〜 ○.10
					通院介助（タクシーによる送迎，院内を車いすで移動介助）		訪問介護（障害者総合支援法）	S訪問介護事業所	1回/月	
					介助用車いす，立ち上がり補助手すり，玄関や各部屋の段差解消のスロープの貸与	○	福祉用具貸与	K福祉用具事業所	毎日	
					服薬の遵守 バイタルサインチェック，食事摂取量・睡眠・排泄・精神状態確認，服薬管理，療養指導相談（緊急時訪問看護加算）		本人 訪問看護 （特別指示書）	本人 N訪問看護ステーション	2回/日 7回/週	
			②低タンパク血症を起こさない。	○.8 〜 ○.10	腎臓食の配達，安否確認	○	配食サービス	Q事業所	7回/週	○.8 〜 ○.10
					服薬の遵守，治療食をきちんと食べる		本人	本人	2回/日	
					検診，義歯の調整，歯周病予防，口腔，ケアの指導・相談	○	居宅管理指導	O歯科クリニック	2回/月	
					室内環境整備 配膳・下膳，ポットの給水，掃除，洗濯 服薬や食事の状況で気づいた点を介護支援専門員に連絡する	○	訪問介護 （障害者総合支援法併用）	S訪問介護事業所	2回/日	

※1　「保険給付対象かどうかの区分」について，保険給付対象内サービスについては○印を付す。
※2　「当該サービス提供を行う事業者」について記入する。

利用者名　T　様　　　　作成年月日　○年7月25日　　No.2

生活全般の解決すべき課題（ニーズ）	目標				援助内容					
	長期目標	期間	短期目標	期間	サービス内容	※1	サービス種別	※2	頻度	期間
自分のことは自分で行えるように自立していたい。	褥瘡が治癒する。	○.8～○.1	③褥瘡NPUAP分類Ⅱまで改善する。	○.8～○.10	創の観察，褥瘡処置，保清		訪問看護（医療）（特別指示書）	N訪問看護ステーション	7回/週	○.8～○.10
					褥瘡診察，処置方法指導，療養指導		皮膚科医往診	H皮膚科クリニック	2回/月	
					エアマットレス・車いす用床ずれ防止クッションの提示・助言・貸与，機器の点検・選定	○	福祉用具貸与	K福祉用具事業所	毎日	
					シャワーキャリー移乗介助，シャワー浴介助または清拭，部分浴	○	訪問介護	S訪問介護事業所	3回/週	
			④ポータブルトイレへの移乗が転倒せずにできる。	○.8～○.10	移乗動作の安全確保／特殊寝台・特殊寝台付属品の提示・選定時の助言・貸与，機器の点検	○	福祉用具貸与	K福祉用具事業所	毎日	○.8～○.10
					ポータブルトイレに移乗し，排泄する。		本人	本人	毎日	
					筋力の低下，血流循環改善，胸と肩の疼痛緩和		訪問マッサージ	P治療院	2回/週	
					ポータブルトイレ片付け	○	訪問介護（障害者総合支援法併用）	S訪問介護事業所	2回/日	
	外出し，洋服のリフォームに必要な物や好きな買い物ができる。	○.8～○.1	⑤洋服のリフォームなど手作業ができる。	○.8～○.10	リフォームする洋服選びと裁縫の準備 リフォームの実施		姉 本人			○.8～○.10
					移乗して車いすに座っている時間に注意しながら生活や体調を定期的に把握し，相談に乗る。 医療機関，サービス事業所との連携	○	居宅介護支援	T居宅介護支援事業所	1回/月	
					行政への情報提供，本人への情報提供		相談	民生委員	1回/月	

※1　「保険給付対象かどうかの区分」について，保険給付対象内サービスについては○印を付す。
※2　「当該サービス提供を行う事業者」について記入する。

週間サービス計画表

利用者名　T　様　　　　　　作成年月日　○年７月25日

		月	火	水	木	金	土	日	主な日常生活上の活動
深夜	4：00								
早朝	6：00								起床，朝食
	8：00								
午前		訪問看護（医療）	訪問看護（医療）	訪問看護（医療）	訪問看護（医療）	訪問看護（医療）	訪問看護（医療）	訪問看護（医療）	（特別指示）
	10：00								ラジオを聞いて過ごす
		訪問介護	訪問介護	訪問介護	訪問介護	訪問介護	訪問介護	訪問介護	
午後	12：00								昼食
	14：00	訪問介護			訪問介護		訪問介護		
									テレビを見て過ごす
	16：00								
夜間	18：00	配食サービス	配食サービス	配食サービス	配食サービス	配食サービス	配食サービス	配食サービス	配食弁当の受け取り
		生活支援（障害）	生活支援（障害）	生活支援（障害）	生活支援（障害）	生活支援（障害）	生活支援（障害）	生活支援（障害）	夕食
	20：00								
深夜	22：00								
									就寝
	24：00								
	2：00								
	4：00								

週単位以外のサービス	福祉用具貸与：特殊寝台・特殊寝台付属品，床ずれ防止用具（エアマットレス），車いす用床ずれ防止クッション，立ち上がり補助手すり，スロープ（K福祉用具事業所），定期受診：1回/月（M病院），栄養指導：適宜，訪問マッサージ：2回/週（R病院），通院介助（移動支援），居宅管理指導：2回/月（O歯科クリニック），2回/月（H皮膚科クリニック），訪問（実姉）：2～3回/週，金銭支援（義兄）：適宜，民生委員による見守り：1回/月

サービス担当者会議の要点

利用者名　T　様　　居宅サービス計画作成者氏名　I　　作成年月日　○年７月25日

開催日　○年７月25日　　開催場所　M病院　　開催時間　15：00～15：30　　開催回数　２回目

	所属（職種）	氏名	所属（職種）	氏名	所属（職種）	氏名
会議出席者	本人	T	K福祉用具事業所（担当者）	S	M病院（病棟看護師）	O
	M病院（主治医）	S	N訪問看護ステーション（管理者）	G		
	S訪問介護事業所（訪問介護員責任者）	F	T居宅介護支援事業所（介護支援専門員）	I		
検討した項目	退院に向けた会議 （褥瘡は改善していないが，本人の希望で退院となったため，サービス見直しとリスクについて）					
検討内容	主治医：　褥瘡発生後，入院治療にて改善は見られているが，治癒にはまだ時間を要する。本人が在宅での治療を希望しているので，訪問看護（特別指示書）で処置を継続してほしい。しばらくは長時間の外出は控えた方がよいと考える。専門家の意見を聞いた方が早期に治癒すると思われるので，往診をしている皮膚科の医師に情報提供書を送り，協力してもらうこととしたい。また，腎不全が悪化しないように食生活にも気をつけてほしい。入院前と同じ食事内容を継続してもらえばよい。 病棟看護師：入院時は一時的にADLが低下したが，移乗動作などは一人でできるようになった。外出などは介助が必要だと思う。本人は意欲があるので，褥瘡治療のためだけに入院を継続するより，退院して日常生活を送りながら治療を継続する方が，生活が充実すると思う。現在の褥瘡の状況はNPUAP分類ではⅢ度。 訪問看護：　褥瘡がその状態だと，特別指示書は月２回交付される。褥瘡の処置を中心にサービスを提供していくが，療養生活において全身状態や服薬などの確認も行っていく。緊急時の加算を付けていただくと，24時間いつでも相談に乗れます。 訪問介護：　基本的には入院前と同じようなサービスになると思うが，シャワー浴や入浴などは少し時間がかかるだろう。本人の負担にならないように介助をしていきたい。 福祉用具：　特殊寝台からポータブルトイレへの安全な移乗のためには，ベッドの高さを調整することが必要。また，褥瘡予防のエアマットレスや車いす用床ずれ防止クッションなどの併用を勧める。他の物には入院前と同じでよいと思う。					
結論	訪問看護は，特別指示書で毎日利用する。入浴動作には介助が必要なため，訪問介護を週３回に増やして対応する。訪問介護の不足分は，障害者総合支援法の上乗せサービスを使う。レンタルに関しては，褥瘡予防に必要なエアマットや車いす用のクッションを追加する。皮膚科医や訪問歯科医とも連携しながら，退院後の生活が安定し，確実な治療が受けられるようにする。リフォーム作業で長時間車いすに座ったままにならないように注意しながら趣味を継続する。					
残された課題 （次回の開催時期）	臀部の褥瘡を悪化させないためには，どの程度の外出が可能かを検討する。褥瘡が改善して介護保険での訪問看護の提供になった時は，改めて通所系サービスの導入を検討する。 （状態悪化時，特別指示書の対象外となった時）					

モニタリング総括表

利用者名　T　様

評価者：　I
評価日：　○年８月20日

目標	時期	確認方法	目標の達成度 ○：達成 △：一部達成されず ×：達成されず	サービスの実施状況 ○：実施 △：一部実施されず ×：実施されず	サービスの満足度 ○：満足 △：一部不満足 ×：不満足	今後の対応 または 新しい生活課題	ケアプラン 修正の 有無／終了
①腎機能検査データが悪化しない。	8/20	訪問	○：定期受診は訪問介護員の介助で実施中。時々医師の指示で内服薬が変更になることがある。現状ではデータは悪化していないが，引き続き確認を要する。	○：主治医 △：栄養士 ○：訪問介護（障害） ○：福祉用具貸与 ○：訪問看護（医療）	△：本人 内服薬が変更されると調子が狂う。	継続 医師の指示による治療計画の継続の必要性を伝えていく。	なし
②低タンパク血症を起こさない。	8/20	訪問	△：食事をたまに残すことがある。低タンパク血症にはなっていない。	○：配食サービス ○：本人 ○：訪問歯科	○：本人 歯の調子は良いが，時々疲れて食べたくない時がある。	継続	なし
③褥瘡NPUAP分類Ⅱまで改善する。	8/20	訪問	△：訪問看護の毎日訪問で改善傾向。ステージは変わらず。	○：訪問看護（医療） ○：皮膚科往診 ○：福祉用具貸与 ○：訪問介護	○：本人 毎日訪問看護が来てくれると安心できるし，傷も少し良くなっているのでうれしい。	継続 訪問看護は医療保険の特別指示書で毎日訪問。２～３回/月介護保険利用	なし
④ポータブルトイレへの移乗が転倒せずにできる。	8/20	訪問	△：退院時よりは楽になってきている。	○：訪問マッサージ ○：福祉用具貸与 ○：本人	○：本人 マッサージはありがたい。以前より動きが楽になってきた。	継続 ベッドからポータブルトイレへは，スライディングシートを使用しスムーズにできるようになった。	なし
⑤洋服のリフォームなど手作業ができる。	8/20	訪問	○：リフォームして誰かのためになりたいという気持ちを持てるようになった。	○：訪問介護 ○：居宅介護支援 ○：民生委員	○：本人 部屋もきれいで気持ちが落ち着くが，外出はもう少し見合わせたい。	継続 退院時より表情は明るくなってきている。	なし

・○，△，×で評価し，△，×の場合はその状況を簡潔に記入する。
・「目標」とは短期目標のことである（ただし，状況によっては長期目標でも可）。
・「サービスの実施状況」は，短期目標に位置付けられたすべてのサービスについて，プランどおり実施されているか評価する。
・「サービスの満足度」で，本人・家族で満足度が異なる場合は，別々に記入する。

近隣住民や息子夫婦への被害妄想が強く，民生委員の負担が増強

女性・92歳

要介護度：1

認知症：Ⅲa

ケース概要

認定更新で要支援から要介護となり，地域包括支援センターよりケアマネジメントの依頼を受けた。近隣とトラブルを起こしており，住民からの苦情がある困難事例とのこと。平成24年ごろより意識消失が2～3カ月の間に数回あり，主治医からは施設への入所を勧められている。

○年４月19日

利用者	F	性別	女性	生年月日	○年○月○日
相談内容	日常的に「植木の枝が入り込んでいる」「有刺鉄線を張り巡らされた」などの苦情を訴え，近隣住民とトラブルを起こしている。民生委員より行政と地域包括支援センターに相談があり対応してきたが，要介護となったので依頼したい。				
生活歴・生活状況	最初の結婚で長男を出産した。夫が戦死し，再婚にあたり長男を養子に出した。再婚した夫との間に子どもはいない。資産家であった夫が17年前に死亡し，独居となった。飼い犬が数年前に死亡したころより近隣住民とのトラブルが目立つようになった。	〔家族状況〕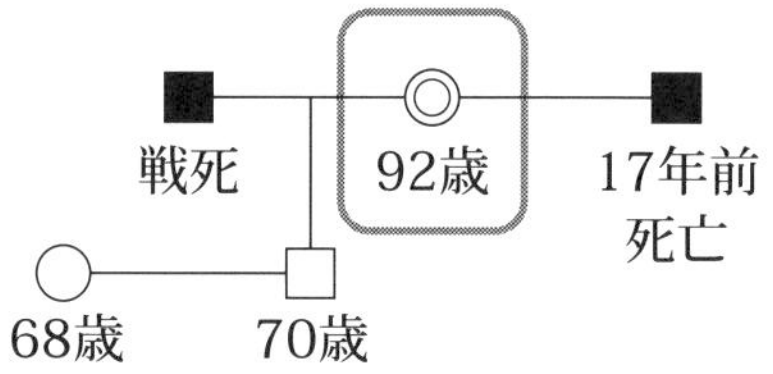			
健康状態	既往歴：狭心症（75歳），高血圧症（75歳），脳梗塞（86歳） 症状：原因不明の意識消失発作あり。貧血があるが，精密検査は受けていない。右膝関節痛と下肢の腫れがあり，近くの内科と整形外科クリニックを受診している。				
ADL	室内動作は自立しているが，歩行は不安定。屋外はシルバーカーを使用。 入浴は訪問介護員の見守り。				
IADL	簡単な調理はできる。夕食は配食サービスを利用。 金銭管理は税理士に相談している。買い物，掃除，通院に介助が必要。				
コミュニケーション能力・認知	隣人やサービス事業者への不満があり，悪口を言う。民生委員や旧知の友人（獣医）だけは受け入れる。長男によると，元来気分が変わりやすい性格であり，考えがしょっちゅう変わる人だったとのこと。				

社会とのかかわり	前夫との間に生まれた長男とその妻は本人とかかわる気持ちはあるが，本人が強い疑念を口にし拒否的である。民生委員と旧知の友人である獣医，税理士とは交流がある。
排尿・排便	自立。
褥瘡・皮膚・清潔	ほぼ自立。訪問介護員の訪問時に入浴の見守りを受ける。
口腔衛生	総義歯。本人は義歯の手入れをしていると言うが，洗浄している様子はない。
食事摂取	３食とも少量（通常食の半分）だが摂取している。夕食は毎日配食サービスを利用している。簡単な調理はできる。
BPSD	サービス事業者や近隣住民への被害妄想的不満が常にある。近隣住民とはかかわりを持たないようにしている。長男夫婦に対しても，事実に基づかない苦情を訴える。
介護力	独居。長男は施設入所の保証人になるなど，できることは協力すると言っているが，本人は長男夫婦の介入を拒否している。
居住環境	２階建ての一軒家（持ち家）。門から玄関までは敷石や植木があって転びやすい。玄関の上がり框や２階への階段などがあるが，手すりはない。
特別な状況	原因不明の意識消失発作が２～３カ月の間に数回ある。主治医からは，独居は限界なので施設への入所を勧められているが，本人が拒否している。

居宅サービス計画書（1）

作成年月日　○年４月19日

初回・紹介・継続　　認定済・申請中

利用者名　F　様　　生年月日　○年○月○日　　住所　N市○○区○○町

居宅サービス計画作成者氏名　K

居宅介護支援事業者・事業所及び所在地　T居宅介護支援事業所　N市○区○○町

居宅サービス計画作成（変更）日　○年５月１日　　初回居宅サービス計画作成日　○年４月19日

認定日　○年４月４日　　認定の有効期間　○年５月１日　〜　○年４月30日

要介護状態区分	要支援　・　要介護１　・　要介護２　・　要介護３　・　要介護４　・　要介護５
利用者及び家族の生活に対する意向	本人：去年くらいから，時々倒れて意識がなくなることはあるが，自然に回復するから大丈夫。 たまには不安もあるが，昔から親しくしている知人もいるので，自分の家でこのまま暮らしていきたい。 長男：そろそろ一人暮らしは限界だと思う。できれば施設に入った方が本人も安心だと思う。
介護認定審査会の意見及びサービスの種類の指定	なし
総合的な援助の方針	一人で生活されている中で，急に意識が消失し不安なことがあります。 民生委員や知人の協力も得ながら，できるだけ不安を少なくして生活ができるように支援していきます。 自分でできることは続けていき，困り事が少なくなるように相談に乗ります。 緊急時の対応：A内科（主治医）　○○○－○○○○　急ぐ時や夜間，休日など救急搬送 緊急連絡先：長男（携帯）　○○○－○○○○－○○○○ 長男の妻　○○○－○○○○－○○○○
生活援助中心型の算定理由	1．一人暮らし　2．家族が障害，疾病等　3．その他（　　）

居宅サービス計画書（2）

利用者名　F　様　　　　作成年月日　○年4月19日　　No. 1

生活全般の解決すべき課題（ニーズ）	目標				援助内容					
	長期目標	期間	短期目標	期間	サービス内容	※1	サービス種別	※2	頻度	期間
月に2回くらい意識がなくなるので不安がある。	急に意識が消失した時は，素早い対応を受けることができる。	○.5 ～ ○.10	①意識や体調の異変時には，長男に通報できる。	○.5 ～ ○.7	定期受診 緊急対応（主治医，家族への連絡） 必要時救急搬送（自費サービスで訪問介護員の付き添い対応）		医療機関 （保険外サービス） 関係者全員	A内科クリニック B訪問介護事業所 全事業所 民生委員，友人	緊急時	○.5 ～ ○.7
					長男に携帯電話（長男の電話番号が登録済みのもの）をかける		本人	本人	随時	
					22時の安否確認（長男からの電話）		家族	長男	毎日	
長年通っている内科クリニックや針治療に通い続けたい。	貧血の悪化や膝の痛み，下肢の痺れを軽減することができる。	○.5 ～ ○.10	②痛みがなく自力で室内を移動できる。	○.5 ～ ○.7	薬をきちんと飲む		本人	本人	2回/日	○.5 ～ ○.7
					体調管理（診察，処方，検査など）		医療機関	A内科クリニック	1回/週	
					針治療，マッサージ		鍼灸院	C鍼灸院	2回/週	
			③貧血を予防し，1日1,000kcalの食事をとることができる。	○.5 ～ ○.7	訪問介護員と一緒にスーパーへ買い物に行く		本人	本人	1回/週	○.5 ～ ○.7
					服薬確認，サービス提供責任者による情報提供，生活状況確認，栄養状態確認，冷蔵庫の食材の確認，食材確保など 自宅動線の安全確保，環境整備 買い物介助，歩行介助	○	訪問介護	B訪問介護事業所	3回/週	
					配食サービス／栄養バランスの良い食事の提供，残食確認 安否確認	○	配食	D配食サービス	毎夕食	

※1　「保険給付対象かどうかの区分」について，保険給付対象内サービスについては○印を付す。
※2　「当該サービス提供を行う事業者」について記入する。

利用者名　F　様　　　　作成年月日　○年4月19日　No. 2

生活全般の解決すべき課題（ニーズ）	目標				援助内容					
	長期目標	期間	短期目標	期間	サービス内容	※1	サービス種別	※2	頻度	期間
長年の友人との交流を続け，自宅で一緒に過ごしたい。	自宅での生活を続けることができる。	○.5 ～ ○.10	④長男夫婦と月1回は夕食を一緒に食べることができる。	○.5 ～ ○.7	主治医などへの情報伝達，サービス調整，近隣住民や民生委員，関係者との情報交換，話をよく聞く 地域包括支援センターとの協働	○	居宅介護支援	T居宅介護支援事業所	1回/月 ～ 随時	○.5 ～ ○.7
					定期的な訪問（安否確認） 訪問して精神状態の安定を図る		友人 民生委員		随時	○.5 ～ ○.7
					見守り，必要時の支援，夕食		家族	長男	随時	
					本人の訴えをよく聞き，対応する 家族支援	○	全スタッフ	全事業所	随時	
					相談，情報提供		総合相談	地域包括支援センター	随時	

※1　「保険給付対象かどうかの区分」について，保険給付対象内サービスについては○印を付す。
※2　「当該サービス提供を行う事業者」について記入する。

週間サービス計画表

利用者名　F　様　　　　作成年月日　○年４月19日

		月	火	水	木	金	土	日	主な日常生活上の活動
深夜	4：00								
早朝	6：00								起床
									朝食
午前	8：00		針治療院受診	A内科受診		針治療院受診			片付け，洗濯
									編み物，手芸，テレビ鑑賞など気分で行う
	10：00								
午後	12：00								昼食
	14：00	訪問介護		訪問介護		訪問介護			テレビを観たり庭を眺めたりする
	16：00						友人の訪問		民生委員や知人の訪問，テレビ鑑賞
夜間	18：00	配食サービス	配食サービス	配食サービス	配食サービス	配食サービス	配食サービス	配食サービス	安否確認
									夕食
	20：00								テレビ鑑賞
									入浴
深夜	22：00								長男より安否確認電話
									就寝
	24：00								
	2：00								
	4：00								

週単位以外のサービス	通院：内科（１回/週），整形外科（１回/月＋随時）　訪問：民生委員（随時）　救急搬送時や保険外必要サービス（自費対応）：B訪問介護事業所（必要時） 地域包括支援センター：必要時

サービス担当者会議の要点

利用者名　　F　　様　　　居宅サービス計画作成者氏名　K　　　作成年月日　○年４月19日

開催日　○年４月19日　　開催場所　利用者宅　　開催時間　16：00～17：00　　開催回数　１回目

<table>
<tr><td rowspan="4">会議出席者</td><td>所属（職種）</td><td>氏名</td><td>所属（職種）</td><td>氏名</td><td>所属（職種）</td><td>氏名</td></tr>
<tr><td>本人</td><td>F</td><td>B訪問介護事業所
（サービス提供責任者）</td><td>B</td><td>地域包括支援センター
（社会福祉士）</td><td>E</td></tr>
<tr><td>A内科（主治医）
（照会）</td><td>A</td><td>友人</td><td>C</td><td>民生委員</td><td>G</td></tr>
<tr><td>家族（長男）</td><td>M</td><td>D配食サービス
（地域配達担当者）</td><td>D</td><td>T居宅介護支援事業所
（介護支援専門員）</td><td>K</td></tr>
<tr><td>検討した項目</td><td colspan="6">要支援２から要介護１となり，新規居宅サービス計画について
①これまでの経緯，病状，生活状況，本人および家族の意向確認　②サービス利用状況について　③緊急時の対応について</td></tr>
<tr><td>検討内容</td><td colspan="6">①地域包括支援センターより：介護予防支援の経緯と課題などを説明され，共通理解する。
主治医：原因不明の意識消失が２～３カ月に１回程度あったが，最近は月１～２回と増えており，独居生活が危険。施設入所が望ましい。
本人の意向：助けてくれる人もいるし，すぐに元に戻るので，これからも自分の家で一人で暮らしたい。
長男：施設に入った方が安心。できる範囲で援助したい。妻も協力したいと思っているが，本人が嫌がるのでかかわれない。
②訪問介護：買い物代行，できない家事を介助している。妄想あり，気分で受け入れが悪い時もあるが，計画どおりの訪問はできている。
配食サービス：毎夕食を届け，安否確認している。おいしいと言い，残すことはほとんどない。
③意識消失発作が起こった時の対応をどうするか。</td></tr>
<tr><td>結論</td><td colspan="6">①一人暮らしによる危険はあるが，当面は自宅の生活を継続できるよう支援していく。
②訪問介護：週３回（月・水・金）訪問を継続。入浴の見守りを行い，本人の希望に合わせて買い物介助。状況により訪問回数を追加する。サービス提供責任者よりサービス関係者へ服薬・栄養に関する情報提供を行う。
配食サービス：毎夕食の配達と残食確認，安否確認を継続する。
③訪問時に意識消失や異変があった場合の対応：
・A内科へ連絡。ただし，緊急時や夜間など診療時間外は救急搬送。
・長男または長男の妻に連絡。
・家族から介護支援専門員に連絡。
民生委員と友人は古くからの付き合いで頼りにしているため，負担が増強しない程度に現状の支援を継続する。
困った時は，長男か介護支援専門員に相談することで本人の了解を得る。税理士には長男から継続した支援を依頼する。</td></tr>
<tr><td>残された課題
（次回の開催時期）</td><td colspan="6">独居生活の限界の見極め（生活状況を関係者全員で情報共有），妄想の増強により精神科受診など主治医と検討。
意識消失発作の原因を探るため，専門病院を受診するかどうかの検討。
（本人および介護者，支援者の状況変化時）</td></tr>
</table>

モニタリング総括表

利用者名　F　様

評価者：　K
評価日：　○年５月27日

目標	時期	確認方法	目標の達成度 ○：達成 △：一部達成されず ×：達成されず	サービスの実施状況 ○：実施 △：一部実施されず ×：実施されず	サービスの満足度 ○：満足 △：一部不満足 ×：不満足	今後の対応 または 新しい生活課題	ケアプラン修正の有無／終了
①意識や体調の異変時には，長男に通報できる。	5/27	訪問	△：訪問介護員の訪問時に１回意識消失発作があったが，５分くらいで元に戻った。念のため受診したが，異常はなかった。見守りは十分とは言えないが，高齢者用の携帯電話を首から下げていることが安心感につながっている。本人は，家政婦利用や施設入所を強く拒否している。	○：関係者全員	△：本人は，意識が急になくなることがあっても家に居たいと思っている。知らない人がいつも家にいるのは嫌だと拒否が強い。認知症があり，発作のことも忘れてしまう。	経済的な余裕はあるので，家政婦や定期巡回・随時対応型訪問介護看護（連携型）の利用を検討する。	要検討
②痛みがなく自力で室内を移動できる。	5/27	訪問	○：膝の痛みや下肢の浮腫は続いているが，自室内は何とか歩いている。	○：本人	○本人：通院は自分でできており，受診もトラブルなくできている。	現在自力歩行はできているので，通院は自分で続けてもらう。	無
③貧血を予防し，１日1,000kcalの食事をとることができる。	5/27	訪問	△：配食弁当は毎日夕食のみ利用している。残飯はほとんどないが，朝や昼の食事は何をどの程度食べているか定かではない。	△：訪問介護 冷蔵庫の中の確認や台所などの使用状態の把握が本人の妄想などにより十分できない。 ○：配食サービス ○：本人	△：訪問介護員に対して時々被害妄想があり信用していないため，現状把握に今後も時間を要する。 外出は好きなので，買い物同行は拒否なくできている。	主治医に栄養状態を確認する。 認知症があるので，同じ物を多数購入したり不要な物ばかり買ったりしないように，さりげなく声かけする。 栄養や嗜好に配慮し，工夫してうまく購入できるように支援することが課題である。	無

・○，△，×で評価し，△，×の場合はその状況を簡潔に記入する。
・「目標」とは短期目標のことである（ただし，状況によっては長期目標でも可）。
・「サービスの実施状況」は，短期目標に位置付けられたすべてのサービスについて，プランどおり実施されているか評価する。
・「サービスの満足度」で，本人・家族で満足度が異なる場合は，別々に記入する。

利用者名　　F　　様

評価者：　　K
評価日：　○年５月27日

目標	時期	確認方法	目標の達成度 ○：達成 △：一部達成されず ×：達成されず	サービスの実施状況 ○：実施 △：一部実施されず ×：実施されず	サービスの満足度 ○：満足 △：一部不満足 ×：不満足	今後の対応 または 新しい生活課題	ケアプラン修正の有無／終了
④長男夫婦と月１回は夕食を一緒に食べることができる。	5/27	訪問	○：毎日友人，民生委員の訪問が継続されている。長男夫婦は月１回は訪問し，夕食を一緒に食べている。	○：本人 ○：家族 ○：インフォーマルサービス（友人，民生委員） ○：居宅介護支援 ○：全スタッフ	○：本人は楽しく談笑しており，訪問を楽しみにしている。認知症や妄想の自覚はなく，大きなトラブルはない。	周囲の協力が得られているので，可能な限り協力を依頼する。長年接している友人から様子を聞き，独居の限界を見極る指標の一つにしていく。 近隣住民との大きなトラブルや新たな課題が生じたら，すぐに対応する。	無

・○，△，×で評価し，△，×の場合はその状況を簡潔に記入する。
・「目標」とは短期目標のことである（ただし，状況によっては長期目標でも可）。
・「サービスの実施状況」は，短期目標に位置付けられたすべてのサービスについて，プランどおり実施されているか評価する。
・「サービスの満足度」で，本人・家族で満足度が異なる場合は，別々に記入する。

●認知症が悪化し，消費者被害で多額の金銭を失った独居女性

女性・74歳

要介護度：1

認知症：Ⅲa

ケース概要

一人息子（療育手帳３度）が胃がん告知を受けてから，急激に認知機能が低下したと相談があり，息子が通う地域活動支援センターが介護保険サービスの利用を勧めるが，本人は拒否していた。本人・息子共に支援が必要と説明し，介護保険サービスの導入に同意を得て契約の運びとなった。サービス利用の約１カ月後に訪問看護師が「屋根瓦改修工事53万円」と記載された契約書を発見し，地域包括支援センターに連絡。本人は契約したという認識はなく，金銭・財産管理の必要性が急務となる。その後息子は死亡した。

○年４月15日

<table>
<tr><th>利用者</th><td>F</td><th>性別</th><td>女性</td><th>生年月日</th><td>○年○月○日</td></tr>
<tr><th>相談内容</th><td colspan="5">10年前，夫が胃がんで死亡後，療育手帳３度の一人息子（40歳）と暮らしていた。息子が３年前に胃がんと診断されたころより，急激に認知機能が低下した。物忘れが著明となり生活に支障が出はじめ，息子が利用していた地域活動支援センターより２年前に相談がある。当初は本人はサービスなど必要ないと拒否したため契約ができず，地域包括支援センターに相談した。地域包括支援センター職員と同行し，本人・息子と面談の上，改めて居宅介護支援の依頼を受ける。</td></tr>
<tr><th>生活歴・
生活状況</th><td colspan="5">〔家族状況〕
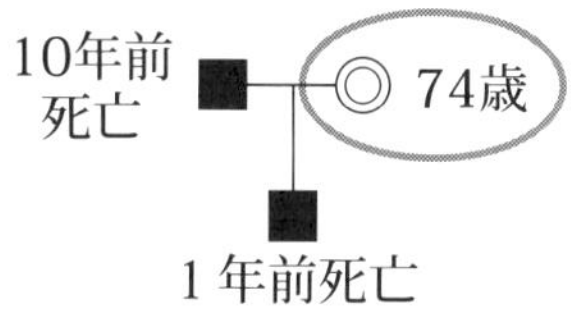

夫が浪費家であったため，いつ離婚しても生きていけるようにと，化粧品販売や美容師，小料理屋経営などをしていた。夫の死亡後は，療育手帳３度の息子と２人暮らし。パチンコが好きで，自宅には100万円単位で現金が置いてあり，普段から10万円以上持ち歩き，気前も良かった。１年前に息子が死亡後，「甥が500万円の定期預金を解約した」との被害妄想が出現し，従前は頻回に交流していた甥からの支援が不可能となったため，親類関係は疎遠となっている。</td></tr>
<tr><th>健康状態</th><td colspan="5">アルツハイマー型認知症。クリニックへ１カ月に１回通院治療中。
アリセプト錠５mgを１日１回内服中。既往歴なし。</td></tr>
<tr><th>ADL</th><td colspan="5">ADLは問題なし。</td></tr>
</table>

IADL	調理：声かけすれば，簡単な煮物調理や炊飯器でご飯を炊くことが可能。 掃除：普段使っている部屋などは何とか掃除ができている。 買い物：なじみのスーパーなら行けるが，同じものを多量に購入してしまう。 金銭管理：毎日のように財布をなくす。別の財布に数万円入れたことを訪問介護員と確認しても，翌日には何に使ったか不明で，数万円がなくなっている。 服薬：アリセプトの飲み忘れがあり，毎日訪問介護員が訪問時に声かけし服用。
コミュニケーション能力・認知	視力・聴力は問題なし。 意思伝達：可能であるが，「お金がない」と言って混乱し，訪問介護員や近隣の知人に昼夜かまわず電話をする。
社会とのかかわり	息子が亡くなり独居となったが，認知症の進行で親族とも交流は全くなし。 近隣の友人や知人が随時訪問し，一緒に喫茶店や美容院，パチンコなどへ外出する。
排尿・排便	排尿・排便は自立。
褥瘡・皮膚・清潔	皮膚トラブルなし。入浴はしている様子であるが，シャンプーの置き場所が台所に変わっていることもある。
口腔衛生	歯磨きは毎日していると言うが，確認できていない。
食事摂取	偏食があり，肉類は全く食べない。魚介，寿司，野菜が好きでよく食べる。知人や隣人が喫茶店へ誘えば一緒に外出する（頻度は不明）。
BPSD	突然思い出したように「通帳，印鑑がない！　自分で管理できないくらい私はだめなんですか？」と興奮することがある。
介護力	独居。夫と一人息子死亡。親類と金銭の盗られ妄想でトラブルになってからは，交流がなく，協力も得られない。
居住環境	住宅街の持ち家一戸建て。ADLに問題なく，２階への階段昇降も可能。外出時に施錠忘れがあり，鍵を頻回に紛失する。習慣的に在宅時も施錠しないため，見知らぬ来訪者がある。
特別な状況	短期記憶障害が著明。新聞や健康飲料の勧誘など何度も契約したり，数万円の蟹やホタテなどを業者から購入し知人にあげてしまったりする（購入したことや知人に渡したことは，全く覚えていない）。市長申し立てにより，成年後見人が選任されたばかりである。

居宅サービス計画書（1）

作成年月日　○年４月15日

初回・紹介・継続（継続に丸）　認定済・申請中（認定済に丸）

利用者名　F　様　　生年月日　○年○月○日　　住所　N市○○区○○町

居宅サービス計画作成者氏名　K

居宅介護支援事業者・事業所及び所在地　D居宅介護支援事業所　N市○○区○○町

居宅サービス計画作成（変更）日　○年４月15日　　初回居宅サービス計画作成日　○年３月１日

認定日　○年２月20日　　認定の有効期間　○年３月１日　～　○年２月28日

要介護状態区分	要支援　・　要介護１（丸）　・　要介護２　・　要介護３　・　要介護４　・　要介護５
利用者及び家族の生活に対する意向	本人：私はそんなにおかしい？　何で通帳や印鑑を管理できないの？　でも，すぐ忘れてしまうから怖い。息子？　そういえば亡くなった。今は一人だけれど，ずっと自分の家に住んでいるからここにいたい。今は毎日，「大丈夫？」と言って誰かが来てくれるからうれしい。元気にここで暮らしたい。お金や財布，バッグをどこにしまったのかいつも分からなくなる。皆さんのお世話になれないと困る。
介護認定審査会の意見及びサービスの種類の指定	なし
総合的な援助の方針	長年住み慣れた自分の家で一人暮らしが続けられるように，近隣の友人や関係機関と連携しながら支援していきます。 また，成年後見制度を利用されることになりましたので，成年後見人と連携しながら支援していきます。 緊急連絡先：主治医（Tクリニック）　○○○−○○○−○○○○　　A病院神経内科　○○○−○○○−○○○○ 成年後見人（S弁護士）　○○○−○○○−○○○○　　地域包括支援センター　○○○−○○○−○○○○
生活援助中心型の算定理由	1．一人暮らし（丸）　2．家族が障害，疾病等　3．その他（　　）

居宅サービス計画書（2）

利用者名　F　様　　　　作成年月日　○年4月15日　　No. 1

生活全般の解決すべき課題（ニーズ）	目標				援助内容					
	長期目標	期間	短期目標	期間	サービス内容	※1	サービス種別	※2	頻度	期間
近所の友人と出かけたりしながら，自宅での生活を続けたい。	自分で買った魚や野菜を使って調理をし，おいしいものが食べられる。	○.4〜○.9	①買い物や調理をすることができる。	○.4〜○.6	買い物同行／同じ物を購入しないよう注意し，栄養面を考慮した食材を購入。 調理援助／調理の手順や保存の支援 献立への助言	○	訪問介護	C訪問介護事業所	6回/週	○.4〜○.6
					献立を考える		本人	本人	毎日	
			②物忘れが進まず，外出したり友人と楽しい時間を過ごしたりすることができる。	○.4〜○.6	病状管理，療養相談，治療		主治医	Tクリニック	1回/4週	○.4〜○.6
					病状管理，専門治療		認知症専門医	A神経内科	1回/2〜3カ月	
					生活状況確認，服薬管理，認知症ケア 食事摂取量把握（体重測定），医師との連携 病状確認，皮膚の状態確認	○	訪問看護	B訪問看護ステーション	1回/週	
					服薬確認，服薬への声かけ 食事摂取量，内容の確認 洗濯や入浴実施についての確認	○	訪問介護	C訪問介護事業所	6回/週	
					通院介助／通院時の準備 処方薬受け取り，会計支援 帰宅後の援助	○	訪問介護	C訪問介護事業所	受診時	
					自費対応／タクシー乗車時の付き添い，通院時待ち時間，診察時対応		訪問介護（保険外自費サービス）	C訪問介護事業所	院内待ち時間	
					喫茶店に誘い会話する コーヒーチケットの確認		その他	友人 喫茶店 本人	随時	

※1　「保険給付対象かどうかの区分」について，保険給付対象内サービスについては○印を付す。
※2　「当該サービス提供を行う事業者」について記入する。

利用者名　　F　　様　　　　作成年月日　○年4月15日　　No. 2

生活全般の解決すべき課題（ニーズ）	目標				援助内容					
	長期目標	期間	短期目標	期間	サービス内容	※1	サービス種別	※2	頻度	期間
	困った時にすぐに相談の電話をすることができるようになり，トラブルを未然に防げる。	○.4 ～ ○.10	③お金のことで不安になることなく暮らせる。	○.4 ～ ○.6	サービス機関との連携，サービス調整 認知症症状を把握し一人暮らしの限界を見極め，地域包括支援センターや主治医，成年後見人と対応を検討していく	○	居宅介護支援	N居宅介護支援事業所	1回/月～随時	○.4 ～ ○.6
					消費者被害契約などの問題発生時の支援，成年後見人との連携		地域包括支援センター	D地域包括支援センター	随時	
					安否確認訪問，本人の訴えの傾聴		知人，友人など		随時	
					成年後見／財産・金銭管理，問題発生時の対応など，身上鑑護		成年後見人（弁護士）	S法律事務所	随時	
					混乱時や問題発見時の情報を共有し対応	○ ○ ○	訪問看護 訪問介護 居宅介護支援	B訪問看護ステーション C訪問介護事業所 N居宅介護支援事業所	随時	

※1　「保険給付対象かどうかの区分」について，保険給付対象内サービスについては○印を付す。
※2　「当該サービス提供を行う事業者」について記入する。

週間サービス計画表

利用者名　F　様　　　　作成年月日　○年４月15日

		月	火	水	木	金	土	日	主な日常生活上の活動
深夜	4：00								
早朝	6：00								
									起床
午前	8：00								
									朝食摂取確認
	10：00								内服声かけ，買い物，調理
		訪問介護	訪問看護	訪問介護	訪問介護	訪問介護	訪問介護	訪問介護	友人と一緒に出かける。または家で過ごす
午後	12：00								洗濯，掃除
									昼食（朝，訪問介護員が準備，翌日残量確認）
	14：00								
	16：00								
夜間	18：00								
									夕食（朝，訪問介護員が夕食を確保，翌日残量確認）
	20：00								
									入浴
深夜	22：00								就寝
	24：00								
	2：00								
	4：00								

週単位以外のサービス	毎日交代で近隣の友人の訪問，定期受診：１回/４週（Ｔクリニック），１回/３カ月（Ａ神経内科） 成年後見人（Ｓ法律事務所・Ｓ弁護士），Ｄ地域包括支援センター：トラブル時訪問など，保険外自費サービス（Ｃ訪問介護事業所）

サービス担当者会議の要点

利用者名　F　様　　居宅サービス計画作成者氏名　K　　作成年月日　○年４月15日

開催日　○年４月15日　　開催場所　利用者宅　　開催時間　14：00～15：00　　開催回数　２回目

会議出席者	所属（職種）	氏名	所属（職種）	氏名	所属（職種）	氏名
	本人	F	C訪問介護事業所 （サービス提供責任者）	I	D地域包括支援センター （社会福祉士）	U
	市役所福祉課	H	B訪問看護ステーション （担当看護師）	S	N居宅介護支援事業所 （介護支援専門員）	K
	成年後見人（弁護士）	S	Tクリニック（主治医）	T		
検討した項目	成年後見人が決定したため，今後の支援について検討					
検討内容	認知症の進行により金銭管理が困難となり，通帳・印鑑の紛失が頻回となった。記憶障害が著明で，新聞や健康飲料などの訪問販売の契約書に何度も署名し，後で自分が契約したことを理解できず混乱する。さらに，高額の投資（詐欺）に遭ったことや，甥や親戚が自宅権利書や通帳を盗んだとの被害妄想があり関係が悪化したため，市長申し立てにて成年後見人（弁護士）が決定した。今後の支援，役割分担について検討。					
結論	①金銭管理などはすべて成年後見人が行う。毎日，訪問介護員や訪問看護師が訪問し，不明な書類などがあれば介護支援専門員に連絡する。介護支援専門員から地域包括支援センターや成年後見人に連絡し，密に連携を図っていく。毎月，本人が使用するお金（喫茶店や訪問介護員と同行訪問時の買い物代金）は成年後見人へ正確に報告する（出納帳とレシートの置き場所を決定）。 ②現在，要介護１の認定であるが，認知症が進行しているため，主治医と相談の結果，区分変更を申請する予定。 ③本人は現在のところ施設入所や通所介護の利用を拒否しているが，在宅での一人暮らしの限界を見極めながら，本人に適した施設への入所なども検討していく。 ④本人が不安にならずに生活できるように支援するために，朝の訪問介護員訪問時に本人の混乱の様子などを把握し，精神状態に応じて夕方再度訪問や電話で安否確認する。 ⑤本人がいつでも電話をできるよう，自宅のすべての部屋の壁に関係者の連絡先を貼っておく。					
残された課題 （次回の開催時期）	インフォーマル支援者（喫茶店，友人，美容院）との交流においてトラブルが発生した時は，介護支援専門員に連絡をもらうよう依頼する。 親戚（甥）との関係修復に関して，どのように理解を得ていくか，状況を見ながら行政と共に検討していく。 （次回３カ月後，もしくは問題発生時）					

モニタリング総括表

利用者名　F　様

評価者：　K
評価日：　○年４月30日

目標	時期	確認方法	目標の達成度 ○：達成 △：一部達成されず ×：達成されず	サービスの実施状況 ○：実施 △：一部実施されず ×：実施されず	サービスの満足度 ○：満足 △：一部不満足 ×：不満足	今後の対応 または 新しい生活課題	ケアプラン 修正の 有無／終了
①買い物や調理をすることができる。	4/30	訪問	△：買い物に訪問介護員と一緒に行き，必要なものを買うことができている。	△：訪問介護 買い物には一緒に行けているが，調理は後でやるからと言い，支援できない日もある。	○：本人 一緒に買い物に行けるのが楽しい。	同じ物を買い込もうとするので，必ず見守り支援が必要。	有 偏食あり。訪問介護員訪問時は栄養を考慮した買い物を支援する。
②物忘れが進まず，外出したり友人と楽しい時間を過ごしたりすることができる。	4/30	訪問	△：友人との外出はできているが，物忘れが進行し，外出したことを忘れていることも多い。	○：訪問介護 ○：訪問看護 ○：主治医 ○：専門医	△：本人 １日１回はサービス事業所が訪問し，食事摂取状況を確認しているが，それ以外は食べたかどうか不明。随時体重測定で観察し，冷蔵庫やごみ箱なども確認する。「そんなに確認しなくても大丈夫。一人で家事もやれるのに」と本人は言う。 声かけにより服薬はできている。	偏食も多く，魚介，野菜，卵以外はあまり食べない。高価な蟹やホタテを北海道から取り寄せているが，本人は食べていない様子。 定期的な受診，診察，処方などができているが，認知症の進行などにより独居が困難になるかどうか見極めが必要。 入浴の確認は難しいが，皮膚の著しい汚染はない。	無
③お金のことで不安になることなく暮らせる。	4/30	訪問	△：毎日サービスが入ることで，お金に関するトラブルは起こっていない。	○：居宅介護支援 ○：サービス担当者全員 ○：成年後見人	○：本人	物忘れが進行しており，何度も同じ契約をしてしまう恐れがある。毎日訪問するサービス担当者が不明な書類などがないか確認し，成年後見人や介護支援専門員に報告するなどの必要な連携を行っていく。	有 高額な蟹やホタテを購入するが食べた形跡がないので，知人にあげてしまっているのか？ 経過観察，情報収集をしていく。地域包括支援センター・成年後見人へ報告。

- ○，△，×で評価し，△，×の場合はその状況を簡潔に記入する。
- 「目標」とは短期目標のことである（ただし，状況によっては長期目標でも可）。
- 「サービスの実施状況」は，短期目標に位置付けられたすべてのサービスについて，プランどおり実施されているか評価する。
- 「サービスの満足度」で，本人・家族で満足度が異なる場合は，別々に記入する。

認知症があるが，２世帯住宅で自立した生活を営む母親

女性・90歳

要介護度：1

認知症：Ⅱa

ケース概要

長年夫の介護に明け暮れていた。夫の死亡後一人となり，気力が衰え，家事や服薬ができなくなったため，他市に住む長女が心配して精神科の病院を受診。アルツハイマー型認知症と診断される。気力を回復し，認知症の症状を改善して一人暮らしを継続させるために，デイサービスの利用を始めた。また，日常生活で本人が困らないように，孫が一日のスケジュールや電化製品の扱い方を細かく絵で説明したものを，家のあちこちに掲示した。１年ほど前に，遠くに住んでいた長男が定年を迎え，２世帯住宅の２階で同居を始めた。デイサービスを楽しみにし，家族の支援で徐々に気力が回復した。今は，ほとんど困ることなく，日常生活を送れている。

○年３月18日

利用者	M	性別	女性	生年月日	○年○月○日
相談内容	５年前まで自宅で夫の介護をしていたが，夫の死亡後，気力の衰えが目立ち，日常生活に見守りや支援が必要となった。アルツハイマー型認知症と診断されたが，進行を予防したい。				
生活歴・生活状況	和菓子屋の老舗に生まれる。幼いころは，家には使用人がいた。７人兄弟の真ん中。結婚してからは自営の仕事を手伝う程度で，外で働いたことはない。	〔家族状況〕 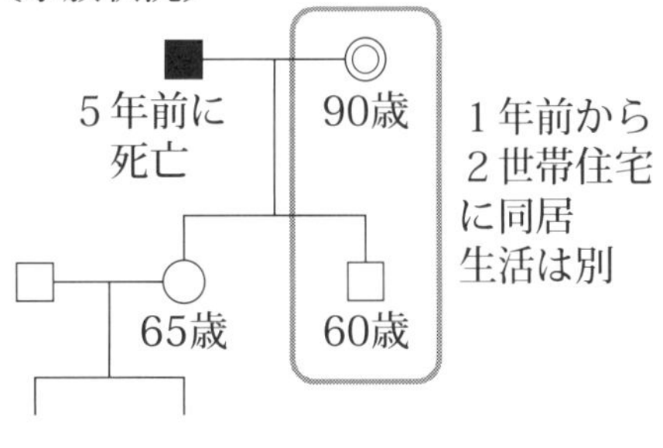			
健康状態	アルツハイマー型認知症，気管支炎で通院治療中。気管支炎は薬で症状を抑えられている。ドネペジル塩酸塩（アリセプト５mg）内服中。内服は，長男が声かけ確認を行う。				
ADL	家の中は手すりにつかまって歩いている。家の近くの病院には一人で通院できる。デイサービスでは入浴せず，自宅で一人で入浴している。排泄，更衣も自立。				
IADL	デイサービスのない日は配食サービスを利用している。炊飯や温めはできる。買い物は近所のコンビニには行けるが，そのほかは長男に連れて行ってもらう。				

コミュニケーション能力・認知	きちんと話はできるが，同じ話を何度も繰り返したり，季節を言えなかったりする。デイサービスに行きはじめてから，認知症の症状は改善している。視力，聴力に問題はない。 性格は温厚。コンロはできるだけ使わず，使う時は長男が横で見守っている。
社会とのかかわり	長女や孫が月に２～３回様子を見に来る。近所に友人がおり，老人会の食事会などに誘い合わせて出かける。デイサービスでいろいろな人と交流があり，また，２階に長男が住んでいるため，寂しさはない。
排尿・排便	自立。失禁もない。夜間は１～２回排尿のために起きる。便秘はない。
褥瘡・皮膚・清潔	毎日家で入浴している。
口腔衛生	義歯もあるが，自分で洗っている。
食事摂取	朝はパン。昼はデイサービスの食事か配食サービス。夕食は，長男と買い物に出かけて惣菜を買ってくる。こまめに水分をとれるように，ペットボトルが置いてある。
BPSD	特になし
介護力	２世帯住宅の２階に定年退職した長男が住んでいるが，生活は別。買い物に連れて行ってもらったり，コンロ使用時に見守ってもらったりしている。一時は頻繁に支援に来ていた長女は，孫が生まれて忙しいこともあり，月に２～３回程度の訪問。
居住環境	一軒家の１階部分が本人の住居。夫が生前に家の適所に手すりを設置したため，利用している。
特別な状況	特になし。国民年金と貯蓄で生活している。

居宅サービス計画書（1）

作成年月日　〇年3月18日

初回・紹介・**継続**　　**認定済**・申請中

利用者名　M　様　　生年月日　〇年〇月〇日　　住所　N市〇〇区〇〇町

居宅サービス計画作成者氏名　N

居宅介護支援事業者・事業所及び所在地　J居宅介護支援事業所　N市〇〇区〇〇町

居宅サービス計画作成（変更）日　〇年3月18日　　初回居宅サービス計画作成日　〇年3月18日

認定日　〇年3月6日　　認定の有効期間　〇年4月1日　～　〇年3月31日

要介護状態区分	要支援　・　**要介護1**　・　要介護2　・　要介護3　・　要介護4　・　要介護5
利用者及び家族の生活に対する意向	本人：家族にあまり負担をかけたくない。自分でできることは頑張りたい。定期的に通院して診てもらっているので、健康でいられると思う。今の家で暮らし続けたい。 長女：一時期は家事もできなくなり心配した。今は気力が戻ったのでよかったが、物忘れが進まないか心配している。介護サービスを利用して楽しみを持ち、本人にとって充実した生活を送ってほしい。 長男：2階に住んでいるので、買い物に連れて行き、本人に欲しいものを選んでもらって買わせたい。簡単な調理を見守り、火の不始末を起こさないように見守っていきたい。
介護認定審査会の意見及びサービスの種類の指定	なし
総合的な援助の方針	ご家族やお孫さんたちと定期的に外出したり、友人と交流したりすることで、生活のリズムが整い、これからも本人の力を生かした生活の楽しみや喜びが得られるよう、支援していきます。 自分のことが自分で続けられるように、体力を維持していきましょう。かかりつけ医への通院を続けられるように支援します。 緊急連絡先：長男（携帯）〇〇〇－〇〇〇〇－〇〇〇〇 　　　　　　長女（携帯）〇〇〇－〇〇〇〇－〇〇〇〇
生活援助中心型の算定理由	1．一人暮らし　　2．家族が障害、疾病等　　3．その他（　　　）

居宅サービス計画書（2）

利用者名　M　様　　　　作成年月日　○年３月18日　　No. 1

生活全般の解決すべき課題（ニーズ）	目標				援助内容					
	長期目標	期間	短期目標	期間	サービス内容	※1	サービス種別	※2	頻度	期間
自分の予定は自分で決め，毎日の生活に自信を持ちたい。	受診や近所の知人宅への外出が続けられる。	○.4 〜 ○.9	①日課表を確認し，混乱しないで家事や買い物ができる。	○.4 〜 ○.6	本人が決めた予定を基に，日課表を作成・掲示 家電の取り扱い説明を分かりやすく絵で表示し掲示 家事の混乱がないか確認		家族	孫 長男	随時 毎晩	○.4 〜 ○.6
					買い物に同行し，本人が食材や日用品を選ぶよう助言		家族	長男	2〜3回/週	
			②偏りのない食事をとり，体力を維持する。	○.4 〜 ○.6	栄養バランスの取れた昼食の提供	○ ○	配食サービス（市町村特別給付） 通所介護	Ｔ配食事業所 Ｆデイサービスセンター	4回/週 3回/週	○.4 〜 ○.6
			③室内の移動や近所への歩行が続けられる。	○.4 〜 ○.6	通所介護個別機能訓練加算Ⅰ，Ⅱ（転倒予防） デイサービスの他利用者や職員との交流 通所介護認知症加算（手芸，音楽療法，計算ドリルなど） 行事や活動への参加	○	通所介護	Ｆデイサービスセンター	3回/週	○.4 〜 ○.6

※1　「保険給付対象かどうかの区分」について，保険給付対象内サービスについては○印を付す。
※2　「当該サービス提供を行う事業者」について記入する。

利用者名　M　様　　　　作成年月日　○年３月18日　　No. 2

生活全般の解決すべき課題（ニーズ）	目標				援助内容					
	長期目標	期間	短期目標	期間	サービス内容	※1	サービス種別	※2	頻度	期間
物忘れが進まず，家族に迷惑をかけることなく暮らしたい。	毎月家族を伴って通院できる。	○.4 ～ ○.9	④忘れずに服薬できる。	○.4 ～ ○.6	病状管理，生活指導 検査，処方		主治医	H病院	1回/月	○.4 ～ ○.6
					薬はカレンダー式の入れ物に入れ，飲み忘れを防ぐ		本人	本人	1回/週	
					服薬確認 同行し，状況を主治医に伝える 病状を主治医に確認する		家族	長男，長女，孫	随時	
閉じこもりにならず，地域の人たちと交流を続けたい。	友人やなじみの人と楽しく交流が続けられる。	○.4 ～ ○.9	⑤老人会やコミュニティセンターの行事に参加できる。	○.4 ～ ○.6	予定をカレンダーに書き込む		本人	本人	随時	○.4 ～ ○.6
					体調を整え，無理をせず行事に参加する		本人	本人	随時	
					サービス調整 本人の生活リズムの把握（長男，長女，孫より生活状況を聞く） 地域と連携し，活動内容の把握や紹介を行う	○	居宅介護支援	J居宅介護支援事業所	1回/月	
					給食会の誘い		その他	老人会，知人	随時	

※1　「保険給付対象かどうかの区分」について，保険給付対象内サービスについては○印を付す。
※2　「当該サービス提供を行う事業者」について記入する。

週間サービス計画表

利用者名　M　様　　　　作成年月日　○年３月18日

		月	火	水	木	金	土	日	主な日常生活上の活動
深夜	4：00								
早朝	6：00								起床
									朝食
午前	8：00								洗濯・掃除
	10：00								
		配食サービス	配食サービス		配食サービス		配食サービス		配食弁当，安否確認
午後	12：00			通所介護		通所介護		通所介護	昼食
	14：00								
									洗濯物の取り入れ
	16：00								
									長男と買い物
夜間	18：00								入浴
									夕食
	20：00								
深夜	22：00								就寝
	24：00								
	2：00								
	4：00								

週単位以外のサービス	定期受診：１回/月（H病院通院）　長女，孫の随時訪問，２階に住む長男の外出介助，安否確認，自己所有のシルバーカーで外出　老人会およびコミュニティセンターの行事に友人と参加

サービス担当者会議の要点

利用者名　M　様　　居宅サービス計画作成者氏名　N　　作成年月日　○年３月18日

開催日　○年３月18日　　開催場所　利用者宅　　開催時間　11：00〜12：00　　開催回数　３回目

<table>
<tr><th rowspan="4">会議出席者</th><th>所属（職種）</th><th>氏名</th><th>所属（職種）</th><th>氏名</th><th>所属（職種）</th><th>氏名</th></tr>
<tr><td>本人</td><td>M</td><td>Fデイサービスセンター
（介護福祉士）</td><td>T</td><td>H病院
（主治医）（照会）</td><td>Y</td></tr>
<tr><td>家族（長女）</td><td>S</td><td>T配食サービス
（配達員）</td><td>K</td><td></td><td></td></tr>
<tr><td>家族（長男）</td><td>U</td><td>J居宅介護支援事業所
（介護支援専門員）</td><td>N</td><td></td><td></td></tr>
<tr><th>検討した項目</th><td colspan="6">【要介護認定更新につき，日常生活と介護サービスの確認を行う】
①主治医より，認定更新に当たっての意見
②生活状況の確認
③サービス状況についての確認と内容の検討</td></tr>
<tr><th>検討内容</th><td colspan="6">①H病院Y医師（照会）：いつも感謝しながら穏やかに生活している。デイサービスが認知症に有効と思われる。現在のサービスの継続をさせたい。
②買い物は長男と一緒に行っている。本人が買うものを選んでいるが，いつも同じ惣菜を買ってしまう。栄養バランスを考慮し，惣菜はバランス良く買うようアドバイスする。配食サービスは好き嫌いなくほぼ食べられている。そのほかの家事は，孫の書いた説明書や絵を見ながら自分で行えていて，今のところ困ることや戸惑うことはない。長女と孫が月に２〜３回は来る。本人は，「家にいてもテレビを見ているだけで一方的な情報しか入ってこないが，デイサービスに行くといろいろな人と触れ合えて，運動もできてとても良い」と発言。足腰が弱っているものの，足取りはしっかりしており，通院は家族について来てもらう形をとっている。老人会の行事に参加するのを楽しみにしている。たまに近所の友人が誘いに来るので，コミュニティセンターの行事にも参加している。
③通所介護：週３回利用。運動は予定どおりこなし，食事も全量摂取している。ほかの利用者との会話も楽しんでいる。ほかの利用者がもめ事を起こしても，巻き込まれないようにうまく対応している。90歳と高齢なので，転ばないように下肢訓練をしている。個別訓練は継続。</td></tr>
<tr><th>結論</th><td colspan="6">物忘れはあるものの，不安や戸惑いが軽減して穏やかに生活している。家族の見守り支援と現行の介護サービスを利用し，90歳と高齢なので，無理をせず本人らしい自立した生活を継続する。</td></tr>
<tr><th>残された課題
（次回の開催時期）</th><td colspan="6">認知症の進行の懸念，近所の友人の体調不良などによる交流の減少，気分の落ち込みなどの可能性。
（次回認定更新時）</td></tr>
</table>

モニタリング総括表

利用者名　M　様

評価者：　N
評価日：　○年4月18日

目標	時期	確認方法	目標の達成度 ○：達成 △：一部達成されず ×：達成されず	サービスの実施状況 ○：実施 △：一部実施されず ×：実施されず	サービスの満足度 ○：満足 △：一部不満足 ×：不満足	今後の対応 または 新しい生活課題	ケアプラン修正の有無／終了
①日課表を確認し，混乱しないで家事や買い物ができる。 ②偏りのない食事をとり，体力を維持する。	4/18	訪問	△：買い物は長男が同行してくれる。本人主体で買い物をする。好きな食べ物を中心に買い物するので，栄養バランスがあまりよくない。 配食は好き嫌いなくほぼ食べられている。	○：孫 ○：長男 ○：配食サービス ○：通所介護	○：本人	栄養のバランスを考えた惣菜などを本人に勧めることを家族に提案する。 配食サービスは継続。	無
③室内の移動や近所への歩行が続けられる。	4/18	訪問	○：家族の支援やデイサービスの利用で楽しみや役割を持ち，生活を活性化できている。	○：通所介護	○：本人 ○：長女	デイサービスに出掛けることで生活のリズムもできるので今後も継続。	無
④忘れずに服薬できる。	4/18	訪問	○：デイサービスで運動することで，歩行能力を維持できている。定期受診はできている。薬はカレンダーで管理しているため，飲み忘れはほとんどない。	○：主治医 ○：通所介護 ○：本人 ○：長男，長女，孫	○：本人 ○：長女	サービスが減ると，意欲の低下や認知症の症状の悪化が懸念されるため，サービスを継続する。家族の服薬確認は今後も継続。	無
⑤老人会やコミュニティセンターの行事に参加できる。	4/18	訪問	○：老人会の行事には友人が誘ってくれて意欲的に参加できている。友人とのおしゃべりをとても楽しみにしている。	○：本人 ○：居宅介護支援事業所	○：本人	継続	無

・○，△，×で評価し，△，×の場合はその状況を簡潔に記入する。
・「目標」とは短期目標のことである（ただし，状況によっては長期目標でも可）。
・「サービスの実施状況」は，短期目標に位置付けられたすべてのサービスについて，プランどおり実施されているか評価する。
・「サービスの満足度」で，本人・家族で満足度が異なる場合は，別々に記入する。

認知症の夫と昼間2人で過ごす，腰椎圧迫骨折急性期の妻

女性・78歳

要介護度：1

認知症：Ⅰ

ケース概要

直腸がんにてストーマを造設し，現在は肝・肺転移で抗がん剤治療を継続している。認知症の夫（要介護１）と長男の３人暮らしだが，長男は仕事が忙しく自宅では寝るだけの生活である。長女，次女もいるが，それぞれの事情により日常的な支援は難しい。子どもたち３人は認知症の夫の対応による本人の心身の負担や事故を心配し，昨年11月退院時に夫婦での施設入所を希望だが，夫が入所を拒否したため，本人も在宅生活となった。キーパーソンは長女であったが，入所拒否後両親の介護から手を引き，長男がキーパーソンとなった。退院後，訪問介護の支援を受けていたが，今年３月20日腰椎圧迫骨折し，ストーマのパウチ交換がうまくできないなどの新たな課題が出てきた。

○年４月１日

<table>
<tr><th>利用者</th><td>S</td><th>性別</th><td>女性</td><th>生年月日</th><td>○年○月○日</td></tr>
<tr><th>相談内容</th><td colspan="5">本人：３月20日自宅トイレで油断をして転んでしまい，腰椎圧迫骨折で腰痛が出現してしまった。腰痛のために動くことができないので，体を拭いたり着替えたりなど手伝ってほしい。また，今までストーマの管理は自分で行うことができていたが，思うように動けず失敗もあり，自信をなくしてしまった。しばらくは手伝ってほしい。</td></tr>
<tr><th>生活歴・生活状況</th><td colspan="3">高校卒業後，事務職に就いたが結婚を機に退職。その後，夫の仕事の都合で隣の県に住む。３人の子どもに恵まれ専業主婦として過ごす。夫の退職と共にＮ市に転居し，長男と３人暮らしをしていた。</td><td colspan="2">〔家族状況〕
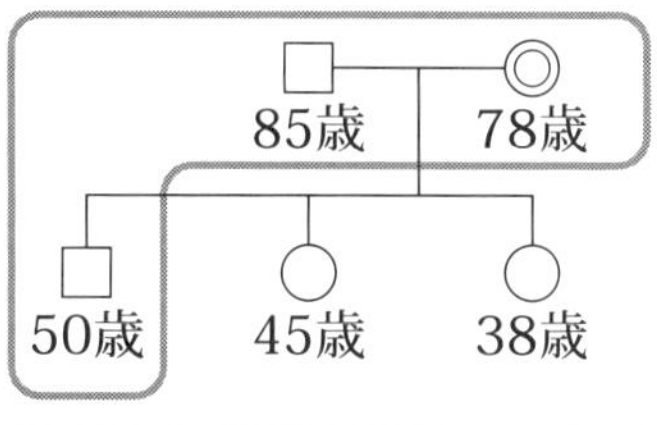</td></tr>
<tr><th>健康状態</th><td colspan="5">昨年６月直腸がん穿孔，下部穿孔性腹膜炎にて手術を受け，ストーマ造設となる。その後，肝臓，肺への転移が認められ，本人の希望により抗がん剤治療を継続している。
同年９月初め，トイレで転倒し腰椎圧迫骨折，左前腕骨骨折にて入院。11月18日退院し在宅生活となるが，今年３月20日にベッドサイドで転倒し，再度腰椎圧迫骨折する。</td></tr>
<tr><th>ADL</th><td colspan="5">現在，腰椎圧迫骨折急性期により寝返り，起き上がりは困難。寝返りは手すりを利用し，時間をかけて行う。起き上がりはベッドのギャッジアップ機能を利用して行う（特殊寝台：自費レンタル）。痛みのため，移乗，歩行ともにできない。着衣，排泄（便に関してはストーマ），清潔に関しても介助を要する。</td></tr>
</table>

IADL	調理は簡単なものは作っていたが，全くできなくなった。 買い物の指示は可能。 服薬は，手元に薬があれば自分で管理できる。
コミュニケーション能力・認知	意思の伝達は可能だが，「自分でできる」「何とかなる」「頼んだら申し訳ない」との思いから，人に頼むことが苦手である。昨年６月ごろから日付が分からず，家族に確認するようになった。自分で行ったことを忘れていることがある。
社会とのかかわり	結婚後，特定の友人との付き合いはあるが，積極的に人とかかわる方ではなかった。現在の住所地には10年ほど前に転居してきており，近所付き合いはあいさつ程度となっている。
排尿・排便	排尿はトイレで行っていたが，骨折後は紙おむつに臥床したまま排尿し自分で交換。時にできていないこともあり，介助を受ける。ストーマのパウチ交換などは自己管理できていたが，臥床状態では困難となっている。
褥瘡・皮膚・清潔	褥瘡なし。ストーマ周囲の掻痒感の訴えあり。今まではシャワー浴を施行していたが，できなくなった。
口腔衛生	退院後は洗面所で自分で行っていたが，骨折後は洗面所まで行けなくなっている。
食事摂取	食欲はある。昼食は訪問介護で調理をしてもらい，水分も多めに準備をしてもらう。夕食は夫の弁当の残りと購入した惣菜，簡単な調理をして食べていた。骨折後，昼食は訪問介護で準備はできるが，夕食は夫が弁当の残りを文句を言いながらそばに置いてくれる程度である。
BPSD	特に問題なし
介護力	夫は妻の動けない状況を理解できないため，妻を介護することはできないが，指示をすれば車いすを押すことはできる。長男は，平日は介護の手助けはできない。土日は仕事が休みだが，買い物をするにとどまっている。長女は昨年11月以降全く連絡なし。次女は１歳の双子の子育て中で，義父が要介護状態のため義母に遠慮してかかわることが難しい。
居住環境	バリアフリーで玄関，トイレ，浴室，脱衣場，廊下など広さに余裕のある設計となっているが，トイレや台所の動線に物が落ちていたり，無造作に置かれたりしている。将来的には長男の家と考えているため住宅改修を望まず，トイレ，玄関にはレンタルの手すりを設置した。
特別な状況	抗がん剤治療を施行していたが，骨折により２度目の治療を中止した。

居宅サービス計画書（1）

作成年月日　○年４月１日

初回・紹介・継続　　認定済・申請中

利用者名　S　様　　生年月日　○年○月○日　　住所　N市○○区○○町

居宅サービス計画作成者氏名　K

居宅介護支援事業者・事業所及び所在地　N居宅介護支援事業所　N市○○区○○町

居宅サービス計画作成（変更）日　○年４月１日　　初回居宅サービス計画作成日　○年11月18日

認定日　○年11月27日　　認定の有効期間　○年10月27日　～　○年10月31日

要介護状態区分	要支援　・　要介護１　・　要介護２　・　要介護３　・　要介護４　・　要介護５
利用者及び家族の生活に対する意向	本人：３月28日，自宅トイレで油断をして転んでしまい，２度目の腰椎圧迫骨折を発症した。腰痛のために動くことができないので自分で動けるようになるまでは，体を拭いたり着替えたりなどの手伝いをお願いしたい。また，今までストーマケアは自分で行うことができていたが，腰痛が強い間はお手伝いをお願いしたい。 夫　：妻がどうして動けないのか分からない。家のことはさっぱり分からないので妻が頼りである。 長男：自分は全く日常の支援を行うことはできない。夫婦での生活が成り立つよう支援してほしい。
介護認定審査会の意見及びサービスの種類の指定	なし
総合的な援助の方針	腰痛の強い間は，ストーマケアや身の回りの援助を行い，無理なく自宅で暮らせるように支援していきます。 大変な期間だけは娘様の援助を受けていけるように調整していきます。 緊急連絡先：長男（携帯）　○○○－○○○○－○○○○ A総合病院　○○○－○○○－○○○○ A整形外科　○○○－○○○－○○○○ B訪問看護ステーション　○○○－○○○○－○○○○
生活援助中心型の算定理由	１．一人暮らし　２．家族が障害，疾病等　３．その他（夫が認知症で要介護状態である。同居の長男は日中就労し，昼間不在。　）

居宅サービス計画書（2）

利用者名　S　様　　　　作成年月日　○年4月1日　　No. 1

生活全般の解決すべき課題（ニーズ）	目標 長期目標	期間	短期目標	期間	援助内容 サービス内容	※1	サービス種別	※2	頻度	期間
腰痛が楽になり，身の回りのことや夫の世話ができるようになりたい。	入浴や着替えなど，自分のことができる。	○.4〜○.8	①ベッドからの起き上がりやトイレの立ち座りができ，自宅内を転ばないように移動できる。	○.4〜○.6	診察，疼痛コントロール，療養生活の指導相談，コルセット処方		医療機関	A整形外科	1回/2週	○.4〜○.6
					通院の介助		家族	夫	1回/2週	
					コルセットの装着，鎮痛剤の自己管理		本人		毎日	
					起き上がりや立ち上がりなどの動作の仕方の指導 リハビリ（寝たきり予防，下肢筋力アップ，歩行器使用し腰痛を軽減する移動の指導）	○	訪問看護	B訪問看護ステーション	2回/週	
					歩行器・玄関の手すり・トイレフレームの選定・評価・貸与・メンテナンス	○	福祉用具貸与	D福祉用具事業所	毎日	
					特殊寝台・特殊寝台付属品の貸与		自費レンタル	D福祉用具事業所	毎日	
					廊下・台所・トイレなど動線上の環境整備	○	訪問介護 家族	C訪問介護事業所 長男	2回/週 週末	

※1　「保険給付対象かどうかの区分」について，保険給付対象内サービスについては○印を付す。
※2　「当該サービス提供を行う事業者」について記入する。

利用者名　S　様　　　　作成年月日　○年4月1日　No. 2

生活全般の解決すべき課題（ニーズ）	目標				援助内容					
	長期目標	期間	短期目標	期間	サービス内容	※1	サービス種別	※2	頻度	期間
手伝ってもらいながら，ストーマ管理を続けたい。	自分でストーマケアを適切に行うことができるようになる。	○.4 〜 ○.8	②介助でストーマのケアができ，皮膚トラブルなく過ごせる。	○.4 〜 ○.6	ストーマのパウチ交換，皮膚状態の観察（特別管理加算Ⅱ） 清拭・部分洗浄・更衣介助など	○	訪問看護	B訪問看護ステーション	2回/週	○.4 〜 ○.6
					医師の許可後シャワー浴介助	○	訪問看護	B訪問看護ステーション	主治医許可後2回/週	
					清拭・部分浴・パウチ内の便処理の介助 更衣介助，シーツ交換，環境整備	○	訪問介護	C訪問介護事業所	5回/週	
抗がん剤治療が続けられる体力を維持したい。	抗がん剤治療に通える体力が回復する。	○.4 〜 ○.8	③安静と栄養が確保でき，痛みや体力が改善する。	○.4 〜 ○.6	診察，定期検査（CT），療養指導相談など 抗がん剤治療再開の目途確認		医療機関	A総合病院	1回/月	○.4 〜 ○.6
					通院介助		家族	夫	1回/月	
					（肝・肺の転移に伴う）疾患の症状のアセスメント，医師との連携，内服確認など，体重測定 長男より生活状況の把握	○	訪問看護	B訪問看護ステーション	2回/週	
					本人が食べやすいものを調理し，セッティングする 摂取量把握，配下膳，食材購入	○	訪問介護 家族	C訪問介護事業所 長男	5回/週 土日	
					夕食の提供（安否確認）		配食サービス（市町村特別給付）	E弁当	5回/週	
					急性期のサービス調整，症状に応じたサービス変更	○	居宅介護支援	N居宅介護支援事業所	1回/月〜	

※1　「保険給付対象かどうかの区分」について，保険給付対象内サービスについては○印を付す。
※2　「当該サービス提供を行う事業者」について記入する。

週間サービス計画表

利用者名　S　様　　　　作成年月日　○年４月１日

		月	火	水	木	金	土	日	主な日常生活上の活動
深夜	4：00								
早朝	6：00								
									起床
午前	8：00								朝食
	10：00								
		夫の訪問介護	夫の訪問介護	夫の訪問介護	夫の訪問介護	夫の訪問介護			食事セッティング，清拭，湿布交換
午後	12：00	訪問介護	訪問介護	訪問介護	訪問介護	訪問介護	長男　昼食準備	長男　昼食準備	昼食，シーツ交換（２回/週）
		訪問看護			訪問看護				パウチ交換２回/週
	14：00								
	16：00					訪問介護			
		配食サービス	配食サービス	配食サービス	配食サービス	配食サービス			安否確認
夜間	18：00						長男　夕食準備	長男　夕食準備	夕食
	20：00								
									長男（片付け，洗濯）
深夜	22：00								就寝
	24：00								
	2：00								
	4：00								

週単位以外のサービス	定期受診：１回/２週（A整形外科），１回/月（A総合病院） 福祉用具貸与：歩行器，玄関用手すり，洋式トイレ用フレーム（D福祉用具事業所）　自費レンタル：特殊寝台・特殊寝台付属品の貸与（D福祉用具事業所）

サービス担当者会議の要点

利用者名　S　様　　居宅サービス計画作成者氏名　K　　作成年月日　○年４月１日

開催日　○年４月１日　　開催場所　利用者宅　　開催時間　13：00～14：00　　開催回数　６回目

	所属（職種）	氏名	所属（職種）	氏名	所属（職種）	氏名
会議出席者	本人	S	B訪問看護事業所 （管理者）	M	A総合病院 （担当医師照会）	F
	家族（長男）	S	N居宅介護支援事業所 （介護支援専門員）	K	A整形外科 （担当医師）（面談）	A
	C訪問介護事業所 （サービス提供責任者）	I	D福祉用具事業所 （相談員）	O		
検討した項目	腰椎圧迫骨折による腰痛により，離床ができない状態となった。ストーマのケアについても不安を感じ，本人より訪問看護の依頼があり，臨時開催。 訪問看護導入により，訪問介護のサービス内容と役割分担の確認。 自立支援に向けての支援の方向性の確認。 A整形外科A医師と面談：「寝返り，起き上がりは痛みがあってできないので，症状が落ち着くまで起き上がりが補助できる介護ベッドをレンタルする必要がある」と指示があった。 A総合病院：抗がん剤の治療は，骨折が落ち着き全身状態を見てから再開する。治療中断による症状の悪化に注意すること。					
検討内容	【利用者の身体状況の把握】 ３月28日にトイレで腰が砕けるように転倒し，受診の結果腰椎圧迫骨折にてコルセットを着用。現在，腰痛のため身動きが取れず，ベッド上での生活 排尿：リハビリパンツ着用。本人が交換（はさみで脇を切り交換できると言われる）。 排便：受傷後１度は自分でパウチ交換。きれいに装着できていたことを確認。しかし，腰痛のために不安を訴えられ，パウチ交換を看護師に手伝ってもらうことを本人が希望。便を出すことは自分でできると言われ，実際にできていたが，今朝便を入れた袋に穴が空いており，寝具が便汚染し自信喪失。 清潔：看護師より手浴，足浴，洗髪などの提案あり。今までも本人に対しパウチの面板を剝がした状態で洗浄してもよいことを話していたが実行に移せず，逆に水に濡らさないように覆った状態でただ拭くだけであった。 痛みのため安静に過ごすことで廃用性の機能低下を来すため，痛みのコントロールや動作の仕方などで離床することを進めていくことを検討。					
結論	看護師よりストーマ管理についてアドバイスをもらうこととする。便の排出については，訪問介護の支援を受けることとする。土日に長男が行えるように，手技を書いたものを作成する。 保清について部分浴と清拭を行う。医師の許可に基づきシャワー浴に移行していく。最終的にはシャワー浴介助を行うことで，本人が人工肛門周囲をきれいにすることができるようになることを，訪問看護の目標に設定する。自立支援のため，動作の指導を受け，負担の少ない動作の仕方をすることで，できるだけ離床できるようにしていく。また，ベッド上で自分でできる運動を行うようにする。 １カ月後にADLが改善すると思われるため，区分変更申請は行わずに，このままの区分で支援を実施。					
残された課題 （次回の開催時期）	腰椎圧迫骨折によるADLの低下と抗がん剤治療の一時停止による病状の変化。現在の状態は要介護１ではないので，今後生活の困難と機能の回復が見られなければ区分変更を行い，支援の内容を検討する。 状態の回復状況・変化により開催					

モニタリング総括表

利用者名　S　様

評価者：　K
評価日：　○年４月13日

目標	時期	確認方法	目標の達成度 ○：達成 △：一部達成されず ×：達成されず	サービスの実施状況 ○：実施 △：一部実施されず ×：実施されず	サービスの満足度 ○：満足 △：一部不満足 ×：不満足	今後の対応 または 新しい生活課題	ケアプラン修正の有無／終了
①ベッドからの起き上がりやトイレの立ち座りができ，自宅内を転ばないように移動できる。	4/13	訪問	△：腰痛は徐々に軽くなってきている。起き上がりはできるが，歩行は歩行器が必要である。杖歩行はまだ難しい。トイレの立ち座りの時の痛みが，手で支えることで軽減し，動きやすくなっている。	○：本人・家族 ○：医療機関 ○：訪問看護 ○：福祉用具貸与 ○：訪問介護	○：本人 ○：家族	継続 時にベッド上で食事をとっている。転倒後半月が経過したので，今後は，きちんと座って食事をすることを働きかけていく。	無
②介助でストーマのケアができ，皮膚トラブルなく過ごせる。	4/13	訪問	△：自分でパウチ交換を行うことは姿勢に不安があり，介助を続けている。便の処理は自分でできるようになり，シャワーの許可も出て看護師の介助を受けている。	○：訪問看護 ○：訪問介護	○：本人 ○：家族 動くのが少しずつ楽にはなってきているが，前かがみになれないので，洗面や洗体は一人ではまだできない。面板もしっかり貼れないので漏れが心配。	継続 腰に負担のかかる動作はまだできないが，シャワーの許可が出たので訪問介護の清拭は中止していく。	無

・○，△，×で評価し，△，×の場合はその状況を簡潔に記入する。
・「目標」とは短期目標のことである（ただし，状況によっては長期目標でも可）。
・「サービスの実施状況」は，短期目標に位置付けられたすべてのサービスについて，プランどおり実施されているか評価する。
・「サービスの満足度」で，本人・家族で満足度が異なる場合は，別々に記入する。

利用者名　S　様

評価者：　K
評価日：　○年4月13日

目標	時期	確認方法	目標の達成度 ○：達成 △：一部達成されず ×：達成されず	サービスの実施状況 ○：実施 △：一部実施されず ×：実施されず	サービスの満足度 ○：満足 △：一部不満足 ×：不満足	今後の対応 または 新しい生活課題	ケアプラン 修正の 有無／終了
③安静と栄養が確保でき，痛みや体力が改善する。	4/13	訪問	△：食欲はあるが，座位姿勢がつらく，横になって過ごす。食事も横になったまま摂ることがある。	△：家族 ○：医療機関 ○：訪問看護 ○：訪問介護 ○：配食サービス ○：居宅介護支援	○：本人 ○：家族	継続 体力維持と廃用症候群の予防を心がける。訪問介護や配食サービス提供時は，テーブルに食事をセッティングし離床を促す。 抗がん剤治療の再開に向けて，体力をつけるように理学療法士によるリハビリも検討する。	無

・○，△，×で評価し，△，×の場合はその状況を簡潔に記入する。
・「目標」とは短期目標のことである（ただし，状況によっては長期目標でも可）。
・「サービスの実施状況」は，短期目標に位置付けられたすべてのサービスについて，プランどおり実施されているか評価する。
・「サービスの満足度」で，本人・家族で満足度が異なる場合は，別々に記入する。

●難病疾患が進行しているが，受容できない主介護者の妻

男性・68歳

要介護度：1

認知症：自立

ケース概要

65歳の時，両下肢の動きが悪くなり，病院を受診。医師の診断や治療に対して家族は納得できず，病院を転々とする。翌年９月，大学病院にて筋萎縮性側索硬化症（ALS）と確定診断される。特定疾患医療給付事業および障害者手帳申請に加え，介護保険サービス利用を勧められて地域包括支援センターへ相談。居宅介護支援事業所にて支援が開始された。診断直後でもあり，本人や家族の病気に対する理解や，精神的受け入れなどが難しい状況であった。自宅環境の整備や疾患への理解を促しながら，在宅介護の体制づくりから開始し４カ月が経過。症状が進行するにつれADLが低下しているので，状況を見てサービス内容を見直す必要がある。

○年４月３日

<table>
<tr><th>利用者</th><td>S</td><th>性別</th><td>男性</td><th>生年月日</th><td>○年○月○日</td></tr>
<tr><th>相談内容</th><td colspan="5">本人：病気に対して現実味がない。下肢筋力の低下を少しでも防ぎたい。
家族：なぜこんな病気になったのか，少しでも治ってほしい。障害者の制度も併せて利用して，動きやすいように自宅を改修したい。自分も仕事があるので，リハビリをしてできるだけ身の回りのことは自立していてほしい。</td></tr>
<tr><th>生活歴・生活状況</th><td colspan="3">妻と成人した娘２人の４人暮らし。60歳で車の営業職を定年退職，その後は派遣社員として就業。若い時は野球やゴルフを楽しんでいた。
妻や娘は日中就労にて不在。</td><td colspan="2">〔家族状況〕
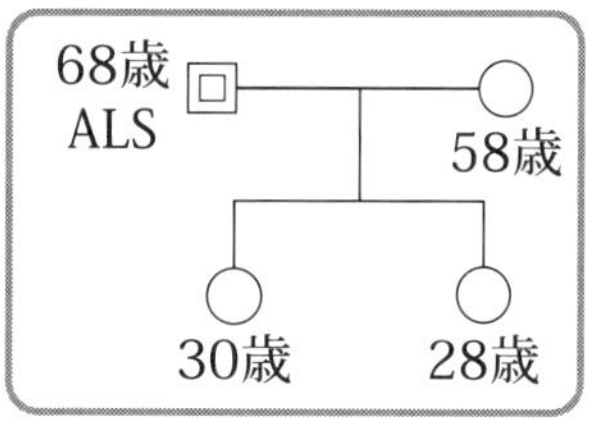</td></tr>
<tr><th>健康状態</th><td colspan="5">ALS。下肢筋力は徐々に低下，立位保持や立ち上がりが困難になってきた。上肢の筋力もやや低下。
身長180cm，体重62kg（BMI＝18.5）
既往歴：高血圧，膵腫瘍（胆嚢切除），慢性炎症性脱髄性多発ニューロパチー</td></tr>
<tr><th>ADL</th><td colspan="5">寝返りは，何かにつかまればできるが，起き上がりは困難になっている。歩行は２本の杖を利用。着替え，排泄，入浴はかろうじて自立しているが，足の動きが悪化して浴槽移動が難しくなってきた。</td></tr>
</table>

IADL	家事は妻がすべて行う。服薬管理，金銭管理は本人。
コミュニケーション能力・認知	意思伝達などに問題はない。視力，聴力共に日常生活に問題ない。
社会とのかかわり	家族介助がないと外出できない。ゴルフやガーデニングの趣味もできなくなった。
排尿・排便	住宅を改修し，トイレを洋式に変更。歩行器を使って何とかトイレに行く。
褥瘡・皮膚・清潔	現在，褥瘡は発症していないが，発症の危険性は高い。 週４～５日は入浴できている。
口腔衛生	自立している。
食事摂取	普通食を摂取していたが，徐々に飲み込みにくくなってきている。握力が低下したため，スプーンを使用。
BPSD	なし
介護力	介護者は妻。介護には消極的。長女，次女は在宅時の支援は可能。
居住環境	持ち家一戸建て。間取りは狭く，段差が多い。本人は長身のため移動スペースに余裕が持てない環境。介護保険制度と障害者制度を併用し，トイレや手すり，床の段差解消の住宅改修をした。
特別な状況	家族全員が就労しており，経済的な問題はないと思われる。妻は生活スタイルの変更や妻が不在時のサービス利用については拒否。今後の進行に対応するため訪問看護サービスを導入したが，本人に日常生活動作の自立を強要している。

居宅サービス計画書（1）

作成年月日　○年４月３日

初回・紹介・継続　　認定済・申請中

利用者名　S　様　　生年月日　○年○月○日　　住所　N市○○区○○町

居宅サービス計画作成者氏名　N

居宅介護支援事業者・事業所及び所在地　M居宅支援事業所　N市○○区○○町

居宅サービス計画作成（変更）日　○年４月３日　　初回居宅サービス計画作成日　○年12月１日

認定日　○年11月28日　　認定の有効期間　○年11月１日　～　○年10月31日

要介護状態区分	要支援　・　要介護１　・　要介護２　・　要介護３　・　要介護４　・　要介護５
利用者及び家族の生活に対する意向	本人：歩行器を利用しているが，車の乗り降りが大変になっている。リハビリなどで筋力低下を予防していきたい。進行性の病気と分かっているので，不安は大きい。 妻　：自宅環境を整えて，過ごしやすいようにしていきたい。通院は自分の車で送迎するが，乗り降りは大変なので手伝ってほしい。自分でできることは頑張ってやって，一日でも長く自分でできることをやり続けてほしい。
介護認定審査会の意見及びサービスの種類の指定	【軽度者例外給付について】 ○年３月25日　A病院B医師：筋萎縮性側索硬化症進行による四肢および体幹の筋力が急速に低下する恐れあり。短期間のうちに起き上がり・寝返りが困難となることが見込まれる，との意見。
総合的な援助の方針	身体状況などについて相談しながら，自宅環境など過ごしやすいようにサービス利用を提案していきます。 病状の進行や筋力低下などの症状変化に応じたリハビリを進めていきましょう。 症状に合わせた在宅療養や介護方法などについて，相談を受けながら不安がないように支援していきます。 緊急時連絡先：妻（携帯）　○○○－○○○－○○○○ A病院神経内科　○○○－○○○○
生活援助中心型の算定理由	1．一人暮らし　2．家族が障害，疾病等　3．その他（　　　）

居宅サービス計画書（2）

利用者名　S　様　　　　作成年月日　○年4月3日　　No. 1

生活全般の解決すべき課題（ニーズ）	目標				援助内容					
	長期目標	期間	短期目標	期間	サービス内容	※1	サービス種別	※2	頻度	期間
できる限り自分の力で生活し，妻や娘たちと自宅で暮らしていきたい。	筋力低下を防ぎ，身の回りことが自立して生活できる。	○.4〜○.10	①トイレ移動や入浴を自分の力で行うことができる。	○.4〜○.6	リハビリ／立位歩行移乗訓練，生活動作の評価，相談（福祉用具などの相談） 体調の把握，療養上のアセスメント		訪問看護(医療) (理学療法士) (看護師)	C訪問看護ステーション	1回/週 1回/月	○.4〜○.6
					鍼灸マッサージ／上下肢，体幹の苦痛緩和マッサージ		鍼灸マッサージ	E鍼灸院	1回/週	
					歩行器，トイレ用手すり，特殊寝台・特殊寝台付属品，車いす，床ずれ防止用具の選定・評価・貸与・メンテナンス	○	福祉用具貸与	D福祉用具事業所	毎日	
					浴槽内いす，浴槽手すり，滑り止めマット，シャワーチェアーの選定・提供	○	福祉用具購入	D福祉用具事業所	入浴時	
			②庭に出たり，外出したりして気分転換を図り楽しみを持てる。	○.4〜○.6	生活全般の見守り介護，外出支援		家族	家族	随時	○.4〜○.6
妻と一緒に病気の経過を受け入れ，今後の生活について考えることができる。	病気について正しく理解できる。	○.4〜○.10	③病気や生活の不安を相談できる。	○.4〜○.6	病状に合わせて思いや希望を伝える		本人 家族	本人 家族	適宜	○.4〜○.6
					病状管理，治療，説明，療養相談，指導		主治医	A病院	1回/月	
					体調の把握，本人・家族の精神的支援，ケア方法などの相談・助言，主治医との連携など		訪問看護（医療）	C訪問看護ステーション	1回/月〜	
					通院等乗降介助	○	訪問介護	Fタクシー	1回/月	
					相談援助，サービス提案・調整，各関係機関との連携 受診に同行し，本人，妻と病状についての状態を共有する 日本ALS協会支部についての情報提供	○	居宅介護支援	M居宅介護支援事業所	1回/月 必要時	

※1　「保険給付対象かどうかの区分」について，保険給付対象内サービスについては○印を付す。
※2　「当該サービス提供を行う事業者」について記入する。

週間サービス計画表

利用者名　S　様　　　　作成年月日　○年４月３日

		月	火	水	木	金	土	日	主な日常生活上の活動
深夜	4：00								
早朝	6：00								
									起床
午前	8：00								朝食
									テレビ
	10：00								
午後	12：00								
									昼食
	14：00	針・鍼灸			訪問看護（医療）（リハビリ）				テレビ
	16：00								
夜間	18：00								
									夕食
	20：00								入浴
深夜	22：00								就寝
	24：00								
	2：00								
	4：00								

週単位以外のサービス	福祉用具購入：浴槽内いす，浴槽手すり，滑り止めマット，シャワーチェアー（D福祉用具事業所） 福祉用具貸与：歩行器，手すり，特殊寝台・特殊寝台付属品，車いす，床ずれ防止用具（D福祉用具事業所） 通院等乗降介助：Ｆタクシー（１回/月）　通院：A病院（１回/月）　訪問看護（医療，看護師）：C訪問看護ステーション（１回/月）

サービス担当者会議の要点

利用者名　S　様　　居宅サービス計画作成者氏名　N　　作成年月日　○年４月３日

開催日　○年４月３日　　開催場所　自宅　　開催時間　13：30〜14：30　　開催回数　２回目

会議出席者	**所属（職種）**	**氏名**	**所属（職種）**	**氏名**	**所属（職種）**	**氏名**
	本人	S	D福祉用具事業所 （相談員）	J	A病院 （主治医）（照会）	F
	家族（妻）	S	M居宅介護支援事業所 （介護支援専門員）	N		
	C訪問看護ステーション （理学療法士）	H	C訪問看護ステーション （管理者）	I		
検討した項目	ALSの進行によるADL低下のため，区分変更申請と軽度者福祉用具利用の検討。本人の身体状況に合わせたサービス追加利用の提案。					
検討内容	①身体状況の確認，本人や家族の意向について 本人：疾患の進行に伴い，病気の受け入れもできてきた。一方，精神的に落ち込みがあり，施設入所に対する思いが出ている。デイサービスなどの送迎車が自宅の前に来ることを自分も妻も受け入れられず，サービス利用を希望しない。要介護度が変わってから，具体的にいろいろ考えたい。 家族（妻）：住宅改修以外の自宅環境や生活スタイルは変えたくない。進行性難病についての病状の受け入れや入浴介助，移動介助など，今後の介護量増加については仕方がないが，夫が寝たきりとなった場合には介護は困難だと思う。仕事を辞めることはできない。 ②サービス内容確認　福祉用具（特殊寝台）の軽度者の貸与について ○年３月25日　A病院B医師：筋萎縮性側索硬化症進行による四肢および体幹の筋力が急速に低下する恐れあり。短期間のうちに起き上がり・寝返りが困難となることが見込まれる，との意見。 ③訪問看護利用について：リハビリ内容を検討。病状観察や療養生活支援などについて訪問看護利用を再提案。					
結論	①身体状況の確認。本人，家族の意向など：現状サービスを継続し，区分変更申請を主治医にも相談し次の受診で考えたい。 ②福祉用具について：特殊寝台は，本人の希望あり。また，今後，寝たきり状態となることが予測されるため，床ずれ防止用具が必要。主治医意見（居宅サービス計画書に記載）および関係者間の検討結果必要と判断し軽度者の例外給付を申請する。妻は起き上がり，寝返りなどは本人が自身で行うよう希望するため，時間をかけて行っているが，自分では特殊寝台のコントローラを操作することはできない。コントロールスイッチの変更などを相談していく。両下肢の動きも悪化しており，立位保持や立ち上がりは日によって全く不可能な時がある。また室内歩行は，歩行器利用にてかろうじて可能。屋外は車いす介助が必要。移乗時は転倒のリスクが高く，妻への介助方法指導や他者による援助を検討する必要がある。 ③訪問看護について：理学療法士によるリハビリは継続。訪問看護師による援助は，月１回から始め，状態の変化により増回していくことを了承される。上下肢共に左側の筋力低下が強く，立位時は膝折れ，転倒の危険性が高い。歩行器利用時は休みながら歩行することを勧める。入浴用バスボード導入したが，体調により自分では取り扱いが困難となっている。入浴介助は希望しないため，家族による見守りや支援を勧める。					
残された課題 （次回の開催時期）	身体状況の変化に応じて介護サービスによる支援や，自宅介護が困難となった場合についてA病院のMSWや主治医と相談し，本人・妻へ情報を提供していく。 日本ALS協会の支部の情報を提供し，会合への参加などを勧めていく。 次回より，通院時介護タクシー（ウェルキャブタクシー）を利用していく（乗降介助）。近日中に契約予定。 （必要時，または認定更新時開催）					

モニタリング総括表

利用者名　S　様

評価者：　N
評価日：　○年４月27日

目標	時期	確認方法	目標の達成度 ○：達成 △：一部達成されず ×：達成されず	サービスの実施状況 ○：実施 △：一部実施されず ×：実施されず	サービスの満足度 ○：満足 △：一部不満足 ×：不満足	今後の対応 または 新しい生活課題	ケアプラン 修正の 有無／終了
①トイレ移動や入浴を自分の力で行うことができる。	4/27	訪問	△：足の上がりが悪化，カーペットの端につまずいて転倒する危険がある。歩行器は問題なく利用できている。	○：訪問看護 ○：福祉用具	△：本人 玄関に手すりを付けたい。 △：家族 カーペットの除去や家具の移動はしたくない。	自宅環境の整備を理学療法士が検討し，妻に提案する必要がある。妻の了解が得られるように説明し，介助方法を指導する。 一人で過ごすため，テレビやエアコン，ベッドなどのリモコン操作が困難。	有 理学療法士と自宅内環境について再検討（福祉用具の追加利用など） 作業療法士による機能が低下した上肢の状態に合った日常生活環境補助具などの相談を追加
②庭に出たり，外出したりして気分転換を図り楽しみを持てる。	4/27	訪問	×：介助がなければ庭に出ることができない身体状況になってきている。	△：家族	△：本人 自分一人では庭に出ることができない。妻は介助はしない。 △：家族 仕事があり，なかなか介助して庭に出る時間をつくることができない。	継続 引き続き，本人が生活の楽しみを持てるよう介助方法など提案する。	無
③病気や生活の不安を相談できる。	4/27	訪問	△：動きが少しずつ悪くなり，今後の生活に対する不安や気分の落ち込みを訴えることがある。	○：主治医 ○：居宅介護支援 ○：訪問看護 ○：訪問介護	△：本人 日によってできないことがあり，少し不安がある。 △：家族 日にちと共に動きが悪くなり，今後介護負担が増えてくることが心配。通院のタクシーは助かっている。	継続 病状の変化に合わせて，本人や家族の思いが変化することに注意して傾聴する。必要なサービスの導入や家族支援を提案していく。 病状の不安については，主治医と連携して対応する。 日本ALS協会支部の活動には参加できていない。情報提供を続けていく。 徐々に飲み込みにくさが進んでいる。	有 嚥下の評価や食形態の変更など言語聴覚士の導入の検討

・○，△，×で評価し，△，×の場合はその状況を簡潔に記入する。
・「目標」とは短期目標のことである（ただし，状況によっては長期目標でも可）。
・「サービスの実施状況」は，短期目標に位置付けられたすべてのサービスについて，プランどおり実施されているか評価する。
・「サービスの満足度」で，本人・家族で満足度が異なる場合は，別々に記入する。

物忘れが進みはじめた独居女性

女性・85歳

要介護度：要支援２

認知症：Ⅱa

利用者基本情報

《基本情報》

相談日	○年１月５日（金）	来所　・　電話 その他（　　　　　　　　）	初回 再来（前　　　　／　　　）
把握経路	１．介護予防検診　２．本人からの相談　３．家族からの相談　４．非該当 ５．新予防からの移行　６．関係者（Ｈ民生委員）　７．その他（　　　　　　）		
本人の状況	在宅・入院又は入所中（　　　　　　　　　　　　）		
フリガナ 本人氏名	Ｓ	男・女	M・T・S　○年○月○日生（85）歳
住所	名古屋市○○区○○町	TEL	（　　　　）
		FAX	（　　　　）
日常生活自立度	障害高齢者の日常生活自立度	自立・J1・J2・A1・A2・B1・B2・C1・C2	
	認知症高齢者の日常生活自立度	自立・Ⅰ・Ⅱa・Ⅱb・Ⅲa・Ⅲb・Ⅳ・M	
認定情報	非該当・要支援１・要支援２ 認定期限：○年１月５日〜○年１月31日（前回の要介護度　　　　なし　　　）		
障害等認定	身障（　　）・療養（　　）・精神（　　）・難病（　　）・その他（　　　　　）		
本人の住居環境	自宅・借家・一戸建て・集合住宅・自室（有　　階・無）・住居改修（有・無） 浴室（有・無）　　　便所（洋式・和式） 段差の問題（有・無）　　　床材，じゅうたんの状況（フローリング・畳　　） 照明の状況（問題なし　　）　　　履物の状況（問題なし　　　　）		
経済状況	国民年金・厚生年金・障害年金・生活保護・その他（　　　　　　）		

来所者（相談者）		続柄	
住所			

緊急連絡先	氏名	続柄	住所・連絡先
	Ｍ	長女	Ｎ区 090−○○○○−○○○○
	Ｈ	次女	Ｍ区 080−○○○○−○○○○

家族構成

家族構成　　☆＝キーパーソン

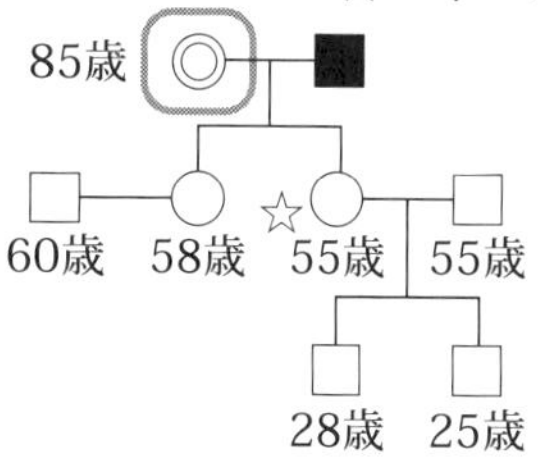

日中独居（有・無）

家族関係等の状況

長女は市内に住んでおり，仕事が休みとなる木曜日にいつも母親宅を訪問する。次女は近くに住んでいるが，仕事が昼夜不規則のため，仕事の合間に母親宅を訪問する。

《介護予防に関する事項》

今までの生活	12年前に夫が亡くなってから現在のアパートで一人暮らしをしている。姉と兄が２人いるが，他県に住んでおり電話連絡のみとなっている。近所付き合いはほとんどなく，娘２人が仕事の合間をぬって月に１回程度訪問していた。これまで何とか一人で生活できていたが，半年前に転倒し腰を痛めて以来，薬の飲み忘れが目立ち，鍋を焦がすことが度々起こるようになった。長女が心配して週１回訪問し，通院の付き添いや，食料や日用品の買い物などを支援するようになった。今年６月初め，アパートの隣人より民生委員へ可燃ごみが指定曜日に出せていないと相談があったため，地域包括支援センターに連絡した。

現在の生活状況（どんな暮らしを送っているか）	１日の生活・過ごし方	趣味・楽しみ・特技
	朝起きて長女の準備した食材で食事をする。洗濯などは忘れている時とやっている時がある。小さな植木の手入れを行うこともあるが，腰痛のため水やりができない日もある。 掃除は行っていない。長女が来ない日はぼんやりとして過ごすことが多い。	花木や野菜を育てることが好き。 夫が生きていたころ，近くに畑を借りて野菜を育てていたことがあった。 昔は近所付き合いがあった。兄弟と電話で話すことは好き。

時間	本人	介護者・家族	友人・地域との関係
7：00	起床		内向的で友人はおらず，地域との関係もほとんどなく，あいさつをする程度。
7：30	朝食		
	家事		
12：00	昼食		
	花木の手入れ		
18：00	夕食		
22：00	就寝		

《現病歴・既往歴と経過》（新しいものから書く・現在の状況に関連するものは必ず書く）

年月日	病名	医療機関・医師名（主治医・意見作成者に☆）			経過	治療中の場合は内容
○年	糖尿病	Hクリニック（☆H医師）		TEL 052−○○○−○○○○	治療中 経観中 その他	降圧剤（１回朝），消炎鎮痛剤屯用（腰痛時），湿布
				TEL	治療中 経観中 その他	
				TEL	治療中 経観中 その他	
				TEL	治療中 経観中 その他	

《現在利用しているサービス》

公的サービス	非公的サービス

地域包括支援センターが行う事業の実施に当たり，利用者の状況を把握する必要がある時は，要介護認定・要支援認定に係る調査内容，介護認定審査会による判定結果・意見，および主治医の意見書と同様に，利用者基本情報，アセスメントシートを，居宅介護支援事業者，居宅サービス事業者，介護保険施設，主治医その他本事業の実施に必要な範囲で関係する者に提示することに同意します。

年　　月　　日　氏名　　　　　　　　　　印

基本チェックリスト

フリガナ 本人氏名	S　様	男 **女**	明・大・**昭** (満　85歳)	○年 ○ 月 ○ 日生

No.	質問項目	回答 (いずれかに○を 付けください)	
1	バスや電車で１人で外出していますか。	0.はい	**1.いいえ**
2	日用品の買い物をしていますか。	0.はい	**1.いいえ**
3	預貯金の出し入れをしていますか。	0.はい	**1.いいえ**
4	友人の家を訪ねていますか。	0.はい	**1.いいえ**
5	家族や友人の相談に乗っていますか。	0.はい	**1.いいえ**
6	階段を手すりや壁をつたわらずに昇っていますか。	0.はい	**1.いいえ**
7	いすに座った状態から，何もつかまらずに立ち上がっていますか。	0.はい	**1.いいえ**
8	15分位続けて歩いていますか。	0.はい	**1.いいえ**
9	この１年間に転んだことがありますか。	**1.はい**	0.いいえ
10	転倒に対する不安は大きいですか。	**1.はい**	0.いいえ
11	６ヵ月間で２～３kg以上の体重減少がありましたか。	1.はい	**0.いいえ**
12	身長　145cm　体重　40kg　(BMI＝19.0)注)		
13	半年前に比べて，固いものが食べにくくなりましたか。	**1.はい**	0.いいえ
14	お茶や汁物などでむせることがありますか。	1.はい	**0.いいえ**
15	口の渇きが気になりますか。	**1.はい**	0.いいえ
16	週に１回以上は外出していますか。	0.はい	**1.いいえ**
17	昨年と比べて外出の回数が減っていますか。	**1.はい**	0.いいえ
18	周りの人から「いつも同じことを聞く」などの物忘れがあると言われますか。	**1.はい**	0.いいえ
19	自分で電話番号を調べて電話をかけることをしていますか。	**0.はい**	1.いいえ
20	今日が何月何日か分からない時がありますか。	**1.はい**	0.いいえ
21	(ここ2週間) 毎日の生活に充実感がない。	1.はい	**0.いいえ**
22	(ここ2週間) これまで楽しんでやれていたことが楽しめなくなった。	1.はい	**0.いいえ**
23	(ここ2週間) 以前は楽にできていたことが今はおっくうに感じられる。	**1.はい**	0.いいえ
24	(ここ2週間) 自分が役に立つ人間だと思えない。	1.はい	**0.いいえ**
25	(ここ2週間) わけもなく疲れたような感じがする。	1.はい	**0.いいえ**

注)：ＢＭＩ＝体重（kg）÷身長（m）÷身長（m）が18.5未満の場合に該当とする。

介護予防サービス支援計画表

（初回）・紹介・継続　（認定済）・申請中　要支援１・（要支援２）　地域支援事業

利用者名　S　様（男・（女））　85歳　認定年月日　○年１月26日　認定の有効期間　○年１月５日　～　○年１月31日

計画作成者氏名　Y　委託の場合：計画作成者事業者・事業所名及び所在地（連絡先）

計画作成（変更）日　○年１月29日（初回作成日　○年１月29日）　担当地域包括支援センター：N市地域包括支援センター

目標とする生活

1日	花木の手入れや日課とする家事を続けて行う。	**1年**	長女と次女家族と一緒に１泊旅行に行くことができる。

アセスメント領域と現在の状況	本人・家族の意欲・意向	領域における課題（背景・原因）	総合的課題	課題に対する目標と具体策の提案	具体策についての意向 本人・家族	目標	支援計画					
							目標についての支援のポイント	本人等のセルフケアや家族の支援，インフォーマルサービス	介護保険サービス又は地域支援事業	サービス種別	事業所	期間
運動・移動について ５年前の12月に転倒し，腰を痛める。立ち上がりや，歩きはじめに腰痛がある。足の力が落ち，家の中は壁などにつかまって移動する。転倒するまでは一人で近所のスーパーまで買い物に出かけていたが，今はクリニック受診時のみの外出で，必ず長女が付き添い，腕を組んで休みながら歩く。	本人：腰の痛みは一時より良くなった。 長女：腰を痛めてから外出は付き添うようにしている。クリニックの医師に勧めてもらった杖を使うと調子が良いと思う。	■有　□無 腰痛のため活動量が低下している。下肢筋力も低下しているため，転倒の危険がある。	腰痛や下肢筋力低下により，活動量が低下しており，転倒や閉じこもりの恐れがある。	**【目標】** 腰痛が悪化せず，歩行時にふらつきがなくなる。 **【具体策】** • 通院により，腰痛軽減のための治療を受ける。 • 屋外は歩行器，自宅内は杖をついて歩行する。 • デイサービスで腹筋や下肢筋力向上のための運動を行う。	本人：杖はなかなか慣れない。デイサービスは嫌になったらやめられるなら，行ってもいい。 長女：杖は慣れる前に持つことを忘れるかもしれないので，時々声かけをしたい。デイサービスにはぜひ行ってほしいが，難聴で会話ができるか心配。	腰痛が悪化せず，歩行器を使いクリニックまで歩いて行ける。	転倒の危険がないように，本人と相談しながら少しずつ室内の環境を整える。 活動状況を観察し，身体に合った福祉用具を提案・選定していく。 難聴があるので，声かけは大きな声で行う。	本人：動きはじめはゆっくりと動作を行い，腰痛悪化を予防する。特に花木の手入れは，無理をしないよう慎重に行う。 家族：通院介助，外出時の付き添い。福祉用具を使うよう本人に助言する。デイサービスの準備，当日の声かけを行う。補聴器についての相談をする。	腰痛の治療・腰痛体操の指導 ４点杖・歩行器の使い方の指導，機器の安全管理 腹筋や下肢筋力向上のための運動の指導。歩行状況の確認。送迎時移乗の見守りと介助	医療 介護予防福祉用具貸与 通所型独自サービス(予防専門型通所介護) 介護予防通所介護（運動機能向上加算）	Hクリニック A福祉用具事業所 Oデイサービスセンター Oデイサービスセンター	○．2 〜 ○．7
日常生活（家庭生活）について 一人暮らし。長女が週１回，次女が不定期で訪問し，買い物や通院同行をしている。料理は鍋を焦がすことがあったため，炊飯やレンジでの温めのみで，調理は長女が禁止している。掃除は行っていない。洗濯は時間をかけてできている。ごみ出しの日が分からなくなる。	本人：腰が痛くて，しばらく掃除機はかけてない。 長女：次女も惣菜を買って持って来る。食事は何とかなるので，近所に迷惑をかけているごみ出しと掃除を手伝ってもらいたい。	■有　□無 長女の支援があり，食事に関しては問題なし。記憶力の低下，腰痛，物忘れにより，ごみ出しや掃除などの家事が困難となっている。	物忘れにより，日常生活に支障が出ている。薬の飲み忘れなどもあり，病状がさらに悪化する可能性がある。	**【目標】** ごみ出し日が分かるようになり，掃除などの日常生活が再開できる。	本人：ごみ出しは火曜日と金曜日でしょ。できるよ。	薬の飲み忘れがなくなり，ごみ出しや掃除ができるようになる。	本人のできる家事はできるだけ本人に行ってもらう。もの忘れがあっても不安にならないよう，カレンダーやメモを活用する。	本人：今まで行ってきた炊飯，食事の温め，片付け，洗濯などの家事を続ける。	糖尿病。物忘れの治療	医療	Hクリニック	○．2 〜 ○．7

アセスメント領域と現在の状況	本人・家族の意欲・意向	領域における課題（背景・原因）	総合的課題	課題に対する目標と具体策の提案	具体策についての意向本人・家族	目標	支援計画					
							目標についての支援のポイント	本人等のセルフケアや家族の支援，インフォーマルサービス	介護保険サービス又は地域支援事業	サービス種別	事業所	期間
社会参加，対人関係・コミュニケーションについて 近所付き合いはない。他県の兄弟とは時々電話連絡している。長女，次女共に仕事をしており，長女は仕事が休みの木曜日に訪問。次女は昼夜不定期の仕事のため，仕事の合間に訪問。難聴がある。	本人：民生委員が時々来てくれて世間話をすることは楽しみ。 長女：自分の仕事と家庭のことで，来てもゆっくりできない。	■有　□無 近所付き合いはないが，娘の訪問が定期的にある。民生委員の見守りもある。閉じこもり傾向となっており，物忘れや判断力の低下が進行する危険がある。	物忘れにより日常生活に支障が出ている。薬の飲み忘れなどもあり，病状がさらに悪化する可能性がある。	**【目標】** ごみ出し日が分かるようになり，掃除などの日常生活が再開できる。 **【具体策】** • ごみ出しの前日までにごみをまとめ，当日家族が電話で声かけをする。 • 掃除機かけの支援を受けながら，片付けを行う。 • 次女と一緒に通院する。 • 薬カレンダーを利用して１週間分の薬を訪問介護員と一緒にセットする。 • 訪問介護員の訪問時に服薬の確認を行う。 • デイサービスで人と交流をする。 • 月１回民生委員訪問時に近況を伝える。	本人：ごみ出しは火曜日と金曜日でしょ。できるよ。 長女：ごみの分別ができていないことも多いので，一緒にやってもらいたい。当日は電話で出すように言えば出せると思う。ごみ袋が重くならないように小さな包みにしてほしい。治療が継続できるように家族で支援する。民生委員にも声かけをしてもらうようにする。	薬の飲み忘れがなくなり，ごみ出しや掃除ができるようになる。	難聴であることを共有し，声かけ時は大きな声ではっきりとした口調を心がける。足の傷などがないか気をつけて観察する。	本人：今まで行ってきた炊飯，食事の温め，片付け，洗濯などの家事を続ける。 家族：食料や生活用品などの買い物，ごみ出しの朝の電話。 通院介助，カレンダーに薬を１週間分貼り付ける。民生委員へのあいさつ。補聴器の購入相談。 民生委員：今までどおり訪問時の交流。	高血圧，物忘れの治療 生活支援 ごみの分別を本人と一緒に行う。風呂，トイレ掃除，掃除機かけ。服薬状況の確認と声かけ。 他の利用者との交流ができるように配慮。ゲームなどへの参加の促し。	医療 訪問型サービス（予防専門型訪問介護） 通所型独自サービス（予防専門型通所介護）	Ｈクリニック Ｆ訪問介護事業所 Ｏデイサービスセンター	○．２ ～ ○．７
健康管理について 20年前から高血圧でＨクリニック通院中。同クリニックで腰痛の治療も受けている。週に２～３日服薬忘れがある。もの忘れについて，Ｈクリニックの紹介で専門外来を受診予定。歯が抜けて固いものを食べにくくなった。体重は維持している。入浴は何とかできており，排泄も自立。	本人：薬は娘がカレンダーに貼ってくれるので，飲み忘れは大丈夫。 長女：通院は次女に任せたい。	■有　□無 服薬忘れがあり，高血圧のコントロールに影響が出てくる可能性あり。腰痛，高血圧だけでなく，日常生活を継続するための物忘れの治療が必要となっている。										

健康状態について
□主治医意見書，健診結果，観察結果等を踏まえた留意点

薬の飲み忘れは症状の悪化につながるので，確実に服薬できるように支援が必要。外との交流を持つことで，物忘れの進行が予防できる。腰痛は徐々に良くなってくると思われるが，転倒に注意する。

【本来行うべき支援が実施できない場合】
妥当な支援の実施に向けた方針

総合的な方針：生活不活発病の改善予防のポイント

家族やサービス担当者や民生委員の訪問による支援と連携で転倒を予防し，物忘れがあってもご自宅での日常生活が送れるよう支援していきます。

基本チェックリストの（該当した項目数）／（質問項目数）を記入してください。
地域支援事業の場合は必要な事業プログラムの枠内の数字に○印を付けてください。

	運動不足	栄養改善	口腔内ケア	閉じこもり予防	物忘れ予防	うつ予防
予防給付または地域支援事業	5／5	0／2	2／3	2／2	2／3	1／5

地域包括支援センター	【意見】
	【確認印】

上記計画について，同意いたします。

平成　　年　　月　　日　氏名　　　　　　　　　印

サービス担当者会議の要点

利用者名　S　様　　居宅サービス計画作成者氏名　Y　　作成年月日　○年１月30日

開催日　○年１月30日　　開催場所　S様宅　　開催時間　14：00～15：00　　開催回数　１回目

	所属（職種）	氏名	所属（職種）	氏名	所属（職種）	氏名
会議出席者	本人	S	A福祉用具事業所（相談員）	I	Hクリニック（照会）（主治医）	H
	家族（長女）	M	Oデイサービスセンター（相談員）	T		
	F訪問介護事務所（訪問介護員）	A	地域包括支援センター（介護支援専門員）	Y		
検討した項目	初回介護予防サービス計画書原案の検討 ①介護予防サービス計画の目標や課題の共有と支援内容の確認 ②家族やインフォーマルサービスの役割と見守り体制の確認 ③総合的な援助の方針の合意 ④緊急時連絡体制の確認					
検討内容	①物忘れや腰痛により困難となっている生活や家事などについて，訪問介護と通所介護，福祉用具貸与の支援を受けることを本人と家族に確認し，合意。主治医より，腰痛・糖尿病・物忘れに関する治療についての情報提供。 ②家族の意向と役割を確認し，合意。 ③一人暮らしを支えていくための，総合的な援助の方針を確認し，合意。 ④緊急時の連絡体制を確認し，全体で共有。					
結論	①訪問型独自サービス（予防専門型訪問介護）：物忘れが見られ，声かけと見守りを行う。ごみ出し支援，風呂・トイレの掃除，掃除機かけ，服薬の声かけ／通所型独自サービス（予防専門型通所介護）：転倒の危険があるため，移動・移乗時の介助，下肢筋力向上のための運動／福祉用具貸与：４点杖，歩行器 ②家族の役割として，通院や服薬セット，買い物の支援を継続してもらうことになる。補聴器について検討する（介護支援専門員からの情報提供）。家族・介護支援専門員より担当民生委員に連絡を入れ，介護保険サービス利用となったことを報告する。引き続き連携・見守りを依頼する。 ③家族・介護支援専門員・サービス担当者が連絡を取り合い，支援していく。 ④緊急時の連絡先　第１連絡先：長女（携帯）○○○－○○○○－○○○○ 第２連絡先：次女（携帯）○○○－○○○○－○○○○					
残された課題（次回の開催時期）	物忘れの進行が改善してくればよいが，悪化すれば家族の介護負担が増えることが懸念される。物忘れや病状を確認しながら，早めに対応する。自分で補聴器を使用できなかった場合の対応について。 （次回更新時）					

介護予防支援・サービス評価表

利用者名　S　様

計画作成者氏名　N
評価日：　○年７月29日

目標	評価期間	目標達成状況	目標達成／未達成	目標達成しない原因		今後の方針
				本人・家族の意見	計画作成者の評価	
腰痛が悪化せず，歩行器を使いクリニックまで行ける。	○.2〜○.7（運動機能向上加算３カ月ごとの評価）	腰痛は悪化はしていないが，日による変動がある。歩行器も使ってはいるが，たびたび転倒しており，付き添いが必要な状況。	未達成	本人：腰の痛みについて良くなってきているが，日によって痛みの強い時がある。もう少し調子の良い日が多いとうれしい。デイサービスでの運動は楽しいが，自宅での腰痛体操はなかなかできない。歩行器はクリニックに行く時に使っている。自宅内はつかまり歩きのことが多いが，足が絡まりやすく転んでしまう。 長女：歩行器は使い勝手がよさそうだが，転倒が増えているので一人でクリニックに行くのは心配。デイサービスは楽しく運動ができており，友人もできたので安心している。	腰痛は悪化していないが，腰痛の強い日もあり，本人が一人でクリニックまで行くには不安がある。下肢の筋力も低下しない程度の運動はできているが，向上するところまではいっていない。 杖をあまり使えていないが，自宅内で手すりのないところでふらついていることが見られるため，使うことが習慣になれば転倒のリスクが減ると考えられる。	歩行器と杖は利用を継続。杖については，デイサービスなどでも使用し，使うことが習慣になるようにしていく必要がある。 デイサービスでの運動も転倒予防のためにも継続しながら利用時の見守りを行い，自宅内でも自主的に運動を行えるように，働きかけてもらう必要あり。自宅での動作，確認や状態に合ったリハビリを行ったため，訪問リハビリを検討していく。 治療に関しては，通院を継続し，医師からも自主的な運動の必要性を説明してもらうように，医師に依頼する。
薬の飲み忘れがなくなり，ごみ出しや掃除ができるようになる。	○.2〜○.7	訪問介護員が訪問する日は飲み忘れはないが，訪問がない日に飲み忘れがある。 ごみ出しや掃除は，声かけにて行えている。	未達成	本人：掃除機をかけてもらって助かる。ごみ分別は自分でできる。カレンダーに貼るようにしてからは，飲み忘れが減っているが，それでも時々飲み忘れてしまう。 長女：ごみ出しのことを心配していた。訪問介護員が一緒に行ってくれることで，本人も安心できていると思う。薬は週に１回ぐらい飲み忘れているようだ。補聴器の購入については，まだ店に行けていない。	今までの家事は継続してできている。掃除機かけやごみ分別を手伝うことで，本人の不安や混乱は減っているが，一人で行うには，認知症もあり困難が予想される。 サービス提供時の声かけで薬の飲み忘れは減ってはいるが，サービスが提供されない日に飲み忘れがあることについては検討が必要。物忘れの進行を予防するためにも，補聴器の相談は早めに行ってもらうよう働きかける。	計画は継続とし，できない部分の家事を一緒に行う支援をする。本人の自尊心を傷つけないよう声かけをしながら支援してもらうようにする。 飲み忘れについては，訪問介護員が訪問しない日に必ず声かけをしてもらえるかどうか家族に検討してもらう。

総合的な方針
本人の気持ちを大切にしながら，運動の意欲が高まるような声かけや，服薬に関する注意喚起を行っていく。自分でできるところはできるだけ自分でやってもらうような働きかけも継続する。
訪問リハビリの利用に関しては，医師と相談する。

地域包括支援センター意見

☐ プラン継続
■ プラン変更
☐ 終了

☐ 介護給付
☐ 予防給付
■ 介護予防・生活支援サービス事業
☐ 一般介護予防事業
☐ 終了

頸椎・腰椎・膝関節に疾患を持ちながら，要支援の夫と2人暮らしを続ける妻

女性・80歳

要介護度：要支援1

認知症：Ⅰ

利用者基本情報

《基本情報》

相談日	○年３月10日（木）	来所 ・ 電話 その他（ 訪問 ）	初回 再来（前 ／ ）
把握経路	１．介護予防検診 ２．本人からの相談 ３．家族からの相談 ４．非該当 ５．事業対象者からの移行 ６．関係者 ７．その他（ 入院 ）		
本人の状況	在宅・入院又は入所中（ Ｔ病院 ）		
フリガナ 本人氏名	Ｍ	男・女	M・T・S ○年○月○日生（80）歳
住所	Ｎ市○○区○○町	TEL	（ ）
		FAX	（ ）
日常生活自立度	障害高齢者の日常生活自立度	自立・J1・J2・A1・A2・B1・B2・C1・C2	
	認知症高齢者の日常生活自立度	自立・Ⅰ・Ⅱa・Ⅱb・Ⅲa・Ⅲb・Ⅳ・M	
認定情報	非該当・要支援１・要支援２ 認定期限：○年４月１日～○年３月31日（前回の要介護度 要支援１ ）		
障害等認定	身障（３級）・療養（ ）・精神（ ）・難病（ ）・その他（ ）		
本人の住居環境	自宅・借家・一戸建て・集合住宅・自室（有 １階・無）・住居改修（有・無） 浴室（有・無） 便所（洋式・和式） 段差の問題（有・無） 床材，じゅうたんの状況（ フローリング ） 照明の状況（ 問題なし ） 履物の状況（ ）		
経済状況	国民年金・厚生年金・障害年金・生活保護・その他（ ）		

来所者（相談者）	本人	続柄	
住所	Ｎ市		

緊急連絡先	氏名	続柄	住所・連絡先
	Ｓ	長女	Ｎ市 ×××－○○○○－××××
	Ｍ	長男	Ｎ市 ×××－○○○○－××××
	Ｏ	次女	Ｋ県 ○○○－××××－○○○○

家族構成

家族構成

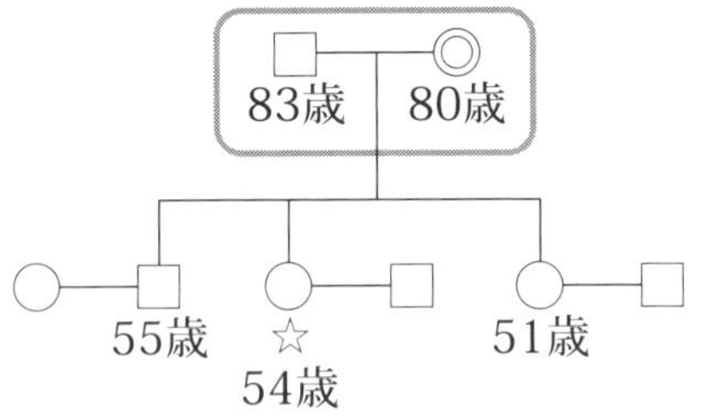

日中独居（有・無）

家族関係等の状況

夫は心疾患があり，要支援１。

長男と長女は同区在住 長女は毎朝訪問している。長男妻も１回/週訪問する。

《介護予防に関する事項》

今までの生活	N市生まれ。24歳で結婚し，３人の子どもを育てる。40歳の時に調理が得意な夫と共に喫茶店を始める。モーニングサービスが評判となった。50歳で下肢静脈瘤の手術，54歳で頸椎症性神経根症の手術を受ける。64歳の時に腰部脊柱管狭窄症を発症。65歳で左膝人工関節置換術を受けたが，長時間の立ち仕事が困難となってきたため，喫茶店を土日のみの営業とした。夫が心疾患を患ったため，72歳で喫茶店を閉めた。腰痛と膝痛で日常生活に支障を来すようになり，73歳で申請し，要介護１と認定された。79歳で右膝人工股関節置換術を受け，運動制限はあるものの膝痛は改善されている。

現在の生活状況（どんな暮らしを送っているか）

１日の生活・過ごし方	趣味・楽しみ・特技
毎朝，近くの神社にお参りに行くことが日課。調理と洗濯は夫が行う。市内に住む長女や長男の妻がごみ出しや買い物の支援をしてくれる。孫が車で買い物に連れて行ってくれることもある。月１回K病院，週１回針治療に通う。週１回のサロン（コミュニティセンター）には欠かさず参加する。	園芸が好きで，育てた花を夫と一緒にながめるのが楽しみであったが，腰痛や膝痛などで園芸ができなくなってしまった。

時間	本人	介護者・家族
6：30	起床	
7：00	ラジオ体操・神社へお参り	
8：00	朝食	夫が調理
10：00	通院・針治療・サロン	
12：00	昼食	夫が調理
18：00	夕食	夫が調理
21：00	就寝	

友人・地域との関係
近所の人たちとのおしゃべりやサロンの仲間との交流を楽しんでいる。年数回ある町内会の行事にも，楽しみに参加している。

《現病歴・既往歴と経過》（新しいものから書く・現在の状況に関連するものは必ず書く）

年月日	病名	医療機関・医師名（主治医・意見作成者に☆）			経過	治療中の場合は内容
○年９月	下肢静脈瘤	B病院		TEL	治療中 (経観中) その他	
○年５月	頸椎症性神経根症	N医療センター		TEL	治療中 (経観中) その他	
○年７月	腰部脊柱管狭窄症	K整形外科	☆	TEL	(治療中) 経観中 その他	内服薬：消炎鎮痛剤，血管拡張剤
○年３月	両側性膝関節症	K整形外科	☆	TEL	(治療中) 経観中 その他	外用薬：湿布

《現在利用しているサービス》

公的サービス	非公的サービス
介護予防・生活支援サービス事業（訪問型サービス），介護予防訪問看護	地域のサロン（コミュニティセンター）

地域包括支援センターが行う事業の実施に当たり，利用者の状況を把握する必要がある時は，要介護認定・要支援認定に係る調査内容，介護認定審査会による判定結果・意見，および主治医の意見書と同様に，利用者基本情報，アセスメントシートを，居宅介護支援事業者，居宅サービス事業者，介護保険施設，主治医その他本事業の実施に必要な範囲で関係する者に提示することに同意します。

年　　月　　日　氏名　　　　　　　　　　印

基本チェックリスト

フリガナ 本人氏名	M　様	男 **女**	明・大・**昭** (満　80歳)	○ 年 ○ 月 ○ 日生

No.	質問項目	回答 (いずれかに○を付けください)	
1	バスや電車で１人で外出していますか。	0.はい	**1.いいえ**
2	日用品の買い物をしていますか。	0.はい	**1.いいえ**
3	預貯金の出し入れをしていますか。	0.はい	**1.いいえ**
4	友人の家を訪ねていますか。	0.はい	**1.いいえ**
5	家族や友人の相談に乗っていますか。	**0.はい**	1.いいえ
6	階段を手すりや壁をつたわらずに昇っていますか。	0.はい	**1.いいえ**
7	いすに座った状態から，何もつかまらずに立ち上がっていますか。	0.はい	**1.いいえ**
8	15分位続けて歩いていますか。	0.はい	**1.いいえ**
9	この１年間に転んだことがありますか。	1.はい	**0.いいえ**
10	転倒に対する不安は大きいですか。	**1.はい**	0.いいえ
11	６ヵ月間で２～３kg以上の体重減少がありましたか。	1.はい	**0.いいえ**
12	身長　145cm　体重　40kg　(BMI＝19.0)[注)]		
13	半年前に比べて，固いものが食べにくくなりましたか。	**1.はい**	0.いいえ
14	お茶や汁物などでむせることがありますか。	**1.はい**	0.いいえ
15	口の渇きが気になりますか。	**1.はい**	0.いいえ
16	週に１回以上は外出していますか。	**0.はい**	1.いいえ
17	昨年と比べて外出の回数が減っていますか。	**1.はい**	0.いいえ
18	周りの人から「いつも同じことを聞く」などの物忘れがあると言われますか。	**1.はい**	0.いいえ
19	自分で電話番号を調べて電話をかけることをしていますか。	**0.はい**	1.いいえ
20	今日が何月何日か分からない時がありますか。	**1.はい**	0.いいえ
21	(ここ2週間) 毎日の生活に充実感がない。	**1.はい**	0.いいえ
22	(ここ2週間) これまで楽しんでやれていたことが楽しめなくなった。	**1.はい**	0.いいえ
23	(ここ2週間) 以前は楽にできていたことが今はおっくうに感じられる。	**1.はい**	0.いいえ
24	(ここ2週間) 自分が役に立つ人間だと思えない。	**1.はい**	0.いいえ
25	(ここ2週間) わけもなく疲れたような感じがする。	**1.はい**	0.いいえ

注)：ＢＭＩ＝体重（kg）÷身長（m）÷身長（m）が18.5未満の場合に該当とする。

介護予防サービス支援計画表

初回・紹介・継続　｜　認定済・申請中　｜　要支援１・要支援２　｜　地域支援事業

利用者名　M　様（男・女）　80歳　　認定年月日　○年３月12日　　認定の有効期間　○年４月１日　～　○年３月31日

計画作成者氏名　S　　委託の場合：計画作成者事業者・事業所名及び所在地（連絡先）

計画作成（変更）日　○年３月20日（初回作成日　○年３月20日）　　担当地域包括支援センター：N地域包括支援センター

目標とする生活

1日	毎日歩いて神社へお参りに行く。	1年	夫や孫と一緒に近くの園芸センターへ買い物に行き，小さな鉢植えの花を買って育てる。

アセスメント領域と現在の状況	本人・家族の意欲・意向	領域における課題（背景・原因）	総合的課題	課題に対する目標と具体策の提案	具体策についての意向 本人・家族	目標	支援計画：目標についての支援のポイント	支援計画：本人等のセルフケアや家族の支援，インフォーマルサービス	支援計画：介護保険サービス又は地域支援事業	支援計画：サービス種別	支援計画：事業所	支援計画：期間
運動・移動について 腰痛が強くなっている。膝痛はないが，両膝の屈曲制限がある。歩行時は杖を使用。毎朝15分ほど歩いて神社へお参りに行くこととラジオ体操は日課にして続けているが，休みたくなる日もある。	本人：右膝の手術後，痛みはなくなったが，腰痛が強く，様子を見ながら歩いている。転びそうで不安。	■有　□無 腰痛の悪化により，移動動作が不安定になっており，廃用性の筋力低下が進む恐れがある。	腰痛や膝関節の可動域制限から，歩行や日常生活の動作が不安定になっている。また，上肢にしびれがあるため，手すりにつかまりにくい，家事ができないなどの支障がある。 転倒せず，外出や家事が継続できるような環境調整，治療が必要。	【目標】 外出や家事を続けられるよう筋力と体力をつける。 【具体策】 ①整形外科，針治療の定期受診を続ける。主治医指示のもとで活動（量・内容）を決める。 ②作業療法士と相談しながら，できる家事を増やしていく。 ③体力，筋力の維持のために，毎日の神社へのお参り，ラジオ体操を続ける。 ④移動時にはコルセットを着用する。 ⑤転倒防止の方法として適切な補助具を使用する。 ⑥家事で困難な部分はサービスや家族の支援を受ける（夫のサービスと併用）。 ⑦可能な家事は無理のないよう注意しながら行う。 ⑧孫との買い物を続ける。	本人：毎朝，神社に行くと神様に見守られているような気がするので何とか続けたい。 夫に負担をかけているので，自分のやれる家事を見つけていきたい。	転倒せずに生活し，夫の行っている家事を一緒に行えるようになる。	作業療法士より示された身体の動かし方を確認し，無理なく外出や家事が行えるよう助言する。 配膳や後片付けなど，できる家事を一緒に考えていく。 治療を継続し，適正な活動量で生活できるように情報を共有する。	本人：外出時は，コルセットを装着し，杖を使用する。 腰や首に負担のかかる動作は避ける。 負担の少ない家事は続けて行う。 夫：体調確認。調理，洗濯など腰や上肢に負担のかかる家事を行う。日常的な買い物（介護保険サービス併用）。 長女：体調確認。買い物代行。通院介助。 孫：買い物に同行。荷物の運搬。	風呂・トイレ掃除 台所掃除と室内の環境整備を本人と一緒に行う。 日常生活動作の評価，身体に負担のかからない家事動作の訓練・指導，歩行動作の確認，歩行訓練 歩行補助具の選定 健康管理・検査，治療 生活指導 体操指導 ボランティアによるごみ出し支援（地域支え合い事業）	介護予防・日常生活支援総合事業（訪問型サービス） 介護予防訪問看護（作業療法士） 主治医	A訪問介護事業所 M訪問看護ステーション K整形外科 社会福祉協議会	○.４～○.９
日常生活（家庭生活）について 夫と２人暮らし。夫は心疾患（要支援１・身障１級）があり，心臓に負担のかかることはできないが，腰痛と手のしびれがあるので家事のほとんどを夫や長女に任せている。調理と洗濯は夫。トイレ，風呂，台所や居室などの掃除は介護サービスを利用。日々の買い物は夫と長女が行い，月に１回程度，孫が車で買い物に同行してくれる。本人は，茶碗を洗ったり，洗濯物を片付けたりするなど，できる家事は行っている。	本人：自分で調理したいが，力が入らないので，固いものは切りにくい。台所のいすに立ったり座ったりして手伝うが，ほとんど夫にやってもらっている。自分でもできることはやりたい。	■有　□無 腰痛と両上肢のしびれにより，長時間の立位や包丁を使うなどの調理に支障がある。夫は心疾患があり，無理ができない。他の家族の支援も受け，生活環境の整備をしていく必要がある。										

アセスメント領域と現在の状況	本人・家族の意欲・意向	領域における課題（背景・原因）	総合的課題	課題に対する目標と具体策の提案	具体策についての意向 本人・家族	目標	支援計画					
							目標についての支援のポイント	本人等のセルフケアや家族の支援，インフォーマルサービス	介護保険サービス又は地域支援事業	サービス種別	事業所	期間
社会参加，対人関係・コミュニケーションについて 趣味としていた園芸が腰痛や手のしびれのためできなくなったが，毎週サロンへ出かけて，小物作りや友人とのおしゃべりを楽しんでいる。 長女は毎朝，長男の妻は週1回訪問がある。他の家族も年に数回顔を出している。長年の近所付き合いもある。 最近物忘れの自覚あり。	本人：近所の知り合いが減り，立ち話をすることも少なくなった。サロンに参加することが何より楽しみ。最近は物忘れが多くなってきた。長女や長男の妻が来てくれて助かる。	■有　□無 趣味であった園芸ができなくなり，近所の知り合いも減っている。物忘れの自覚もあり，生活意欲の低下や物忘れの進行を来す恐れがある。	社会との交流が減りつつあるが，興味の持てることを継続して行いながら，知人を増やし，生活意欲向上につながる支援をしていく必要がある。	**【目標】** 地域のサロンに参加し，趣味活動や地域の人たちとの交流を続ける。 **【具体策】** ①地域のサロンに参加する。 ②町内行事に参加する。 ③サロンでの小物作りを継続する。 ④デイサービスに見学に行ってみる。	週1回のサロンには通いたいが，通えなくなったらデイサービスの利用も考えていく。	週1回サロンに参加して，地域の人たちとの交流を続ける。	高齢者夫婦の生活が継続でき地域の協力を得ることができるように，近所と良好な関係が続くための配慮をする。	本人：サロンに参加する。年数回の町内行事にできるだけ参加する。家族との良い関係を続けていく。 夫：季節の植物，花木などを一緒に見に行く。サロンの話を聞く。 長女：毎日の声かけ。話し相手。デイサービスの見学に同行。物忘れについて医師に相談する。 友人：サロンや町内会の行事に参加するよう声かけや行き帰りの同行，移動の見守りをお願いする。 民生委員の訪問による安否確認。	さまざまな社会資源について情報を提供する。 夕食の提供，安否確認（配食サービス）	介護予防支援 生活支援サービス	N地域包括支援センター 配食サービス事業所	○．4 ～ ○．9

アセスメント領域と現在の状況	本人・家族の意欲・意向	領域における課題（背景・原因）	総合的課題	課題に対する目標と具体策の提案	具体策についての意向 本人・家族	目標	支援計画					
							目標についての支援のポイント	本人等のセルフケアや家族の支援，インフォーマルサービス	介護保険サービス又は地域支援事業	サービス種別	事業所	期間
健康管理について 頸椎症性神経根症（57歳の時に手術），腰部脊柱管狭窄症（68歳の時に手術），両膝変形性関節症で左膝（69歳の時に手術）右膝（79歳の時に手術）が人工膝関節となっている。腰痛のため鍼治療に週1回通う。整形外科へ月1回通院。常時，腰部コルセットを着用。白内障と緑内障があり，治療中。入浴は一人でできる。	本人：手術で膝の痛みはなくなったが，腰痛は悪化している。手のしびれも強くなっている。	■有　□無 頸椎症，腰部脊柱管狭窄症の症状悪化が認められる。進行によっては，日常生活に更なる支障が起こる可能性がある。										

健康状態について
□主治医意見書，健診結果，観察結果等を踏まえた留意点

両膝の筋力低下や関節の拘縮，痛みがある。○年右膝人工関節置換術施行。術後はリハビリ施行。移動，運動時は転倒に注意し，杖やシルバーカーを利用して歩くとよい。

【本来行うべき支援が実施できない場合】
妥当な支援の実施に向けた方針

総合的な方針：生活不活発病の改善予防のポイント

身体状況の変化に注意しながら，困難な家事を支援し，ご夫婦が地域との交流・趣味活動を継続できるように支援します。

基本チェックリストの（該当した項目数）／（質問項目数）を記入してください。
地域支援事業の場合は必要な事業プログラムの枠内の数字に○印を付けてください。

	運動不足	栄養改善	口腔内ケア	閉じこもり予防	物忘れ予防	うつ予防
予防給付または地域支援事業	4／5	0／2	3／3	1／2	2／3	5／5

地域包括支援センター	【意見】
	【確認印】

上記計画について，同意いたします。

年　　月　　日　氏名　　　　　　　　　　　　印

サービス担当者会議の要点

利用者名　M　様　　居宅サービス計画作成者氏名　S　　作成年月日　○年３月20日

開催日　○年３月20日　　開催場所　利用者宅　　開催時間　10：00　　開催回数　２回目

	所属（職種）	氏名	所属（職種）	氏名	所属（職種）	氏名
会議出席者	本人	M	A訪問介護事業所 （サービス提供責任者）	N		
	家族（夫）	T	N地域包括支援センター （介護支援専門員）	S		
	M訪問看護ステーション （管理者）	A	K整形外科 （主治医）（書面）	K		

検討した項目

①本人の体調・病状について
②家族の支援体制について
③今後のサービスについて

検討内容

要介護認定更新の結果，要支援１の継続となる。
①昨年右膝の手術を受けてからの経過は順調である。腰痛と上肢のしびれは変わらないが，散歩は毎日できている。
コミュニティセンターのサロンも毎週参加している。小物作りなどもできる範囲で行っており，講演会などの行事も楽しみにしている。
主治医より（書面）：膝の術後経過は順調。腰痛に関しては対症療法になる。移動時の転倒に注意し，杖などの使用が望ましい。
②夫は心疾患があり，腰を屈める作業は心臓への負担がかかるため，医師から控えるよう指導されている。
③現在も，調理と洗濯は夫が行い，買い物は，夫や長女や孫の支援がある。訪問介護員による訪問型サービスでは，本人と夫では実施が困難な風呂・トイレ掃除を引き続き行ってほしいと希望がある。夫の負担を減らすため，サロンに行った日は無理をせず，配食サービスやボランティアによる生活支援サービス利用を提案。

結論

- コミュニティセンターのサロン，地域の行事などには今後も積極的に参加できるよう資源を紹介していく。訪問型サービスは，週１回の利用を継続する。
- 台所や居間の掃除は，本人も訪問介護員と一緒に行う。浴室とトイレの掃除は，本人と夫ではできないため，支援を継続する（夫のサービスと併用）。
- 他の家事については，長女や長男の妻，孫の支援があり，夫もできる範囲で協力している。維持されるようモニタリングを実施する。
- 訪問看護（作業療法士）の利用を開始し，調理のできる方法をはじめ痛みの少ない身体の動かし方の指導を受ける。
- 転倒防止のため，上肢のしびれを考慮した歩行補助具を提案していく。
- 夫の負担軽減と安否確認のため，週１回から配食サービスを始めてみる（自分たちの食事作りのメニューの参考にもなる）。
- ごみ出しによる家族の負担軽減のために，ボランティアによるごみ出し支援を受ける。

残された課題（次回の開催時期）

- 腰痛と上肢のしびれの悪化が心配される。それによる外出回数の減少による閉じこもりが懸念される。
- 症状の変化と移動状況に注意しながらデイサービスでのリハビリの利用を勧めていく。

（次回，サービス内容に大きな変更が必要となった時，または介護保険認定更新時）

介護予防支援・サービス評価表

利用者名　M　様

計画作成者氏名　S
評価日：　○年５月31日

目標	評価期間	目標達成状況	目標達成／未達成	目標達成しない原因		今後の方針
				本人・家族の意見	計画作成者の評価	
転倒せずに生活し，夫の行っている家事を一緒に行えるようになる。	○.10〜○.3	腰や上肢の痛みやしびれがあり，ほとんどの家事は夫が行っている。買い物は月２回程度，孫の車で出かけている。	△	首や腰が悪く，肩から指先にかけてしびれている。整形外科と鍼治療に通っているが，あまり良くならない。 調理や買い物，洗濯などは，ほとんど夫がやってくれているが，調理の種類によっては夫と一緒に調理できるようになってきた。 簡単な片付けや調理はする。たまに一緒に買い物へ行くことはある。 ごみ出し支援は助かっている。	足腰の痛みにより家事動作に制限があるが，作業療法士の指導により，痛みの少ない家事の仕方が身につきつつある。家族や訪問介護の支援により夫婦の生活は維持できている。 上肢のしびれが強くなってきており，細かい作業やぞうきん絞りなどが難しくなってきている。 腰痛と膝関節の可動制限のために，歩行の不安は継続している。 歩行器は何種類かお試しを行っている。	膝や腰の治療を続けて，自分のできる家事を増やしつつ，本人では困難な家事作業は家族などに手伝ってもらいながら，夫婦２人の生活を続ける。歩行への不安が継続しているため，作業療法士と理学療法士を隔週で利用し，下肢筋力の向上を検討する。
週１回サロンに参加して，地域の人たちとの交流を続ける。	○.10〜○.3	外出の機会は少し増えてきた。家族との交流はできている。 コミュニティセンターへ週１回通い，小物作りや講話を聴くなど意欲的に参加してなじみの人たちとの交流を楽しみにしている。	△	長女が毎朝，長男の妻が週に１回訪問してくれているので，安心して生活できている。 毎日，神社へお参りに歩いて行き，毎週コミュニティセンターのサロンへ通い，なじみの人たちとは交流している。 デイサービスの見学にはまだ行っていない。物忘れについては相談をしていく予定。配食サービスはおいしくいただいている。	家族や地域の支援により生活が少しずつ安定してきている。サロンの欠席は腰痛によるものであり，腰痛の治療を継続する。	腰痛治療の継続や物の忘れについて，主治医の意見も聞きながらなじみの人たちとの交流など社会参加を目的とした外出ができるように支援していく。

総合的な方針

○年７月に右膝の人工関節置換術後，腰痛悪化傾向で，外出や家事作業が億劫になっているが，掃除中心の家事支援と配食サービス・ボランティアの支援は継続。
リハビリ指導を受けることで，自分でできることが増えてきているが，歩行の不安は継続しているので，補助具を使って安全に活動量が増やせるよう支援していく。

地域包括支援センター意見

■ プラン継続
□ プラン変更
□ 終了
□
□

□ 介護給付
■ 予防給付
□ 介護予防特定高齢者施策
□ 介護予防一般高齢者施策
□ 終了

執筆者一覧

監修・執筆

篠《しの》田《だ》道《みち》子《こ》　日本福祉大学 社会福祉学部 教授

執筆

事例集改訂版執筆者

松《まつ》本《もと》恵《え》美《み》子《こ》　一般財団法人 名古屋市療養サービス事業団 在宅療養部長

【ケアマネジメント委員会】

加《か》藤《とう》裕《ゆう》子《こ》　一般財団法人 名古屋市療養サービス事業団 介護支援課長

千《せん》田《だ》由《ゆ》美《み》子《こ》　名古屋市千種・東ケアマネージメントセンター 所長

多《た》湖《ご》麻《ま》奈《な》美《み》　名古屋市中村・中ケアマネージメントセンター 所長

野《の》田《だ》美《み》恵《え》子《こ》　名古屋市港・熱田ケアマネージメントセンター 所長

今《いま》村《むら》真《ま》由《ゆ》美《み》　名古屋市守山・名東ケアマネージメントセンター 次長

居宅ケアプラン記載事例集

2004年5月11日発行	第1版第1刷	2011年2月7日発行	第3刷
2004年9月22日発行	第3刷	2012年6月15日発行	第5版第1刷
2005年2月18日発行	第2版第1刷	2013年6月7日発行	第2刷
2006年3月20日発行	第6刷	2015年6月29日発行	第6版第1刷
2006年9月30日発行	第3版第1刷	2016年2月15日発行	第2刷
2008年4月29日発行	第4刷	2018年4月16日発行	第7版第1刷
2009年8月30日発行	第4版第1刷	2019年12月19日発行	第2刷

執筆・監修：篠《しの》田《だ》道《みち》子《こ》 ©

企　画：日総研グループ
代　表　岸田良平
発行所：日 総 研 出 版

本部　〒451-0051 名古屋市西区則武新町3－7－15(日総研ビル)　☎ (052)569－5628　FAX (052)561－1218

日総研お客様センター　電話 0120-057671 FAX 0120-052690　名古屋市中村区則武本通1－38 日総研グループ縁ビル 〒453-0017

札幌　☎ (011)272－1821　FAX (011)272－1822
〒060-0001 札幌市中央区北1条西3－2(井門札幌ビル)

仙台　☎ (022)261－7660　FAX (022)261－7661
〒984-0816 仙台市若林区河原町1－5－15－1502

東京　☎ (03)5281－3721　FAX (03)5281－3675
〒101-0062 東京都千代田区神田駿河台2－1－47(廣瀬お茶の水ビル)

名古屋　☎ (052)569－5628　FAX (052)561－1218
〒451-0051 名古屋市西区則武新町3－7－15(日総研ビル)

大阪　☎ (06)6262－3215　FAX (06)6262－3218
〒541-8580 大阪市中央区安土町3－3－9(田村駒ビル)

広島　☎ (082)227－5668　FAX (082)227－1691
〒730-0013 広島市中区八丁堀1－23－215

福岡　☎ (092)414－9311　FAX (092)414－9313
〒812-0011 福岡市博多区博多駅前2－20－15(第7岡部ビル)

編集　☎ (052)569－5665　FAX (052)569－5686
〒451-0051 名古屋市西区則武新町3－7－15(日総研ビル)

商品センター　☎ (052)443－7368　FAX (052)443－7621
〒490-1112 愛知県あま市上萱津大門100

この本に関するご意見は，ホームページまたはEメールでお寄せください。E-mail cs@nissoken.com

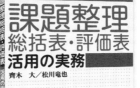

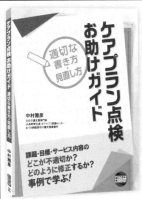

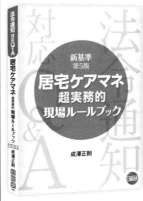

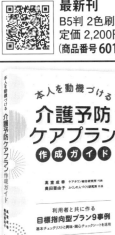

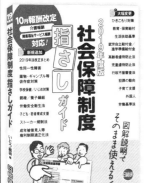